西北电力市场交易员
培训教材

国家电网有限公司西北分部
北京电力交易中心市场交易六部　组编

中国电力出版社
CHINA ELECTRIC POWER PRESS

内 容 提 要

本书依据我国电力市场化改革与建设有关法律法规及政策要求，结合西北电力市场建设实践经验编写而成。全书共 12 章，依次介绍了电力市场基本理论、国外典型电力市场、我国电力市场建设与发展、市场主体管理、中长期交易组织及计划、电力现货市场、电力辅助服务市场、计量与结算、信息披露管理、合规管理、可再生能源消纳、电力交易平台操作方法。本书注重理论与实践相结合，既涵盖电力市场基础知识，又深入解析实际操作案例，充分反映了电力市场新形势、新要求、新变化，具有较强实用性，力求为电力交易员提供全面、系统、实用的知识和技能，旨在促进规范化、专业化、职业化的电力交易员队伍建设。

本书可供电力市场运营机构市场管理、交易组织、结算管理及合规管理等人员，以及电力市场主体的电力交易及运行人员阅读使用。

图书在版编目（CIP）数据

西北电力市场交易员培训教材／国家电网有限公司
西北分部，北京电力交易中心市场交易六部组编.
北京：中国电力出版社，2025.1（2025.8重印）. -- ISBN
978-7-5198-9528-0

Ⅰ. F426.61
中国国家版本馆 CIP 数据核字第 2025D35B72 号

出版发行：中国电力出版社
地　　址：北京市东城区北京站西街 19 号（邮政编码 100005）
网　　址：http://www.cepp.sgcc.com.cn
责任编辑：穆智勇（010-63412336）
责任校对：黄　蓓　于　维
装帧设计：赵丽媛
责任印制：石　雷

印　　刷：北京天宇星印刷厂
版　　次：2025 年 1 月第一版
印　　次：2025 年 8 月北京第二次印刷
开　　本：787 毫米×1092 毫米　16 开本
印　　张：16　　插　页　1
字　　数：336 千字
定　　价：96.00 元

前　言

当前，全球正处于能源转型的关键时期，我国能源领域也在深入贯彻习近平总书记"四个革命一个合作"能源安全新战略，处于加快构建新型电力系统的深刻变革期。电力市场作为能源领域的重要组成部分，正经历着前所未有的变革与挑战。随着新能源技术的不断突破和电力体制改革的深入推进，电力市场的规范化、专业化、市场化程度不断提高，对电力交易员的专业素养和业务能力也提出了更高的要求。特别是随着《全国统一电力市场发展规划蓝皮书》的发布，我国电力市场建设进入了一个新的阶段。到2025年，我国将初步建成全国统一电力市场；到2029年，将全面建成全国统一电力市场；到2035年，将实现完善提升。这一进程对电力交易员的专业能力提出了更高的要求。

西北地区作为我国重要的能源基地之一，西北电网是是国家电网的重要送端，西北电力市场是全国统一电力市场的重要组成部分，拥有丰富的能源资源和广阔的市场空间。当前，西北电力市场新能源规模大、比重高，西北电力外送规模大、占比高，在全国电力资源优化配置、促进全国能源清洁低碳转型中发挥着重要作用，承担着"保供应、促消纳、稳外送"的重要使命。面对日益复杂的电力市场环境和不断变化的交易规则，如何提升电力交易员的专业素养，规范交易行为，促进电力市场的健康发展，成为摆在我们面前的一项紧迫任务。

正是基于这样的背景和需求，国家电网有限公司西北分部和北京电力交易中心市场交易六部组织陕西、甘肃、青海、宁夏、新疆等五省（区）电力交易中心有限公司的交易运营工作者，共同编写了这本《西北电力市场交易员培训教材》。本书旨在通过系统、全面、实用的培训内容，为广大电力交易员提供一本实用化的工作手册，帮助电力交易员掌握电力市场的基本理论、政策法规、交易规则及操作流程，提升其专业素养和业务能力，为西北地区的电力市场健康发展提供有力的人才保障。我们希望通过本书的学习和应用，能够帮助交易员们深入理解电力市场的运作机制，掌握市场交易的策略和技巧，提升风险管理和决策能力，为西北乃至全国的电力市场发展贡献力量。

在编写过程中，我们充分考虑了电力市场通用知识和西北各省电力市场体系的差异性，力求做到理论与实际相结合，既注重基础知识的讲解，又突出实际操作技能的培养。全书共12章，内容涵盖了电力市场的各个方面。第1章电力市场基本理论，为读者构建了电力市场运作的框架；第 2 章国外典型电力市场，让我们放眼世界，借鉴他山之石；第 3～5 章，深入探讨了我国电力市场的建设与发展、市场主体管理及中长期交易的组织与计划，为交易员提供了市场运作的宏观视角。第 6～8 章，聚焦于电力现货市场和电力辅助服务市场，以及计量与结算的实际操作，这些内容对于交易员的日常操作至关重要。第 9 章和第 10 章，分别介绍了信息披露管理和合规管理，强调了市场透明度和规范性的重要性。第 11 章专注于可再生能源消纳，这是当前电力市场发展的一个重要趋势，也是西北电力市场建设需要重点关注的领域。同时，我们还特别设置了介绍电力交易平台操作方法的第 12 章，有利于学员进行自主学习和实践操作，进一步提高学习效果和实际应用能力。

我们相信，这本教材的出版将为西北地区电力市场从业人员提供一个重要的学习工具，对于提升电力交易员的专业素养、规范交易行为、促进电力市场的健康发展具有重要意义。同时，我们也希望广大电力交易员能够充分利用这本教材，不断学习、实践和创新，为西北地区的电力事业发展贡献自己的力量。

在本书编写过程中，我们得到了陕西、甘肃、青海、宁夏、新疆电力交易中心有限公司的大力支持，全书由刘瑞丰、原博统稿，其中，第 7 章、第 12 章由国家电网有限公司西北分部牵头，第 7 章由王鹏编写，第 12 章由罗璇、原博编写；第 1 章、第 4 章由陕西电力交易中心有限公司牵头，第 1 章由张寅涵、刘瑞丰编写，第 4 章由翟章良、王玮、陈亚军编写；第 6 章、第 11 章由甘肃电力交易中心有限公司牵头，第 6 章由徐文娜、陈建宇、胡卫东、张晓斌编写，第 11 章由徐文娜、原博、伏红军编写；第 9 章、第 10 章由青海电力交易中心有限公司牵头，第 9 章由赵得玮、李占琦、杨志伟编写，第 10 章由赵得玮、李占琦、苏进胜编写；第 3 章、第 8 章由宁夏电力交易中心有限公司牵头，第 3 章由陈海东、刘瑞丰编写，第 8 章由陈妍、田宏杰、祁小芳编写；第 2 章、第 5 章由新疆电力交易中心有限公司牵头，第 2 章由李晓君、贺成铭、刘瑞丰编写，第 5 章由李晓君、贺成铭编写。同时，我们还得到了编委会成员各位领导和专家的宝贵意见。他们的经验和智慧为本教材的质量和实用性提供了坚实的保障。我们对所有参与本教材编写和审校的专家和工作人员表示最诚挚的感谢。

最后，我们也期待与广大读者共同探讨和交流，不断丰富和完善本书的内容，使其成为电力交易从业者知识和技能培训的经典教材。祝愿每一位读者都能从本教材中获得知识和启发，成为电力市场的佼佼者。

《西北电力市场交易员培训教材》编审组

2024 年 12 月

目 录

第1章

▪▪▪▪▪
▪▪▪▪▪
▪▪▪▪▪
▪▪▪▪▪

电 力 市 场 基 本 理 论

1.1 电力系统基本知识

2020年9月，习近平总书记在第七十五届联合国大会一般性辩论上宣布：中国将采取更加有力的政策和措施，二氧化碳排放力争于2030年前达到峰值，努力争取2060年前实现碳中和。同年12月，习近平总书记在气候雄心峰会上进一步宣布：到2030年，中国单位GDP二氧化碳排放将比2005年下降65%以上，非化石能源占一次能源消费比重将达到25%左右，风电、太阳能发电总装机容量将达到12亿千瓦以上。

2021年3月15日，习近平总书记在中央财经委员会第九次会议上对能源电力发展作出了系统阐述，首次提出构建新型电力系统，党的二十大报告强调加快规划建设新型能源体系，为新时代能源电力发展提供了根本遵循。

党的二十大报告中明确指出，"积极稳妥推进碳达峰碳中和。深入推进能源革命，加快规划建设新型能源体系"，新型电力系统是新型能源体系构建的核心组成部分。构建新型电力系统需要统筹发展和安全，需要保障电力持续可靠供应，保障电网安全稳定运行，促进新能源高效消纳，通过装备技术和体制机制创新，推动多种能源方式互联互济、源网荷储深度融合，建立清洁低碳、安全充裕、经济高效、供需协同、灵活智能的新型电力系统，助力新型能源体系的构建。

1.1.1 电力系统的组成

1．传统电力系统

传统电力系统是由发电厂、输电网络、配电网络和电力用户组成的电气上相互连接的整体。发电厂将一次能源转化为电能，高压输电网络将电能远距离大规模输送至负荷中心区域，配电系统再将电能分配给电力用户。建立结构合理的大型电力系统不仅便于电能生产与消费的集中管理统一调度和分配，且有利于地区能源资源的合理开发利用，更大限度地满足地区国民经济日益增长的用电需要。电力系统示意图如图1-1所示。

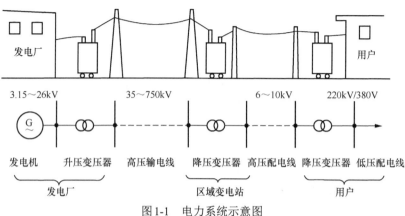

图 1-1 电力系统示意图

发电厂包括以煤、石油、天然气、生物质能为燃料的火力发电厂，以及水力发电和风力发电、太阳能发电，此外还有核能发电等。

输电网络由输电设备和变电设备构成，其作用是将各个发电厂通过较高电压的线路相互连接，使所有同步发电机并列运行，并同时将发电厂发出的电能送到各个大的负荷中心。同一输电网络中可能需要几种不同等级的电压（如 220kV、330kV、500kV、750kV 甚至 1000kV），这就需要采用变压器来连接不同电压等级的线路。

配电网络的主要任务是将到达负荷中心的电能进行分配，向终端用户提供满足一定电能质量和供电可靠性要求的电能。电压等级一般为 110kV、35kV、10kV、6kV 以及 380/220V。

电力用户包括农业、大工业、一般工商业等国民经济各个部门以及居民日常生活用电。

电力负荷按时间分类，可分为高峰负荷、低谷负荷和平段负荷。按工作制分类，可分为连续工作负荷、短时工作负荷、反复短时工作负荷。按供电可靠性要求分类，可分为一类负荷、二类负荷和三类负荷。一类负荷是指中断发电会造成人身伤亡危险或重大设备损坏且难以修复，或给政治上和经济上造成重大损失者。二类负荷是指中断供电将产生大量废品，大量材料报废，大量减产，或将发生重大设备损坏事故，但采取适当措施能够避免者。三类负荷是指所有不属于第一类和第二类的负荷。根据上述电力负荷的性质，对其供配电也提出了基本要求。

电力负荷曲线是电力系统中负荷数值随时间变化的特性曲线，可分为日、周、年负荷曲线和年持续负荷曲线。负荷曲线对变电站、发电厂和电力系统的运行有重要意义。它是进行电力电量平衡、安排日发电计划，确定电力系统运行方式和主变压器、发电机组等设备检修计划以及制变电所、发电厂扩建新建规划的依据。

2．新型电力系统

新型电力系统是新型能源体系的重要载体，具备清洁低碳、安全充裕、经济高效、供需协同、灵活智能五大特征。新型电力系统较传统电力系统，内涵和外延都更加丰富，也是电力系统发展的未来趋势。

新型电力系统是以交流同步运行机制为基础，以大规模高比例可再生能源发电为依托，以常规能源发电为重要组成，以坚强智能电网为平台，源网荷储协同互动和多能互补为重要支撑手段，深度融合低碳能源技术、先进信息通信技术与控制技术，实现电源侧高比例可再生能源广泛接入、电网侧资源安全高效灵活配置、负荷侧多元负荷需求充分满足，适应未来能源体系变革、经济社会发展，与自然环境相协调的电力系统。

我国新建新型电力系统的重点是：

（1）着力构建适应大规模新能源发展的电力产供储销体系。要发挥电网资源配置的平台作用，要推动坚强局部电网建设，合理推动支撑性电源建设、基础性电源建设，构建规模合理、分层分区、安全可靠的电力系统。

（2）着力提升电力系统的灵活调节能力。通过电源侧、电网侧、需求侧、储能侧等方方面面来推动电力系统的灵活调节能力提升，适应大规模新能源并网后的要求。

（3）着力推动源网荷储的互动融合。引导电力新模式新业态持续健康发展，供给侧要实现多能互补优化，消费侧要电热冷气多元深度融合，不断提高获得电力的服务水平，实现高比例新能源充分利用与多种能源和谐互济。推动电力系统与先进信息通信控制技术的耦合发展，培育新型商业模式，提升电力的综合能源服务水平。

（4）着力加大新型电力系统关键技术的集中攻关、试验示范、推广应用。促进人工智能、大数据、物联网先进信息通信等技术与电力技术的深度融合，形成具有我国自主知识产权的新型电力系统关键技术体系。要组织攻关一些卡脖子的关键技术，加快关键技术的研发应用等，开展一批新型电力系统的创新性工程示范。

（5）推进电力市场建设和体制机制创新，构建新型电力系统的市场体系。通过电力市场机制、运行机制、价格机制的不断完善，发挥好市场配置资源的决定性作用和更好地发挥政府作用，加快建设适应新能源快速发展的统一开放、竞争有序电力市场体系。

构建新型电力系统是一项复杂而艰巨的系统工程，不同发展阶段特征差异明显，需统筹谋划路径布局，科学部署、有序推进。按照党中央提出的新时代"两步走"战略安排要求，锚定2030年前实现碳达峰、2060年前实现碳中和的战略目标，基于我国资源禀赋和区域特点，以2030年、2045年、2060年为新型电力系统构建战略目标的重要时间节点，制定新型电力系统"三步走"发展路径（如图1-2所示），即加速转型期（当前—2030年）、总体形成期（2030—2045年）、巩固完善期（2045—2060年），有计划、分步骤推进新型电力系统建设的"进度条"。

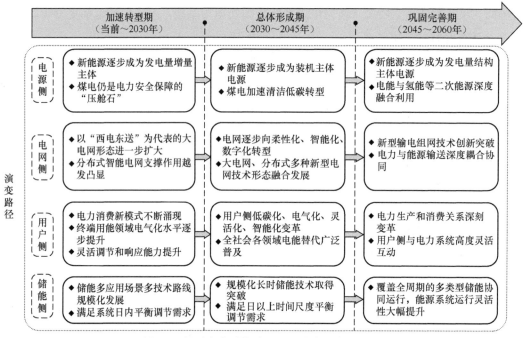

图1-2 新型电力系统建设"三步走"发展路径

1.1.2 电力系统运行基础

电力系统相较其他系统，有一些固有的基本特点，例如电能以电磁波速度传播，因此电力系统中任何设备投入或切除都会立刻影响其他设备的运行状态，使电能无法大量储存。其生产、传输、消费是一个连续的过程，电力系统中生产的电能时时刻刻都应与消耗的电能相平衡；另外，电力供应具有不可中断性（或一旦中断将造成较大、重大损失）。因此，电力系统运行也有相应的重要环节，确保电网持续安全稳定运行，能够承受负荷、新能源等波动，尽快从事故状态、扰动状态恢复过来，保障电力安全可靠供应。

1.1.2.1 负荷预测

负荷预测主要分为电量预测和电力预测。根据负荷预测目的的不同，可以分为短期负荷预测、超短期负荷预测、中长期负荷预测。

（1）短期负荷预测。指日负荷预测和周负荷预测，用于安排日调度计划、周调度计划，包括确定机组启停、水火电协调、联络线交换功率、负荷经济分配、水库调度和设备检修。

（2）超短期负荷预测。指未来4h每5min一个点的负荷预测，对短时期电力电量平衡、负荷调整、AGC及联络线调整提供帮助。

（3）中长期负荷预测。指年、季、月负荷预测，其作用是合理安排电源和电网的建设规模和接入系统方案。

根据调度控制的需要，负荷预测可分为系统负荷预测与母线负荷预测。

（1）系统负荷预测用于预测未来数小时至未来一周的每时段系统负荷。

（2）母线负荷预测至少涵盖调管范围内所有330kV（220kV）变电站主变压器高压侧、电厂升压变压器中压侧的母线负荷值。

1.1.2.2　电力系统潮流分布

电力网的功率分布和电压分布称为潮流分布，合理潮流分布要求各种电气元件电压、电量不超过允许范围，尽可能使全网损耗最小，以实现经济运行，同时正常运行时满足静态稳定和暂态稳定的要求。电力网络中的潮流分布往往需要控制，调整控制潮流的手段主要包括改变电源出力、改变负荷分布、改变网络结构、调整电压、采用附加装置调整网络阻抗。

电力系统稳态分析任务就是根据给定的发电运行方式及系统接线方式求解电力系统的稳态运行状况，包括各母线电压、各元件中通过的功率。潮流计算是电力系统稳态分析中重要的一环，主要分析电力系统正常运行方式，目前潮流计算主要运用牛顿法和PQ分解法。

1.1.2.3　机组组合

机组组合是在计入发电机组一系列技术约束（如爬坡率、出力限制、最小连续开停机时间等）的条件下，以系统燃料费用（包括发电燃料费用和机组启停燃料费用）最小化为目标，对周期内（一日）各段火电机组的启停状态进行优化决策。机组组合是调度运行部门编制短期发电计划、进行经济调度的首要问题，机组组合计划是经济调度的基础和前提。

火电机组在启动时，汽轮机系统必须暖管、克服摩擦，而锅炉也需要加热、加压，这些行为都会消耗一定能量，产生机组启动费用，同样其余机组在启动时也会由于"惯性"产生损耗费用，但是机组参数不同，其启动费用也各不相同。机组启停有两个状态，因此开停机问题具有0-1整数性质，同时在计算开停机计划时，必须考虑运行的燃料费用和开停机费用，考虑线路潮流约束。此外，这些机组还有最小运行小时数、最小技术出力等运行约束。因此机组组合问题简化为：在满足上述约束条件的前提下，合理安排机组启停使运行费用最小。

1.1.2.4　电网经济调度

非市场环境下的电网经济调度，是指在电网安全稳定运行的条件下，合理利用现有的能源和设备，采用各种技术和管理手段，在满足一系列约束条件下，在一个计划期内，确定各水电厂的放水和火电厂燃煤发电策略。对火电机组用等微增率法，以最小的燃料煤耗，将电网的总负荷按最佳经济效益分配给各个电厂和各台机组，从而使全系统以最小发供电运行成本保证对用户的正常供电。当给定一个预测负荷时，应当调度机组使得运行费用总和最小，这个问题的数学模型可以表达为一个优化问题。主要内容：①研究用户的需求，即进行负荷预测。②发电机组经济特性曲线的编制和电厂内机组使用的经济负荷分配。③网损经济特性的研究。④考虑负荷分配时如何协调电厂的发电经济性和送电经济性。⑤机组优化组合。⑥水电、新能源、火电等经济协调。⑦联合电力系统经济调度。⑧考虑安全约束的经济调度，主要指处理线路潮流过负荷问题。

电力系统的首要元件是发电机，包括燃煤、燃油、燃气、核电和水电机组等。这些机组的运行成本包括固定成本和可变成本。用 P_G 代表发电机组出力，费用曲线用函数 $c(P_G)$ 表示。

当给定一个预测负荷时，应会调度机组使得运行费用总和最小，这个问题的数学模型可以表达为一个优化问题，即

$$\min_{P_G} \sum_{i=1}^{N_G} c_i\left(P_{G_i}\right)$$
$$S.T. e^T P_G = P_D \tag{1-1}$$
$$\underline{P_G} \leqslant P_G \leqslant \overline{P_G}$$
$$e^T = \begin{bmatrix} 1 & 1 & \cdots & 1 \end{bmatrix}$$

式中：$\underline{P_G}$ 和 $\overline{P_G}$ 分别为发电机出力的下限、上限；P_D 代表系统总负荷；N_G 为系统发电机数目。

1.1.2.5 频率控制

电力系统负荷具有随机性，而当发电设备不能实时调整出力时，发电机转子速度便会发生变化，导致系统的频率超出规定范围。此外，系统中与频率相关的负荷如电动机等也不能承受大的频率偏差。正常运行时，频率偏差一般为0.05～0.15Hz，因此电力系统发电设备必须配备控制系统实时快速调整发电机出力，跟踪负荷变化，以确保系统频率保持在一定范围内。

电力系统中所有发电机组都装有调速器，如负荷发生变化，则发电机的调速器自动地调整进汽（水）阀门的开度，改变机组出力，使得发电机出力与负荷平衡，这称为一次调频。一次调频响应速度快，各机组同时参加调频，缺点是一次调频属于有差调频。要消除电力系统频率偏差，就要进行人工的或者自动的频率二次调整，二次调频和联络线潮流控制总称为自动发电控制（Automatic Generation Control，AGC）。AGC的基本目标包括发电出力与负荷平衡、保持系统频率为额定值、使净区域联络线潮流与计划相等及最小化区域运行成本。

并不是每台发电机都装有二次调频，且一般装有自动发电机系统的机组也只能在部分出力范围内实现自动发电控制功能。此外，自动发电控制系统的调节系统是有限的，自动发电容量也有上调、下调的区别，分别用 A^+ 和 A^- 表示。

令 v_A 表示机组能够在1min内根据AGC信号自动提高或减少的出力。假设一个基本调度时段为10min，则机组在10min内能够调整的出力应当小于 $10v_A$。令 $\overline{A}$ 和 $\underline{A}$ 表示这个容

量段的上限和下限，分别称为 AGC 上限和下限。则机组的自动发电调整容量的约束为

$$A^+ \leqslant \min\{\overline{A} - P_G, 10v_A\}$$
$$A^- \leqslant \min\{P_G - \underline{A}, 10v_A\}$$

(1-2)

技术上，每时每刻系统都必须有足够多的自动发电控制容量。在系统负荷变化很快的时段，安排较多的自动发电控制容量，在系统变化很慢的时段，安排较少的自动发电控制容量，这也与前面提到的负荷变化在一定程度上有规律性有关。

1.1.2.6 电压控制

保证电压偏移在允许的范围之内，是电力系统运行的主要要求之一。由于电力系统负荷不断变化，潮流分布也在不断变化，也需要控制无功功率的平衡，保证电压不偏离要求值。

1.1.2.7 备用及黑启动

1. 备用

当发电设备发生故障后，系统频率会下降，这时必须提高其他发电机出力来满足负荷并维持频率。因为系统频率不允许长时间处于低频，所以系统必须有足够多容量的快速出力机组，如水电机组或快速爬坡的火电机组。这些机组在一台发电机组发生故障后快速地提高出力，满足负荷要求。为了保证电力系统供电的可靠性、运行经济性、良好的电能质量，必须设置足够的备用容量。

电力系统的备用容量按作用可分为负荷备用、事故备用、检修备用和国民经济备用。

（1）负荷备用。负荷备用适应系统中负荷的短时波动，并负担短期（一日）内计划外的负荷的增加，其大小与系统的总负荷、各类负荷的组成状况及运行经验有关，一般为最大负荷的2%～5%。

（2）事故备用。事故备用是指在系统中发电设备发生偶然事故时，为使用户不受严重影响，维持系统正常运行所需的备用容量，其大小取决于系统中机组的台数、机组的容量及故障率、系统的可靠性指标等因素，一般为最大负荷的5%～10%，但不应小于运转中最大的一台机组容量。

（3）检修备用。检修备用是使系统中发电设备能定期检修而设置的备用容量。检修尽量安排在负荷低落期，可以减少检修备用容量。根据系统情况也可以不设检修备用。

（4）国民经济备用。国民经济备用是为满足工农业生产的超计划增长对电力需求设置的备用容量，一般为最大负荷的3%～5%。

在以上备用中需要随时应付系统负荷变化的备用称为热备用或旋转备用，它为运转中的发电设备可能发出的最大功率与系统发电负荷之差。余下部分称为冷备用，是系统中未运转的，但能随时启用的发电设备可能发出的最大功率。冷备用从开始启动至投入运行需

要一定的时间。

2. 黑启动

黑启动是指整个电网或系统因故障停运后，不依赖别的网络的帮助，通过系统中具有自启动能力的机组启动，带动无自启动能力的机组，逐步扩大电力系统的恢复范围，最终实现整个电力系统的恢复。

黑启动方案是指电力系统发生大规模停电后，尽快有序地恢复或重构一种新的稳定运行方式的预案和实操方案。

黑启动电源即具有自启动能力的机组，它可以在无外界帮助下，停运后快速恢复发电，通过输电线路送启动功率至其他机组，带动其他机组。一般选用水电机组（包括抽水蓄能电厂）作为启动电源，因为水轮发电机没有复杂的辅机系统，厂用电少，启动速度快，是方便、理想的黑启动电源。同时水电厂还具备良好的调频和调压能力。但应注意，当径流式水电机组受到丰枯水影响时，可能在某些时候无法启动。另外火电厂也可以作为启动电源。如燃油发电机可以在自备柴油发电机启动的情况实现快速启动。此外，某些火电厂在外部电网失电时可实现自保厂用电，这些电厂均可以作为黑启动电源。

1.1.2.8 输电能力计算

在负荷中心的经济发达地区建设大容量电源不能完全解决电源与负荷之间的区域不平衡问题，因为在经济发达地区建设电源面临大量难题，包括燃料运输，环境污染，征地费用贵等，这些因素决定了我国必须要使用大容量远距离输电技术来实现区域电能供应。

在电源电网规划和短期运行规划期间，需要面对互联电力系统区域间功率交换的计算问题。当网络拓扑确定后，输电界面最大输电能力是指在线路潮流不超越热极限（包括$N-1$事故后热极限）的前提条件下的最大输电容量。

可用传输容量（Available Transfer Capability，ATC）是跨区域交易中的重要约束条件，对整个系统的安全可靠性有很大的影响，是调度员了解当前系统运行情况的参考信息之一。ATC是指在现有的输电合同基础之上，实际物理输电网络中剩余的、可用于商业使用的传输容量。这个定义说明区域间的传输能力已经不仅仅是指区域间的功率传输，而是进一步加入了相关经济性的概念，诸如基于输电合同以及保证电力系统的安全可靠运行等。ATC可以用式（1-3）来表示。

$$C_{ATC} = C_{TTC} - C_{TRM} - C_{CBM} - C_{ETC} \qquad (1-3)$$

式中：C_{TTC} 为最大传输容量，反映在保证系统安全可靠的情况下，联络线最大的传输能力；C_{TRM} 为输电可靠性裕度，考虑一些不确定性因素的影响；C_{CBM} 为容量效益裕度，保证输电合同中不可撤销部分的顺利执行；C_{ETC} 则为输电合同量。可用传输容量示意图如图1-3所示。

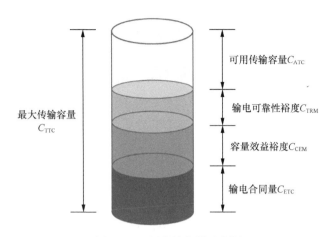

图 1-3　可用传输容量示意图

ATC 模型建立时并未考虑其中具体线路的传输容量的限制,而仅仅是考虑区域间总的功率传输的限制。因此,由于并未考虑线路潮流的安全约束,其结果与实际的运行有差距,需要在平衡市场中进行再调度。

1.1.2.9　电力辅助服务

电力辅助服务是指为维持电力系统安全稳定运行,保证电能质量,促进清洁能源消纳,除正常电能生产、输送、使用外,由火电、水电、核电、风电、光伏发电、光热发电、抽水蓄能、自备电厂等发电侧并网主体,电化学、压缩空气、飞轮等新型储能,传统高载能工业负荷、工商业可中断负荷、电动汽车充电网络等能够响应电力调度指令的可调节负荷提供的服务。电力辅助服务的种类包括有功平衡服务(调频、调峰、备用、转动惯量、爬坡等)、无功平衡服务(自动电压控制、调向运行)和事故应急及恢复服务(稳定切机服务、稳定切负荷服务和黑启动服务)。

电力辅助服务的提供方式包括基本电力辅助服务和有偿电力辅助服务。基本电力辅助服务为并网主体义务提供,无需补偿。有偿电力辅助服务可通过固定补偿或市场化方式提供,所提供的电力辅助服务应达到规定标准,鼓励采用竞争方式确定承担电力辅助服务的并网主体,市场化方式包括集中竞价、公开招标/挂牌/拍卖、双边协商等。

1.2　电力市场经济学基础

1.2.1　微观经济学基础

电力市场既遵从一般商品市场的规律,又受到电力系统实时运行的各种约束,其经济特性是一项值得研究的工作。本节主要介绍微观经济学的一些基本概念,包括市场供需关系生产成本、市场类型、市场效、博弈论等，以期为讨论电力市场问题建立相应的基础。

1.2.1.1 需求、供给与市场价格

这里将讨论需求、供给及其相互作用的关系。价值规律作为市场经济的基本规律，是通过市场价格的波动或均衡反映的，这既表现在单个产品市场的运行之中，也表现在总体的市场体系的运行之中。但无论怎样，价格实际发生的波动及能否达到均衡，还取决于市场需求与供给之间的相互作用。

1. 市场需求与供给

在经济学意义上，需求是指人们在一定时期内愿意并能够购买的某种商品的数量。影响需求的因素是非常复杂的，除商品自身的价格和购买者的货币收入水平以外，还与其他相关商品或劳务的价格有关。根据商品之间的关系，可以分为替代品和互补品两种类型。在替代关系情况下，一种商品或劳务的价格变动，会引起其替代品的需求同方向变动。比如，航空运输价格的上升，会导致铁路和公路运输需求的扩大。在互补关系的情况下，一种商品的价格变动则会引起另一种作为补充品的需求按反方向变动。比如，电价下跌时，家用电器的需求会伴随增加。

除了上述经济因素外，影响需求的还包括许多非经济因素，如政治、法律、宗教、风俗习惯等。

当我们主要考察需求与价格之间的关系，而把其他因素都当作给定条件时，需求函数可表述为

$$Q_d = f(\rho) \tag{1-4}$$

式中：Q_d 为需求量；ρ 为价格。

根据这一函数，还可以用图形表示需求与价格之间的关系，得出需求曲线 D，如图1-4所示。

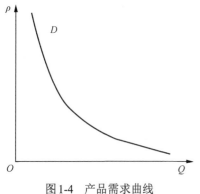

图1-4 产品需求曲线

由图1-4可以看出：在其他因素不变的条件下，需求量与商品价格是一个下降函数，即价格上升，需求量减少；价格下降，需求量增加，这就是通常所说的需求规律。这一规律显然与人们的日常生活经验是一致的。价格变动之所以会引起需求量的反方向变动，经济学家们在理论上认为有以下两个原因：第一，收入效应。即价格的变动意味着人们的货币收入和支付能力变动，其方向是相反的。在某种产品价格降低而其他商品价格维持不变时，人们的实际收入相应地得到提高，从而需求量会增加。第二，替代效应。例如，某商品价格上升时，假定其他商品价格不变，人们就会购买价格较低的

其他替代商品，从而使该商品的需求下降。

以上给出了价格因素与需求量之间的一般关系。实际上，对于不同商品来说，这些因素同一幅度的变化对需求量的影响是不一样的，现代经济学中用需求的价格弹性这一概念来描述。

需求的价格弹性也常简称为需求弹性，它是指需求量对商品自身价格变动的反应程度。如以 Q_d 和 ΔQ_d 分别表示需求量及其变动量，以 ρ 和 $\Delta \rho$ 表示商品自身价格及其变动量，那么需求价格弹性系数 E_d 的定义为

$$E_d = \frac{\Delta Q_d}{Q_d} \bigg/ \frac{\Delta \rho}{\rho} \tag{1-5}$$

可知，需求价格弹性系数 E_d 就是需求量变动的百分数与价格变动的百分数的比值。由于 Q_d 和 ρ 的关系是下降函数，因而 E_d 必然小于 0 $(E_d < 0)$。所以，不能根据其数值大小直接比较不同商品的需求弹性，而要选用其绝对值进行比较。按照需求弹性系数的绝对值（即 $|E_d|$）的大小，可以把不同商品或劳务的需求对价格变动的反应划分为富有弹性和缺乏弹性两种基本形式。一般价格弹性系数大于 1 时，认为需求富有价格弹性；小于 1 时，认为需求缺乏价格弹性。

应该指出，需求价格弹性的大小在生产者和经营者作价格决策时，是重要的依据。在商品缺乏价格弹性时，降价造成的损失会超过需求量扩大而带来的收益，从而使总收益减少；反之，在商品富有弹性时，降低价格会导致需求量大幅度增加，故总收益会相应增加。

在经济学意义上，供给一般是指生产者或销售者在一定时期内愿意并能够提供给市场的商品数量。与需求会受到支付能力的约束不同，供给的约束主要来自于一定时期内可用于生产的各种资源，包括劳动力人数、可使用土地量、可投入的资本量及可用的技术等。生产者供给商品是为了换取等量的价值，因此其最为关心的是自己提供的商品能否卖出和以怎样的价格卖出。

影响供给的因素很多，除其价格 ρ 以外，还与其他相关商品的价格、生产费用的变化等有关。

如果假定其他因素不变或已知，只考虑供给与价格 ρ 的关系，则供给函数可写为

$$Q_S = f(\rho) \tag{1-6}$$

供给函数也可以用供给曲线 S 表示（如图 1-5 所示）。

根据图 1-5 可知，在其他条件不变的情况下，商品的供给量与其价格是上升的函数关系。即随着生产的扩大，其成本会呈递增上升趋势，这就是供给规律。供给函数的形态可用供给弹性来描述。

供给弹性是供给量对价格变动反应程度的一个经济学概念。如以 Q_S，ΔQ_S 分别表示

供给量及其变化量，ρ，$\Delta\rho$ 分别表示价格及其变化量，则供给弹性系数 E_S 可表示为

$$E_S = \frac{\Delta Q_S}{Q_S} \bigg/ \frac{\Delta\rho}{\rho} \tag{1-7}$$

由供给规律可知，E_S 一般大于 0。

2. 市场机制及价格的决定

上面介绍了需求与供给的概念，这里把两者结合起来说明市场机制及市场价格的决定。

在图 1-6 中，假定决定供求的因素除商品自身的价格外其余均为已知，因而供求状况确定。图中曲线 S 表示供给曲线，曲线 D 表示需求曲线。由图可见，曲线 S 和曲线 D 在 e 点相交，与 e 点相对应的价格 ρ_e 就是均衡价格，或者叫市场出清价格。

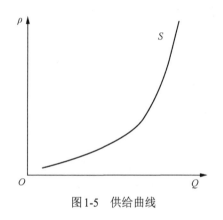

图 1-5　供给曲线

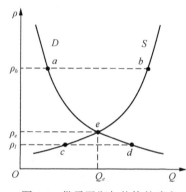

图 1-6　供需平衡与价格的确定

在此价格水平上，买方愿意并能够购买的数量与卖方愿意并能够供给的数量恰好相等。所谓市场机制就是指在一个自由市场里能使价格得以变化一直达到出清（即供给量与需求量相等）的趋势。

为了理解市场价格有趋于均衡的倾向，首先假设市场价格开始时处于均衡价格之上的情况，假定市场价格为 ρ_h，则生产者的供给量将为 b，而消费者的需求量仅为 a，二者差额为线段 ab，这时出现了市场盈余或过度供给。在此情况下，市场上存在一个价格向下的压力。因为盈余的存在意味着生产者的要价超过了消费者的支付能力，但如果不能把这部分盈余商品或劳务销售出去，就无法实现这些商品或劳务的价值，甚至连成本也难以补偿。为此，生产者彼此之间会进行价格竞争，其结果是价格下降，直至使消费者把他们愿意并能够购买的商品或劳务的数量增加到与生产者的供给量相等为止。

类似道理也可讨论市场价格处于均衡价格以下的某个水平，例如 ρ_l 的情况。此时，由于价格较低，消费者的需要量就会超过生产者的供给量，从而引起市场短缺或过度需求，如图 1-6 中的 cd 部分所示。在此情况下，市场上必然存在一个价格向上的推力。因为短缺的存在意味着消费者的部分需求不能得到满足，或者说相对于一定的交易量，生产者的要

价低于消费者愿意支付的价格。这样，消费者为能买到其想要的商品或劳务必然会相互竞争，其结果是价格上升。一旦价格上升成为事实，消费者便会相应降低需求，而生产者则会增加供给，这种价格与供求的变动将一直调整到短缺消除为止。

由上述分析可见，在市场经济中，均衡是一种必然的趋势。所谓市场机制正是指通过市场价格的变化使供给与需求达到均衡的一种趋势，它像一只"看不见的手"指挥着人们的经济活动。均衡价格就是供求一致时的市场价格，此时的交易量就叫均衡产量或销售量，即图1-6中的Q_e。

均衡是市场经济中的一个必然趋势，但却不可能永远维持市场的均衡。这是因为供求状况总是在不断变化的，因而供求不可能总是处于均衡状态。这就意味着任意一个给定的价格水平并不能保证瞬时的需求与市场供给量总是相等。以下分析供求状况改变如何影响市场的均衡。首先讨论需求改变对市场均衡的影响。

如果假定供给状况不变，需求的改变一般会引起市场均衡价格和均衡产量按同方向变化。也就是说，在供给不变的情况下，需求由于收入或消费者偏好等因素的提高而增加，市场均衡价格会上升，均衡产量也会增加，这可以用图1-7来说明。

在图1-7中，市场原先的均衡点为e，与此对应的均衡价格和均衡产量分别为ρ_e和Q_e。现在假设供给不变（亦即S不变），需求提高，即需求曲线由D向右移至D'，那么新的供求均衡点为e'。比较两个不同的均衡点，可以发现，均衡价格由ρ_e上升到ρ_e'，均衡产量由Q_e增加到Q_e'。

依照上述方法，可以类推出需求减少时市场均衡的变化。

以下讨论供给变化对市场均衡的影响。现在假定需求状况不变，而供给发生变动，则市场均衡产量会发生不一致的变动：均衡价格与供给变动的方向相反，均衡产量则与之相同。对此，可以用图1-8加以说明。

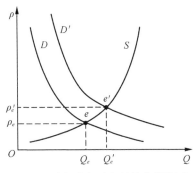

图1-7　需求改变对市场均衡的影响

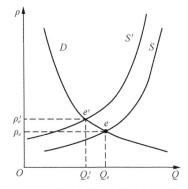

图1-8　供给改变对市场均衡的影响

在图1-8中，市场原先在e点的均衡价格和均衡产量分别为ρ_e和Q_e。现在假定供给减少，即供给曲线S由向左移至S'，而需求状况不变，则市场新的均衡点为e'。显而易见，与原先的均衡相比，现在的均衡价格更高（即$\rho_e' > \rho_e$），而均衡产量则更少（即$Q_e' < Q_e$）。依照上述方法，同样可以说明供给增加时市场均衡会发生的变化情况。

以上假定市场供求中的任意一方不变，分析另一方的变动对市场均衡价格的影响，称为局部均衡分析法，是分析市场经济条件下供求规律的方法。

1.2.1.2　市场类型及对应的市场价格

1. 市场类型

市场中独立的经济单位可以按功能分成两大类：买方和卖方。买方包括购买物品和服务的消费者，以及购买劳动力、资金和原材料用于生产商品和提供服务的厂商。卖方包括出售商品和服务的厂商、出卖劳动力的工人，以及向厂商出租土地或出售矿物资源的资源拥有者。显然，许多人和厂商充当了买方和卖方两种角色。在经济学意义上，当他们买东西的时候，把他们仅仅看作买方；而当他们卖东西的时候，又把他们仅仅看作卖方。

买方和卖方同时相互作用，形成市场。市场是相互作用、使交换成为可能的买方和卖方的集合。市场是经济活动的中心。市场又分为完全竞争市场、具有市场力的竞争市场和非竞争市场。市场结构和类型决定了企业是价格的决定者还是价格的接受者。

一个完全竞争市场拥有许多买者和卖者，没有一个买者或卖者对价格有显著的影响力，因此，企业是价格的接受者。

具有市场力的竞争市场通常意味着市场中某些企业具有较强的影响价格的能力，可以被看作是价格的决定者，这些企业被认为具有市场力。市场力是指企业在不失去全部市场份额的前提下提价的能力。具有市场力的企业面临向下倾斜的需求曲线。只有当存在比较强的市场进入壁垒时，市场中的厂商才能拥有比较强的市场力。市场的强进入壁垒包括以下主要因素：规模经济、政府设置的壁垒、要素（如原材料）壁垒、品牌效应等。具有市场力的竞争市场有时也被称为垄断竞争市场或寡头竞争市场，需要用博弈论等进行竞争决策。发电侧市场一般属于这类市场。

非竞争市场是指纯垄断市场，这种市场比较少见，其定价及经营受政府监管。电网的经营一般属于这种形式。

2. 完全竞争市场的市场价格

市场提供了买方和卖方之间进行交易的可能性。不同数量的商品按特定的价格出售，在完全竞争市场上，一个单一的价格，即市场价格一般会占优势。

在不完全竞争的市场上，不同的厂商可以对同样的产品制定不同的价格。这种情况的发生，是因为一家厂商试图从其竞争对手那儿赢得顾客，或是因为顾客存在对商标的忠诚心理,使得一些厂商能将其产品的价格定得高于其竞争对手的价格。这里所指的市场价格,是指不同商标或不同地方的平均价格。市场的大小指的是市场的边界,既包括地理的边界又包括就产品范围这个角度而言的边界。

绝大部分商品的市场价格会随着时间而上下波动,并且对许多商品来说,这种波动还可能相当迅速,在竞争市场上所销售的商品尤其如此。

在一个完全竞争的市场中,一种商品的卖方和买方都足够多,以至没有单独一个卖方或买方能影响该商品的价格。价格由供给和需求的市场力量决定,定价过程如图1-6所示。

在图1-6中,假定决定供求的因素除商品或劳务自身的价格外均为已知,从而供求状况既定,如 S 曲线和 D 曲线所示。从图中可见,S 曲线和 D 曲线在 e 点相交,与 e 点相对应的价格即 ρ_e 就是均衡价格。因为在此价格水平上,买方愿意并能够购买的数量与卖方愿意并能够供给的数量恰好相等。也就是说,在 ρ_e 水平上,市场上供求的相互作用不再能使价格进一步变化。

经济学理论还说明,由以上方式确定的价格就是该产品的边际价格。单个厂商在决定生产和销售量时都将价格看作给定的,消费者在决定商品的购买量时也将价格当作给定的。

3. 非竞争市场的市场价格

非竞争市场有卖方垄断(以下简称"垄断")和买方垄断出现,这是与完全竞争相反的概念。垄断就是市场中只有一个卖方,但有许多买方;而反过来买方垄断,即市场中有许多卖方但只有唯一的买方。

由于一个垄断者就是一种产品的唯一生产者,市场需求曲线反映了该垄断者所能得到的价格是如何取决于他投放市场的产量的。垄断者会利用能控制价格的有利条件,追求自身的利润最大化。其价格和产量与完全竞争市场所决定的价格和产量有何不同呢?一般地说,与完全竞争的产量和价格相比,垄断者的产量较低而价格较高。这就意味着垄断造成了一种社会成本,因为它使得只有较少的消费者买到这种产品,而买到产品的消费者又要付出较高的价格。这就是反托拉斯法禁止厂商垄断大多数市场的原因。当规模经济使得垄断可取时,政府可以通过管制该垄断者的价格而提高效率。

作为一种产品的唯一生产者,一个垄断者处在一个特别的位置。如果垄断者决定提高产品的价格,他用不着担心会有其他的竞争者通过较低的价格来抢夺市场份额,损害其利益。垄断者对市场出售的产量有完全的控制能力,但这并不意味着垄断者能想要多高的价格就可定多高的价格,至少在其目标是利润最大化时无法在价格上随心所欲。

为了实现利润最大化,垄断者必须先确定市场需求的特征,以及他自己的成本。关于需求和成本的知识对一个厂商的经营决策至关重要。有了这种知识,垄断者就可以决定生产和销售的数量。垄断者销售每单位产量所能得到的价格直接由市场需求曲线决定。同样地，垄断者也可以先决定价格，而在此价格上所能销出的数量由市场需求曲线决定。

平均收益是指卖出每单位产品所得到的价格，也就是市场需求曲线。为了选择利润最大的产量水平，垄断者也需要知道它的边际收益，即1单位产量变化引起的收益变化。为了弄清总收益、平均收益和边际收益之间的关系，下面列举一个厂商的例子，其收益情况见表1-1。该厂商面对的需求曲线可描述为

$$\rho = 6 - Q \tag{1-8}$$

表 1-1　　　　　　　　　　　　　　　某厂商的收益曲线

价格（ρ）	销售数量（Q）	总收益（B_Σ）	边际收益（B_M）	平均收益（B_A）
6	0	0	—	—
5	1	5	5	5
4	2	8	3	4
3	3	9	1	3
2	4	8	−1	2
1	5	5	−3	1

由表1-1或式（1-8）可以看出，当价格为6元时，收益为0。因为在该价格任何东西都卖不掉。在价格为5元时能卖掉1单位，因而总收益及边际收益为5元。卖出的数量从1单位增加到2单位时，总收益从5元增加到8元，因此边际收益为3元。当卖出的数量从2单位增加至3单位时，边际收益下降到1元，当卖出数量从3单位增至4单位时，边际收益变为负值。边际收益为正时，总收益随销量增加，但当边际收益为负时，总收益递减。

当需求曲线向下倾斜时，价格（平均收益）大于边际收益，这是因为所有单位的产品都以同样的价格出售，为了增加1单位销售，价格必须降低。因此全部销出的单位（不仅是增加的这个单位）都取得较少的收益。

在理论上我们知道应该根据边际收益等于边际成本来选择价格和产量，但在实践中一个企业的经营者又该如何找出正确的价格和产量水平呢？大多数经营者对他们的企业所面临的平均收益和边际收益曲线所具有的知识有限。同样，他们可能只知道企业在一个十分有限产量范围内的边际成本。因此，应该将边际收益必须等于边际成本这个条件转换成在实践中很容易运用的简单法则。

为了做到这一点，先把边际收益 B_M 的表达式重新写成

$$B_M = \frac{\Delta B_\Sigma}{\Delta Q} = \frac{\Delta \rho Q}{\Delta Q} \tag{1-9}$$

注意来自增加1单位产量的额外收益 $\Delta \rho Q/\Delta Q$ 由两部分组成。生产1额外的单位并以价格 ρ 售出带来的收益为 $\rho \times 1 = \rho$。但该企业面临一条向下倾斜的需求曲线，因此生产和

销售该额外单位也会引起价格的小幅下跌，这会降低卖出的所有单位的收益，即引起 $Q(\Delta\rho Q/\Delta Q)$ 的收益改变。因此有

$$B_{\mathrm{M}} = \rho + Q\frac{\rho}{Q} \tag{1-10}$$

已知需求弹性的定义为 $E_{\mathrm{d}} = \dfrac{\rho}{Q}\times\dfrac{Q}{\rho}$，因此

$$B_{\mathrm{M}} = \rho + \rho\frac{1}{E_{\mathrm{d}}} \tag{1-11}$$

由于厂商的目标是实现利润最大化，因此令边际收益等于边际成本，即

$$\rho + \rho\frac{1}{E_{\mathrm{d}}} = c_{\mathrm{M}} \tag{1-12}$$

它可表达成

$$\frac{\rho - c_{\mathrm{M}}}{\rho} = -\frac{1}{E_{\mathrm{d}}} \tag{1-13}$$

这个关系为定价提供了一个简单法则。等式左边的 $\dfrac{\rho - c_{\mathrm{M}}}{\rho}$ 为在边际成本上的加价占价格的百分比，该关系式说明它应等于需求弹性倒数的相反数。由于需求弹性本身为负，因此该数会是正的。同样地，也可以重新安排该方程以将价格直接表达为在边际成本上的一个加价，即

$$\rho = \frac{c_{\mathrm{M}}}{1 + 1/E_{\mathrm{d}}} \tag{1-14}$$

例如，若需求弹性为−4，且边际成本为每单位9美元时，则价格就应该是每单位12美元。

垄断者所定价格与竞争价格相比如何呢？我们知道在一个完全竞争的市场中价格是等于边际成本的。垄断者所索取的价格则超过边际成本，超过的幅度反向取决于需求弹性。正如式（1-14）所显示的，如果需求特别有弹性，E_{d} 的绝对值很大，则价格将非常接近边际成本，从而一个垄断市场看起来会非常类似于一个完全竞争的市场。事实上，当需求非常有弹性时，做一个垄断者并没有多大的好处。

4. 具有市场力的竞争市场的市场价格

纯粹的垄断是很少见的，但在许多市场中，常常会只有少数几个相互竞争的厂商，通常被称为寡头竞争。这些市场中的厂商之间的相互作用很复杂，并且常常带有策略博弈。但无论如何，这些厂商都有能力影响价格，也都可以发现定价于边际成本之上将有利可图。这样的市场将是具有市场力的竞争市场，这些厂商就具有垄断势力。垄断势力和买方垄断

势力是市场势力的两种形式。垄断势力通常也被称为市场势力或市场力。市场力即一个卖方或一个买方影响一种物品价格的能力。由于卖方和买方都有一定的市场力，因此必须弄清市场力究竟是如何起作用的，以及它对厂商和消费者的意义。

完全竞争厂商和有垄断势力的厂商之间的重要区别：对完全竞争厂商，价格等于边际成本；而对有垄断势力的厂商，价格大于边际成本。因此，测定垄断势力的一个自然的方法是计算利润最大化价格超过边际成本的程度，即价格减去边际成本再除以价格的加价率。这种测定垄断势力的方法是由经济学家阿巴·勒纳于1934年首先使用的，并被称为勒纳的垄断势力度，用公式表示为

$$L = \frac{\rho - c_M}{\rho} \qquad (1\text{-}15)$$

勒纳指数的值总是在0与1之间。对于完全竞争厂商来讲，$\rho = c_M$，从而 $L = 0$。L 越大，垄断力度越大。

该垄断势力指数也可以用厂商面临的需求弹性来表达，即

$$L = \frac{\rho - c_M}{\rho} = -\frac{1}{E_d} \qquad (1\text{-}16)$$

必须注意，这里 E_d 现在是厂商需求曲线的弹性而不是市场需求曲线的弹性。

以上分析表明有一定的垄断势力并不一定意味着高利润。利润取决于相对于价格的平均成本水平。例如，厂商A可以比厂商B有更大的垄断势力，但由于它的平均成本要高得多，它的利润反而可能会较低。

与垄断市场的定价原则相似，具有市场力的竞争市场中各企业的定价 ρ^* 也是采用加价的方式确定，即

$$\rho^* = \frac{c_M}{1 + 1/E_d} \qquad (1\text{-}17)$$

这里，E_d 同样是厂商面临的需求曲线的弹性而不是整个市场需求曲线的弹性。

由于厂商必须考虑其竞争者对价格变化的反应，因此确定厂商的需求曲线比确定市场的需求曲线要更困难。最基本的，经营者必须估计出1%的价格变化会引起的销售量变化的百分比。这个估计可以是基于一个正式的模型做出的，也可以是根据经营者的直觉或经验做出的。

有了对厂商需求弹性的估计，经营者就可以算出合适的加价。如果厂商的需求弹性很大，这时加价就会较小（此时该厂商只有很小的垄断势力），如图1-9（a）所示。如果厂商的需求弹性很小，该加价就会很大（此时该厂商有相当大的垄断势力），如图1-9（b）所示。图中 B_A 为平均收益，B_M 为边际收益。

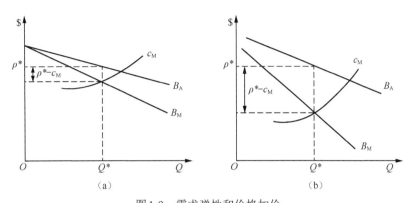

图1-9　需求弹性和价格加价

（a）弹性较大加价较小的情况；（b）弹性较小加价较大的情况

1.2.1.3　市场效率

本节主要介绍市场机制、价格控制与市场效率之间的关系，说明政府对价格进行控制可能会造成社会效益的无谓损失。

1. 消费者剩余和生产者剩余

在经济上，通常用消费者剩余测度消费者从竞争市场获得的总净效益，用生产者剩余测度生产者获得的总净效益。二者之和就是市场产生的社会效益。显然，市场产生的社会效益愈大，则市场效率愈高。以下我们介绍消费者剩余和生产者剩余的概念。

在完全竞争市场上，消费者和生产者按现行市场价格买卖商品。但是对于某些消费者来说，商品价值超出市场价格；如若必须，他们愿意支付更高的价格。消费者剩余是消费者获得的超过购买商品支付的总效益或总价值。

例如，假设市场价格为每单位5美元，如图1-10所示。某些消费者可能对该商品评价很高，愿意支付更高的价格。例如消费者A愿意为此物品支付10美元。但是，由于市场价格仅为5美元，他享受到5美元净效益；消费者B愿意支付7美元，因而享有2美元净效益。最后，消费者C对该商品的评价恰好等于市场价格5美元，消费者C的净效益为0。

就消费者总体来看，消费者剩余等于需求曲线与市场价格之间的面积（图1-10中深色阴影区域）。由于消费者剩余测度消费者总的净效益，通过计算消费者剩余变化可以测度政府干预给消费者带来的损益。

生产者剩余是对生产者的类似测度。某些生产者以正好等于市场价格的成本生产若干单位产品。但是，另一些生产者的成本可能低于市场价格，即使市

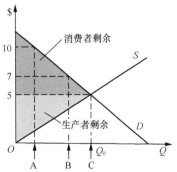

图1-10　消费者剩余和生产者剩余

场价格下跌，他们仍愿意继续生产和销售。因此，生产者从销售这些产品中享受到的效益也是一种剩余。就单位产品来看，这个剩余是生产者接受的市场价格与边际生产成本之间的差额。

从市场整体来看，生产者剩余是位于供给曲线上方直至市场价格的区域，等于图 1-10 中供给曲线与市场价格之间浅色阴影的面积，这是低成本生产者按市价出售产品获得的效益。

总的来说，消费者和生产者剩余之和为总社会效益，可用来测度竞争市场的效率。

2. 政府控制导致效益的变化

为了说明怎样运用消费者和生产者剩余评价政府政策，首先假设通过价格控制抑制生产，而需求增加产生了过度需求。

图 1-11 表明政府价格控制导致的消费者剩余和生产者剩余的变化。由于存在价格控制，使得价格从 ρ_0 降为 ρ_{max}，生产和销售量从 Q_0 降为 Q_1，一些消费者已经受到市场配给。那些仍能买到商品的消费者现在支付的价格降低，获得的剩余增加，如图 1-11 中矩形区域 A。然而，有些消费者不再能买到商品，他们的消费者剩余损失为深色阴影三角形区域 B。因此，消费者剩余的净变化为 A−B。在图 1-11 中，矩形区域 A 大于三角形区域 B，所以，消费者剩余的净变化为正。

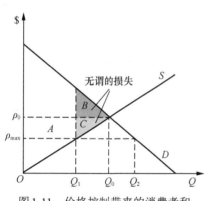

图 1-11　价格控制带来的消费者和生产者剩余变化

生产者剩余会怎样变化呢？那些仍留在市场上生产 Q_1 数量商品的生产者，现在只得接受较低的价格，商品价格规定不超过 ρ_{max}，低于市场出清价格 ρ_0。他们失去了矩形 A 代表的生产者剩余。但是，总产量也下降了，导致生产者剩余的额外损失为三角形 C。因此，生产者剩余的总变化为 −A−C。显然，价格控制使生产者遭受损失。

那么，价格控制给生产者带来的损失是否可以被消费者的得益抵消呢？回答是否定的。如图 1-11 所示，价格控制导致总剩余的净损失称为无谓损失。消费者剩余的变化为 A−B，生产者剩余的变化为 −A−C，所以，剩余的总变化为 (A−B)+(−A−C)=−B−C，从而有了无谓损失部分，如图 1-11 中两个三角形区域 B 和 C。无谓损失也是价格控制造成的低效率；生产者剩余的损失超过了消费者剩余的增加。

如果社会对消费者剩余的评价高于生产者剩余，这一无谓损失就不会有大的政治影响。然而，如果需求曲线非常缺乏弹性，如图 1-12 所示，价格控制会进一步导致消费者剩

余的净损失。在图 1-12 中，三角形 B 为未得到市场
配给的消费者的损失，它大于那些仍能买到商品的
消费者的得益矩形 A。这里，消费者对这种产品的评
价很高，所以，那些未得到市场配给的消费者遭受
严重损失。

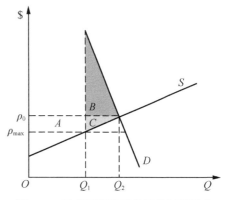

图 1-12　需求无弹性时价格控制的影响

　　如果需求弹性非常小，使得 $B > A$，在这种情况
下，价格控制将使消费者遭受净损失。

　　上面讨论了价格控制怎样产生无谓损失。当政
府要求生产者的价格低于市场出清价格时，经济效
率（消费者和生产者福利总和）降低了。当然，这
并不意味着该政策不好，它可能达到了政策制定者及公众心目中的重要目标。然而，这种
政策是有成本的，它使得消费者和生产者剩余共减少了（$B+C$）的无谓损失。

　　有人可能认为，如果达到经济效率是唯一目标，那么最好让竞争市场自由运行。有时
候情况并不总是这样。在两种情形下，政府干预能增加其他竞争市场中消费者和生产者的
总福利。一种情形是给消费者或生产者带来损益的行为在市场价格中得不到反映，我们称
这些损益为外在性损益，因为对于市场来说，它们是"外在"的。例如，化工污染造成的
社会成本，如果没有政府干预，生产者绝不会考虑污染的社会成本。

　　另一种情形是市场失灵的情况，在这种情况下，政府干预能增进自由运行的竞争市场
产出。大致说来，市场失灵是指价格不能向消费者和生产者提供正确的信号，因而市场不
按我们所描述的那样运行。比如说，消费者由于缺乏商品质量或特性的信息，不能做出效
用最大化的购买决策。由此，政府干预是适当的。

　　除了外在性或市场失灵的情形以外，无管制的竞争市场确实能导致经济上有效的产出
水平。为了说明这一点，考虑价格受限而不是均衡的市场出清价格时会出现什么情况。

　　前面已经考察了价格上限的影响（即价格控
制在市场出清价格之下），生产下降（图 1-11 中从
Q_0 降到 Q_1），相应的总剩余损失为图 1-11 中的无
谓损失 $B+C$。生产得太少，消费者和生产者总体
境况恶化。

　　现在，假设情况相反，政府要求价格高于
市场出清价格，比如说，是 ρ_2 而不是 ρ_0。如
图 1-13 所示，在较高价格水平下，生产者将生
产更多的产品 Q_2，但消费者愿意购买的数量

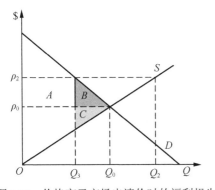

图 1-13　价格高于市场出清价时的福利损失

下降为 Q_3。假设生产者以销定产，市场产出水平将为 Q_3，这里再次出现总剩余的净损失。当价格规定不得低于 ρ_2 时，需求量仅为 Q_3。如果只生产 Q_3，无谓损失为 $B+C$。

在图1-13中，矩形 A 现在表示消费者转移给生产者的剩余（他们现在接受了更高的价格），但三角形 B 和 C 还是无谓损失。由于价格更高，一些消费者不再购买商品（消费者剩余损失为三角形 B），一些生产者不再生产这部分产品（生产者剩余损失为三角形 C）。

事实上，图1-13中无谓损失部分 $B+C$ 还只是对迫使价格高于市场出清水平的政策效率成本的乐观评价。有些生产者受高价 ρ_2 诱惑，可能提高生产能力和产出水平，导致产品滞销。或者，政府出面买下全部滞销商品，以维持产量 Q_2。在这两种情况下，总的无谓损失将远远超过 $B+C$。

1.2.2　电价理论基础

电能和其他产品一样是商品，商品的销售，一方面应向消费者供应质量合格的产品，另一方面应从用户处取得相应的货币收入。电价，就是电力商品价值的货币体现。由于电力是公用事业，广泛应用于各行各业、千家万户，电价水平不仅影响到能源的开发利用、国家的财政收入和电力工业的发展速度，而且还影响其他行业的发展水平、劳动生产效率和人民的生活习惯，因此电价的制定至关重要。特别是在市场环境下，市场机制成为资源配置的主要方式，而市场机制的主力就是价格机制。换句话说，价格的调节作用扮演着配置市场资源的重要角色。

1.2.2.1　电价概述

电价，是与电力发、输、供有关的各类型电力商品和服务的价格的总称，或称电价体系。电力市场环境下，发、输、供一体的垄断格局被打破，厂网分开，输电网开放，市场参与者的类型增多，运营模式市场化，因此电力商品的种类和相关的服务也呈现多样性，从不同的角度进行分类，出现了多种不同的电价。例如，从电力商品的功能上，有电能电价、备用电价和无功电价；从电力商品交付的时间上，有远期合同电价、期货合同电价、日前市场电价和实时电价；从电力发、输、配流程上，有上网电价、输电电价、配电电价；从电力生产成本的组成结构上，有一部制电价和两部制电价等。

在电力生产和供应的垄断时期，电价的制定采取政府定价的形式，由物价部门负责管理，电力主管部门予以协助。《电力法》第三十六条规定了制定电价的基本原则，"应当合理补偿成本，合理确定收益，依法计入税金，坚持公平负担，促进电力建设"，也就是说，电价应等于成本、利润和税金之和。在上网电价的制定中，我国先后出台了"还本付息电价"和"经营期电价"政策，通过控制电力投资利润率水平调控电力建设的发展。还本付息电价的出台源于20世纪80年代中期的严重电力短缺，为调动社会各方面投资办电的积极性，1985年国务院实行了多家办电和多渠道集资办电的政策，对集资兴建的电厂实行还本付息电价，允许新建成的电力项目按照还本付息需要核定电价，即上网电价由发电单位成本、税金和利润构成。其中，电力发电利润按电力项目贷款办法，在规定的期限内还清按资本息和发电企业平均的留利水平计算；还清贷款后，按发电企业平均留利水平计算。到20世纪90年代中后期，经营期电价政策取代了还本付息电价政策，对新建成的电力项目改为按电力项目经济寿命周期平均核定电价，即在综合考虑电力项目经济寿命周期内各年度的成本和还贷需要的变化情况的基础上，通过计算电力项目每年的现金流量，按照使项目在经济寿命周期内各年度的净现金流量能够满足按项目注册资本金计算的财务内部收益率为条件测算电价。这在一定程度上修正了还本付息电价缺乏激励机制、不利于提高电力投资效率的弊端。

竞争市场中，电能拍卖在实现供需平衡的资源配置的同时发现价格，因此上网电价的形成不再采用政府定价的形式，而由市场竞争定价。但对仍处于垄断地位的输配电服务，为限制电网经营企业的过高利润，保障市场的良好秩序，保护电力消费者的利益，输配电价格仍采用政府定价的方式加以确定。

1.2.2.2 电价体系

随着市场化程度的不断加深和零售竞争模式的确立，从电价形成过程划分，电价可以分为上网电价、输配电价和用电价格。

1. 上网电价

上网电价是指电力生产企业向电网输送电能的结算价格。有些国家称上网电价为发电厂售电价格。上网电价是电价的源头，在电价中的地位非常重要。对电网经营企业而言，上网电价也称电网的购入电价。其计价点一般在发电企业与电网产权的分界处。

2. 输电服务及定价

输电服务就是将电能从电能的生产者（独立发电厂和发电公司）安全、经济、优质地输送到电能的使用者（配电公司和大用户）的过程。在电力市场条件下，电力生产者竞价上网，电力大用户和配电公司可以直接选择电力供应者，电力的买与卖只能通过电网这个共同载体来实现，因此它们都应该是输电服务的用户，需要共同承担输电费用。其中，输电设备的拥有者必须与电力供、用方在经济上相互独立，而供方与用方可以是相互独立的，也可以是同一个经济实体。

电网在执行输电业务时，必须提供足够的输送容量，同时承担输电对电网运行带来的影响，因此要求输电的贸易方必须向承担输电的电网缴纳输电费。输电费计算的基础是输电成本，因此承担输电的电网必须全面、合理地确定输电的成本。输电成本的计算是开展输电业务的首要工作。输电成本是制定输电定价的基础，只有掌握输电成本特性才可以制定出科学合理的输电价格。

3．用电价格

用电价格是电网企业向电力用户销售电能的结算价格，是电价实现的终端环节。2023年5月15日，《国家发展改革委关于第三监管周期省级电网输配电价及有关事项的通知》（发改价格〔2023〕526号）明确，用户用电价格逐步归并为居民生活、农业生产及工商业用电（除执行居民生活和农业生产用电价格以外的用电）三类。

1.2.2.3 电价的形成方法

电价的形成机制必须有利于电价功能的发挥。电价功能是指电价本身内在所具有的功能和作用，主要包括表价功能、调节功能和传递信息功能等。表价功能，是指电价应尽量正确地反映电力商品内在的价值量，是电价最基本的一种职能；调节功能，是指电价在社会再生产全过程中处于调节者的地位，可以调节电力的建设、生产和消费；传递信息功能，是指电价是一种信息载体，能够反映、传递经济信息。电价制定的基本方法是综合成本法和边际成本法。

1．综合成本法

综合成本（Embedded Cost）定价是一种常用的、传统的定价方法。它根据历史记载的账面成本，即发电企业会计记录与财务报表中的成本项目来核算在未来给定的电价计算期内供电所需的全部成本，记为 $C_{produce}$，再计及税金 C_{tax} 和利润 C_{profit}，并将其在全部供电量中平均分摊，即

$$\pi = \frac{C_{total}}{P_{total}} = \frac{C_{produce} + C_{tax} + C_{profit}}{P_{total}} \tag{1-18}$$

式（1-18）中，P_{total} 是指电价计算期内企业的总供电量，一般根据机组的容量和年利用小时数来计算。例如，设发电企业拥有 N 台机组，机组 i 的容量为 $P_{max,i}$，机组的年利用小时数均为5500h，计算期为 Y 年，并计及厂用电率 η，则

$$P_{total} = Y(\sum_{i=1}^{N} 5500 P_{max,i})(1-\eta) \tag{1-19}$$

综合电价也可以针对单台机组分别计算。

综合成本定价可以较好地补偿成本，满足财务指标，因此也具有不错的筹资功能，可以吸引更多资金进入电力行业。综合成本法的优点是直观、简便、易操作，并且计算周期较长，相对稳定，有利于避免因投资高峰带来的电价波动。但是综合成本法只根据以往账面计算折旧费，无法体现未来通货膨胀、能源和环境开支增加等因素，有可能导致折旧费不足和企业资金状况恶化；并且不能对现阶段的生产和消费提供正确的经济信号，因此也不能合理有效地配置资源和引导生产与消费，市场效率不高。

2. 边际成本法

边际成本（Marginal Cost），又称为经济学成本，是指生产的微增所产生的成本微增。根据经济学原理，在完全竞争市场中，单个企业根据边际成本等于边际收益的原则定价，可以使自身的利益最大化；整个商品市场根据边际成本等于边际收益的原则定价，可以使社会总效益最大化。因此，边际成本定价的数学模型为

$$\begin{array}{ll} \max & B - C \\ \text{s.t.} & g(x) = 0 \\ & h(x) \leqslant 0 \end{array} \qquad (1\text{-}20)$$

式中：B 代表用户使用电能后获得的效益；C 表示系统总的供电成本。

由式（1-20）可知，为保证系统的安全可靠运行，系统运行状态的表征向量 x 必须满足一定的等式约束条件 $g(x) = 0$ 和不等式约束条件 $h(x) \leqslant 0$，主要包括：①系统有功功率、无功功率平衡方程；②有功电源出力上、下限约束；③可调无功电源出力上、下限约束；④节点电压模值上、下限约束；⑤电力潮流及损耗应满足的电路物理规律；⑥线路传输或变压器等元件中允许通过的最大电流或视在功率约束等。

上述条件中，除①为等式约束外，其余均为不等式约束。该模型可根据优化数学的原理求解，设电能生产量以 P_{sys} 表示，则有

$$\frac{\partial B}{\partial P_{\text{sys}}} - \frac{\partial C}{\partial P_{\text{sys}}} = 0 \qquad (1\text{-}21)$$

用户用电的净收益 B_{net} 为

$$B_{\text{net}} = B - \pi P_{\text{sys}} \qquad (1\text{-}22)$$

其最大值出现在 $\dfrac{\partial B_{\text{net}}}{\partial P_{\text{sys}}} = 0$ 的点，此时，有

$$\frac{\partial B}{\partial P_{\text{sys}}} = \pi \qquad (1\text{-}23)$$

再考虑到式（1-21），于是

$$\frac{\partial B}{\partial P_{\text{sys}}} = \frac{\partial C}{\partial P_{\text{sys}}} = \pi \qquad (1\text{-}24)$$

电价等于供电成本的微增率，即边际成本，同时也等于用电的边际收益。

在计算用电收益和供电成本时，考虑的计算周期不同，计及的影响因素也不同。例如在短期内，电力生产边际成本的增加主要表现为燃料费、人工费等可变成本的增加；而在长期内，投资建设新电厂的费用必然构成电力生产边际成本增加量的一部分。因此，以时间因素对电力生产成本的影响为区分，边际成本法又分为长期边际成本法

和短期边际成本法。

边际成本法的优点是可获得最大的社会效益，并能正确反映电能的未来价值，给予用户正确的用电信号；缺点是边际成本电价不能保证收支平衡，这是边际供电成本与平均供电成本有差异而造成的。另外，短期边际成本电价受供需变动的影响较大，波动剧烈；长期边际成本电价由于计算周期较长，电价相对稳定，但某些与时间有关的宏观因素难以精确描述，定价模型的准确性难以把握。

【例题】某电网的 400MW 负荷由两个火电机组和一个小型径流式水电厂供应，水力发电厂出力恒定为 40MW，火电机组 A、B 的成本函数分别如下。

火电机组 A：$C_A(P_A) = 400 + 34P_A + 0.8P_A^2$（元/h）。

火电机组 B：$C_B(P_B) = 320 + 36P_B + 0.6P_B^2$（元/h）。

假设电力现货市场是完全竞争的，系统不存在阻塞，忽略水电成本等，那么当前负荷状态下，系统出清边际报价为多少元/MWh？火电机组 A、B 出清出力分别是多少 MW？此时火电机组 A、B 的总成本为多少元/h？

解答：边际成本函数是机组成本函数对出力求导，得到火电机组 A 边际成本函数 $\Delta C_A / \Delta P_A$ 为 $34 + 1.6P_A$，火电机组 B 边际成本函数 $\Delta C_B / \Delta P_B$ 为 $36 + 1.2P_B$。

系统边际出清时，火电机组出力恰好等于负荷需求，如果是价格接受者，它的边际成本恰好等于市场价格，也就是说：

$\Delta C_A / \Delta P_A = 34 + 1.6P_A = \Delta C_B / \Delta P_B = 36 + 1.2P_B$

$P_A + P_B + 40 = 400$

求解可以得到：

1）系统出清边际电价为 282 元/MWh。

2）火电机组 A、B 的出力分别为 $P_A = 155$MW，$P_B = 205$MW。

3）火电机组 A、B 的总成本为 $C_A(P_A) + C_B(P_B)$，为 57805 元/h。

3. 其他方法

选择定价方法依据的基本准则是能够保证收支平衡，具有调节市场供需并提供经济信号的作用，方法本身有较好的可行性和透明度，有利于加强市场竞争。无论是综合成本法还是边际成本法，都不能完全满足这些准则。综合成本法强调收支平衡，有利于吸引投资，保证电力产业的持续发展，但欠缺调节及信号作用，不利用促进竞争和提高市场效率，不符合市场机制的要求；而边际成本法无疑具有最佳的调节及传递信息的作用，有利于资源优化配置，最符合市场经济规律，但缺陷是不能保证收支平衡。因此，电力市场中，对已引入竞争机制的环节，如发电环节，上网电价的制定多采用边际成本法，而对仍保持垄断的环节，如输配电服务的定价，则多采用综合成本法。

从成本分类的角度看，电力生产成本分为固定成本和可变成本两部分，固定成本主要是发电厂的基建投资，与装机容量有关，可变成本主要是电厂的日常运营消耗，与发电量有关。边际成本法不能保证收支平衡的根本原因就在于其定价机制不反映固定成本，固定成本的回收完全依靠机组的运营利润。运营利润取决于市场的运行状况，变化很大，大大增加了电力投资的风险，特别是系统的边际机组，长期运行于微利情况下，难以收回投资成本。因此，边际成本法虽然市场效率高，但不利于市场的长期稳定。一些以边际成本法为基础，兼顾固定成本回收的定价方法相继被提出，部分已应用于实践，如两部制电价。

针对电力生产成本两部分的特点做不同处理，是两部制电价的基本思想。两部制电价由容量电价和电量电价组成，容量电价用于保证固定成本的回收，可按照综合电价法的原理制定，即将总的容量成本在总可用容量中分摊；电量电价则由市场竞争所发现的边际成本确定。两部制电价的特点：电量电价促进了竞争，资源得到优化配置；容量电价保证了成本回收，可以很好地吸引投资。但容量电价制定不当会使发电商之间的竞争变弱，影响市场效率，而且容易造成容量投资过度。为此，一些电力市场尝试了其他的固定成本补偿方式，如早期英国电力市场采用的高负荷期分摊法，美国PJM市场采用的按复合报价补偿的方法等。也有学者提出当量电价法、附加函数法等。

1.3 电力市场概述

1.3.1 电力市场的概念

广义电力市场是总体的电力市场，是采用法律、经济等手段，本着公平竞争、自愿互利的原则，对电力系统中发电、输电、配电、用户等各成员进行组织协调运行的管理机制和执行系统的总和。狭义电力市场是指竞争性的电力市场，是电能生产者和使用者通过协商、竞价等方式就电能及其相关产品进行交易，通过市场竞争确定价格和数量的机制。

电力市场首先是一种管理机制，这种机制与传统的行政命令的机制不同，主要是采用经济的手段进行管理，所以电力市场的基本原则是公平竞争、自愿互利；同时，电力市场还是体现这种管理机制的执行系统，包括贸易场所、计量系统、计算机系统、通信系统等。

1.3.2　电力市场的分类、基本原则及层次结构

1.3.2.1　电力市场的分类

电力市场的通用分类如图 1-14 所示。按照交易标的不同，电力市场通常包括电能量市场、辅助服务市场、输电权市场、容量成本回收机制以及与环境价值相关的权证类市场。按照市场范围（空间）不同，一般有全国统一电力市场、省间市场（跨区跨省市场）和省内市场、批发市场和零售市场等提法。

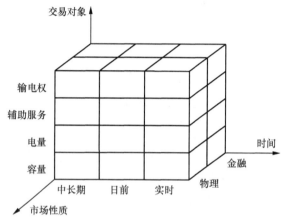

图 1-14　电力市场的通用分类

1.　电能量市场

电能量市场是电力市场中针对有功电能量进行交易的市场。按照交易周期长短，电能量市场通常分为电力中长期市场和电力现货市场。

电力中长期市场指发电商、电力用户、售电公司等市场主体，通过双边协商、集中交易等市场化方式，开展的多年、年、季、月、周、多日等的电力批发交易。同时，执行政府定价的优先发电电量称为厂网间双边交易电量，纳入电力中长期合同管理范畴。电力中长期市场按照市场性质分，还可分为实物市场和金融市场。

电力现货市场泛指日前（或多日）及更短时间内的电能量市场，按照交易周期可以细分为日前市场、日内市场和实时市场。

国家发展改革委、国家能源局在《关于深化电力现货市场建设试点工作的意见》（发改办能源规〔2019〕828号）中明确指出："遵循市场规律和电力系统运行规律，建立中长期交易为主、现货交易为补充的电力市场，完善市场化电力电量平衡机制和价格形成机制。"

2．辅助服务市场

辅助服务市场按照运营周期可分为中长期与日前、实时，中长期辅助服务市场主要提供可中断负荷、调压、黑启动等服务交易，日前、实时辅助服务市场主要提供调频、备用、爬坡、转动惯量辅助服务商品。

3．输电权市场

电力市场必须通过电网来传输，输电权市场就是用户通过市场化方式购买并获得输电线路的部分输电容量，如果电网阻塞导致电力无法传输，用户可以获得相应补偿。输电权市场可采取拍卖或竞价方式。

4．容量成本回收机制

容量成本回收机制主要包括稀缺定价机制、容量补偿机制、战略备用机制、容量市场等方式。容量市场指发电企业允诺在某个时间配备一定可用容量的电力，并提前获得一部分定金，如果到期不能兑现承诺的电力供应容量，则需要进行赔偿。

1.3.2.2　电力市场基本原则

电力市场的基本原则有四个，即公平性、公开性、自由选择权和法规的保障性。

（1）电力市场的公平性。建立电力市场的目的是在电力系统中引进竞争机制，在一个充满竞争的电力市场中，参与者之间都是平等的，所以电力市场最基本的原则是公平性。必须做到：电力市场要有公开性（包括成本、定价、计量、计划等），以便监督；扩大自由选择权力，保证电网的开放；必须建设有关法令、规约，以便使竞争规范化。

（2）电力市场的公开性。在电力市场中，为保证贯彻公平性这一基本原则，必须具有一定的公开性，以便监督。必须公开发电厂的上网电价和用户的用电电价（包括各种类型的电价）。发电厂根据上网电价，随时了解自己发电厂的运行经济状况；用户可依据用电电价制定最优用电计划和调整用电结构。从而，通过电价这一杠杆可将供电和用电双方联系起来。

（3）电力市场参与者的自由选择权。单纯从市场的角度来看，市场应能满足参与者自由选择的权力，即供方有选择用户的权力，用户有选择供方的权力。

电力市场必须保证输、配电系统向使用者开放，这一点对于保证实行电力市场的稳定运行、扩大参加者自由选择的权力、避免网络拥有者利用其地位垄断电力供应非常重要。

（4）电力市场的运行应有法规的保障。由于电力商品的特殊性，要求电力市场在进行供、求匹配贸易的同时，还要负责电网的安全和稳定运行，因此要求电力市场的运行必须有法规的保障。另外，在进行电力贸易时，有关电价、赔偿等问题也应做到有法可依。

1.3.3　电力市场的规则和监督

为保证电力市场正常运行，电力市场必须有规则和监管。

1.3.3.1　电力市场规则

市场运行规则可分为体制性规则和运行性规则两类。前者包含在承认和维护财产所有权的有关法律之中，主要保证市场运行主体的财产所有权及其合法利益不受侵犯；后者则属于政府制定的有关市场活动的法规和条例之中，包括进入市场的各种主体的行为规范以及处理各主体之间相互关系的准则。这些规范和准则明确规定了市场上哪些是不允许做的，要求任何市场主体只能在不损害公众利益的前提下追求和实现自己的利益。

电力市场规则是规范电力市场中每个行为主体的各种行为，及保证该市场正常运行的所有准则的总和。电力市场规则应对所有市场成员都有约束力，包括电力市场主体权利义务、交易体系、交易品种、交易模式、电价、市场结算、信息披露，及对市场监管部门的权利和义务等方面的规定。

市场规则是市场秩序的核心，是保证市场有效运作的基本前提。市场规则的重要性：一是有助于发挥资源优化配置作用。通过建立制度化机制及确立财产所有权，促使单个市场主体的经济努力成为社会性的活动，形成有效市场。二是可以显著降低交易成本。市场规则通过约束交易双方的行为，减少市场主体信任成本，简化了问题识别难度，最终降低交易成本。三是维护市场秩序的有力保障。规则使得符合整体利益和偏好的行为受到激励，与公众利益相悖的行为受到惩戒，从而维护市场活动的正常进行。

1.3.3.2　电力市场监管

市场监管通常指依靠经济组织、行政组织和司法组织，按照市场管理规则和市场运行规则，对从事交易活动的市场主体行为以及市场运行过程进行监管的活动。在目前电力市场尚未完善的情况下，市场监管作为市场管理的重要组成部分，有着尤为重要的意义，主要表现在：有助于克服市场经济自身的盲目性；有助于及时调整各经济成分之间的利益分配；有助于消除经济生活中不健康因素；有助于市场管理机构执法的严明公正。

电力市场规则的落实执行，与电力市场规则本身同等重要。发用电计划放开，电力市场占据主导地位，更加需要完善的电力市场规则及规则的刚性实施，保障市场稳定运行。市场规则的作用必须在有效使用中（市场主体对于规则的遵守与服从）才能实现和充分发挥出来。市场主体遵守市场规则的程度越高，规则的功能发挥就越充分，所产生的影响越明显；反之，若市场规则使用不当或闲置（违反或置之不理），则将对市场交易过程产生负效用，市场主体可能出现侥幸心理、投机心理，发生各种偏离规则方向的行为，甚至扭曲市场主流行为，降低市场规范化的程度。

1.3.4　交易电价形成理论

1.3.4.1　分时竞价

选分时竞价按时段（小时、半小时）对负荷进行拍卖，如图1-15所示。

从投标方式的角度看，分时竞价有两种竞价方式：单部投标和多部投标。

单部投标的方式下，发电商只提交电能报价，机组启停方式由发电商自己确定，启停费用分配到电能报价中。系统不负责机组运行方式的安排，仅按照报价采购电能，市场出清简单透明。但是，在单部投标的方式下，机组实际的运行方式根据发电

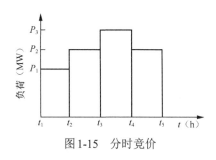

图1-15　分时竞价

商的报价由市场竞争来决定，而报价又要依赖于机组的运行方式，这给发电商造成了报价决策的困难。市场竞争的不确定因素，导致了发电商发电曲线的随机性。当发电曲线剧烈波动时，会导致发电商的机组频繁启停，造成非经济运行；严重时，甚至会导致机组的运行方式无法满足其竞标电量。单部投标给发电商报价和运行造成了困难，系统也无法保障经济运行。

多部投标的竞价方式下，发电商的投标包括电能报价、机组启停费用、机组运行参数（如最小持续运行/停运时间等）。市场出清以系统总发电费用最小为目标，考虑机组的启停特性和启停费用优化机组运行。多部投标的市场出清，类似传统管制环境下机组组合优化。这种竞价方式集中处理机组的启停优化，发电商可以得到可行的发电计划。这种运行方式的缺点如下。

（1）算法复杂：多部投标的市场出清是一个高维、离散、非凸、非线性的优化问题。数学上还没有有效的算法求得最优解。目前的对偶算法、动态规划等算法都不得不引入启发式的调整过程。

（2）市场不透明：多部投标的方式下，发电商不能决定自身机组的启停方式。机组的运行由系统根据其电能报价、开停机费用以及机组运行参数综合优化确定。市场环境下，发电商无法得到其他厂商的报价，单纯地根据市场的电能出清价，发电商也无法确定机组是否能够中标，竞价机制缺乏透明度。

（3）公平性：多部投标的市场出清是一个复杂的优化问题，当出现退化问题时，会产生多个优化解。市场环境下，选择哪个解直接关系到发电商的切身利益，多解的情况下，会导致市场的公平性纠纷。

1.3.4.2　分段竞价

与分时竞价不同，分段竞价按照负荷的持续时间把负荷曲线分成若干持续负荷分

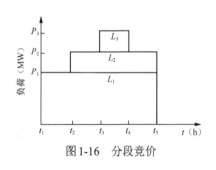

图1-16　分段竞价

段，对各持续的负荷分段进行拍卖，如图1-16所示。

分段竞价的电力市场可采用单轮的拍卖竞标方式（Single-Round Auction）：独立发电商（Independent Power Producer，IPP）提交报价，市场管理员（Market Operator，MO）负责市场出清。

分段持续负荷竞价，便于发电商确定机组运行方式和投标决策。根据负荷分段的起止时段和持续时间，结合机组的技术约束，IPP可以直接确定机组的启停方式，对可行的运行方式，提出报价，开机费用分配到报价曲线中。机组一旦中标，将持续运行，避免了分时竞价中机组频繁启停的问题。

持续负荷分段对应着机组的持续运行方式。IPP对任一可行的负荷分段提出一条报价曲线。按照负荷分段，IPP可以逐段对所有可行分段提出报价，这等价于报出了机组所有可行的运行方式。这些投标曲线是"互斥"的：某个投标曲线中标，则其他投标曲线失效。例如，若某机组在 L_1 段中标，则该机组在 t_1-t_5 时段持续运行，在该时段区间内，机组不会再度开停机，即机组不会在 L_2，L_3 分段再度开停机，因此对 L_2，L_3 分段的投标曲线失效。如果机组在某段中标容量没有达到最大技术出力，则剩余容量由 M_O 调整到下一分段负荷参与竞价。

1.3.4.3　灵活能量块交易

灵活能量块交易标的是根据市场主体的差异化物理经济特性和多样化交易需求，设计分时块（period block，PB）、持续块（sustaining block，SB）、曲线块（curve block，CB）、可变块（variable block，VB）4类能量块交易标的，如表1-2所示。

表1-2　　　　　　　　　　　　灵活能量块的交易品种

交易品种	申报内容	出清规则	交易需求
分时块	不同时段的价格和电量对	高低匹配、边际出清，不同时段的量价对相互独立	电力分时价值
持续块	单一价格、总电量、开始时段和结束时段	整体出清或整体不出清	电力生产和消费的连续性
曲线块	单一价格和不同时段的电量	整体出清或整体不出清	优先出清
可变块	单一价格、总电量、开始时段和结束时段	根据电力系统实际运行需求调用	负荷调节能力

（1）分时块。分时块由不同时段的价格和电量对组成，不同时段的价格和电量对之间

相互独立，分别高低匹配统一边际出清。分时块能够反映电力分时价值，适用于煤电、气电等交易报价。按尖峰谷组织的分时段集中竞价的交易报价，以及电力现货市场煤电的多段式报价曲线，均可视为分时块。

（2）持续块。持续块由单一价格、总电量、开始时段和结束时段组成，开始时段和结束时段根据尖峰谷时段或基荷、腰荷、峰荷等标准化设置，整体出清或整体不出清。持续块能够促进交易灵活性，反映电力生产和消费的连续性，适用于煤电（基荷部分）、核电、稳定持续负荷等交易报价。

（3）曲线块。曲线块由单一价格和不同时段的电量组成，整体出清或整体不出清，不同时段的电量由市场主体自主申报。曲线块能够满足市场主体的个性化电力曲线需求，适用于径流式水电、新能源、跨区跨省送电协议、农业和居民用电等交易报价。

需要特别指出的是，持续块和曲线块虽然在表征形式上可以统一，但是曲线标准化程度、交易品种定位作用等具有较大区别。持续块可视为标准化曲线，侧重于满足交易灵活性；曲线块为自定义曲线，侧重于满足个性化需求。

（4）可变块。可变块由单一价格、总电量、开始时段和结束时段组成，可根据电力系统实际运行需求，在总电量限制和一定时段范围内任意调整。可变块能够反映灵活的负荷调节能力，适用于库容式水电、虚拟电厂、电动汽车、储能等负荷聚合商交易报价。

分时块、持续块、曲线块和可变块4类能量块的申报内容、出清规则各不相同。通过选择单一能量块或灵活组合不同能量块进行交易报价、调整申报价格等，能够适应和满足多元市场主体的中长期和短期成本特性，以及优先消纳、保障供应、连续运行、灵活调节等多样化交易需求，有利于促进电力市场的标准化，使市场主体更加简单、便捷地参与电力市场。多元市场主体的交易报价方式如表 1-3 所示。

表 1-3 多元市场主体的交易报价方式

市场主体		交易报价方式
发电侧	煤电	持续块（低价参与交易出清，避免频繁起停）和分时块（根据边际成本申报价格，按需调用）
	气电	分时块（根据边际成本申报价格，按需调用）或持续块（申报高价，顶峰发电）
	水电	径流式水电：曲线块（根据来水情况申报电力曲线，低价参与交易出清，优先保障利用） 库容式水电：可变块（根据水库水位申报最大总电量、开始时段和结束时段）
	核电	持续块（低价参与交易出清，保障连续平稳运行）
	风电、太阳能发电	曲线块（根据预测负荷申报电力曲线，低价参与交易出清，优先保障利用）
	跨区跨省送电协议	曲线块（根据既定的送电曲线申报电力曲线，低价参与交易出清，优先保障落实、物理执行）

续表

市场主体		交易报价方式
用电侧	优先负荷：农业、居民用电	曲线块（根据预测负荷申报电力曲线，低价参与交易出清，优先保障供应）
	平稳负荷：大工业用电等	持续块（高价参与交易出清，保障连续平稳用电）
	可调负荷：空调、暖通、电采暖用电等	可变块（根据调节能力申报最大总电量、开始时段和结束时段）
	聚合负荷：虚拟电厂、电动汽车、储能等负荷聚合商	可变块（根据调节能力申报最大总电量、开始时段和结束时段）

灵活能量块出清模型目标函数是以输入电力系统的电量为负值，输出电力系统的电量为正值，目标函数为市场总福利最大。为保障电力系统安全稳定运行和出清结果可执行，出清模型需考虑功率限制、功率调节速率、电力电量平衡、备用容量、分区断面线路潮流等安全约束。

1.3.5 新兴市场主体及其功能定位

电力市场的服务性主体就是为了保证电力市场的公平公正和健康有序运营，而必须设立的专门提供市场服务的非竞争性机构，通常包括电力交易机构、电力调度机构和电力监管机构等。在成熟的电力市场中，市场的交易主体通常应该包括发电企业、售电公司、电力用户、电网企业、新型市场主体及市场运营机构等。

1.3.5.1 新兴主体分类的关键参数

（1）直接调控还是自主响应。

1）作为直接调控主体参与市场：应具备接受调度指令的技术能力，且要达到与常规机组同等的安全调控技术标准和电压等级要求。参与现货市场、辅助服务市场，另外还依据调节容量、调节速率、连续曲线跟踪等技术指标制定具体的市场准入要求。

2）作为自主响应主体参与市场：应具备与用户相同的计量采集装置，根据各种价格信号自行安排生产；聚合商可自行制定对所聚合主体发、用电曲线的引导策略。

（2）作为发电方还是用户参与市场。

1）直接调控主体可以选择作为发电方参与市场：应与传统发电主体同样报量报价、提供同样可靠性的服务、按同样标准执行调度计划和指令、接受同样标准的偏差考核和计量结算（一般为3%～5%）；直接调控主体应与传统发电主体公平竞价、同工同酬。

2）自主响应主体可以选择作为用户参与市场：自主响应主体不具备接受调度指令的能力，应作为价格接受者报量不报价参与市场，与其他用户具有同等的权力和义务（调节偏差的考核一般为20%）。

3）直接调控主体也可以选择作为用户参与市场：在市场建设初期，直接调控主体可以降级选择作为用户参与市场；市场成熟阶段，应引导直接调控主体作为发电方参与市场，充分体现其更好的灵活调控价值。

（3）频率型响应、功率型响应、能量型响应。根据响应时间、响应速率、响应容量等技术参数，可以分为频率型响应、功率型响应和能量型响应。

1）频率型响应：秒级到分钟级响应，对应转动惯量、一次调频服务。

2）功率型响应：分钟级响应，对应爬坡、二次调频、三次调频服务。

3）能量型响应：小时级响应、多日电量、月度电量响应，对应中长期合同交易。

新型主体根据自身响应能力或所聚合资源的响应能力，选择参加不同类型的交易。

1.3.5.2　新兴主体的功能定位

1. 虚拟电厂

虚拟电厂是高级版的聚合商，可接受电网直接调控，具有频率型/功率型响应能力，建议作为新型发电主体参与市场交易。与传统发电主体相比，只是单体规模较小、出力可正可负。

（1）虚拟电厂参与调峰市场：调峰市场是现阶段虚拟电厂的主战场，但考核标准较宽松，未来应与其他发电主体"同工同酬"。

（2）虚拟电厂参与中长期、现货市场：虚拟电厂可作为新型发电主体参与中长期和现货，报量报价参与市场，并接受调度计划指令，出力为负时应免除过网费。

2. 负荷聚合商

负荷聚合商是低级版的聚合商，根据价格信号自主响应，一般调节性能较差，只具有能量型响应能力，作为用户侧主体参与中长期、现货、供需互动交易。与传统用户相比，可调节性能更好、负荷可正可负（聚合分布式发电较多时）。

（1）负荷聚合商参与中长期：负荷侧资源为主的聚合商，在中长期市场表现为错峰用电能力强，均价较低；分布式发电为主的聚合商，改善了分布式发电的可控性和峰谷特性，可视为负的负荷。

（2）负荷聚合商参与现货市场：负荷侧资源为主的聚合商具备精准预测能力，未来可以报量报价参与双边现货市场；分布式发电为主的聚合商，或风光水火储一体化项目，可选择作为价格接受者，报量不报价参与现货。

（3）负荷聚合商参与备用市场：未来负荷聚合商可以参与建立调节备用市场，如夏季高峰时期的削峰备用。

3. 电动汽车聚合商

聚合 V2G 充电桩、可调调控充电桩、换电站等调控性能较好资源的聚合商，可以建设虚拟电厂；聚合调节性能较差充电桩的，作为负荷聚合商参与市场。

4. 储能

（1）"火电+储能"参与调频辅助服务市场：仍以火电为主体参与市场，只是改善火电调频性能，并与火电分享因性能提升而产生的调频市场的收益增加。

（2）"新能源+储能"参与电能量市场：以风光水火储一体化的新型主体参与中长期和现货，提升新能源参与省间、省内电能量交易的能力，减少随机波动性、优化峰谷特性，助力新能源售电量、价的提升，并分享因此而增加的售电收益。

（3）"大用户+储能"参与中长期、现货、互动响应：仍以用户为主体参与相关交易，只是改善了用户的峰谷特性、减少了预测偏差，并与用户分享因此产生的用电成本降低。

（4）含储能的虚拟电厂/负荷聚合商：储能作为优质的调节资源，是虚拟电厂/负荷聚合商最乐于聚合的资源，应根据储能在被聚合资源中的贡献度，在零售代理合同中体现其调节价值。

（5）独立储能参与调频、调峰：容量大、调节性能良好、响应能力强，一般作为独立的直接调控主体，参与现货市场、辅助服务市场、容量市场，与其他发电侧主体同台竞价、公平竞争获取市场收益。不建议独立参与中长期市场。

（6）电网替代型储能纳入输配电价回收：主要由电网企业投资，用于为偏远地区、海岛等电网延伸困难地区、电网末端地区提升电压支撑和电网供电能力，重点探索其成本收益纳入输配电价回收的相关机制。

5. 共享储能/平衡服务商

共享储能是一个运营商，将全部容量分成若干部分，同时服务于多个主体，参与不同市场，扮演不同的角色；一块电池可以做 N 块电池的生意，提高设备利用率和回报率，但需严控杠杆，控制风险；共享储能的服务模式未来可以发展成平衡服务商，建立平衡单元。

6. 分布式发电

分布式发电应被聚合商代理参与各类交易。

1.3.5.3 新型主体参与市场的可能交易品种

新兴主体参与电力市场的可能交易品种见表1-4。

表 1-4　　　　　　　　　　新兴主体参与的市场交易品种

类别	市场品种	发电侧 （直接调控型）	用户侧 （自主响应型）
储能	1.电能量中长期	新能源+储能，独立/电网储能	用户+储能
	2.电能量—现货		
	3.调峰调频服务	火电+储能，独立/电网储能	—
	4.供需互动响应	—	参与
	5.分散式微市场	独立储能，0 过网费	参与

续表

类别	市场品种	发电侧 （直接调控型）	用户侧 （自主响应型）
虚拟 电厂	1.电能量中长期	参与	—
	2.电能量—现货		
	3.调频/调峰/备用服务	参与	
	4.供需互动响应	—	
	5.分散式微市场	参与，0 过网费	
负荷 聚合商	1.电能量中长期	—	参与
	2.电能量—现货		参与
	3.备用服务		参与
	4.供需互动响应		参与
	5.分散式微市场		参与，正常过网费
分布式 发电	1.电能量中长期	—	作为聚合商的一部分参与
	2.电能量—现货		
	3.备用服务		
	4.供需互动响应	作为聚合商的一部分参与	
	5.分散式微市场	直接参与，根据可控性，确定 0/正常/高过网费	—

第2章

国外典型电力市场

电力市场化改革对电力发展史来说是极其震撼的一笔。其实，电力市场化改革是大势所趋，因为随着经济发展的不断深入，企业的不断发展，世界各地对电力企业的要求变得更加细致，这就带动了电力市场的发展。

美国电力市场为集中式市场模式，这种模式是一种以中长期交易签订差价合同来管理市场风险，配合现货市场全电量参与的市场模式。欧洲电力市场为分散式市场模式，这种模式下主要以中长期合同为主，现货市场不是全电量而是部分电量参与，发用电双方在日前阶段自行确定发用电曲线，通过日前、实时平衡交易调节偏差电量。两者在本质上是有区别的。分散式下，发电方和购电方根据所签订的双边合同进行自调度、自安排，自行决策，系统调度机构则需尽量保证合同的执行，并负责电力平衡调度。集中式下，基于安全约束条件确定机组组合与发电曲线，是一种与电网运行紧密联系、将各类交易统一优化的交易模式。澳大利亚发电侧电力市场始建于20世纪90年代中期，是电力交易、发电调度及有偿调频辅助服务、财务结算三位一体的电力市场与电力系统运行体系，是单一的全电网、全电量电力交易调度平台。

我国电力资源分布广泛，但发用电分布不均衡，呈逆向分布的特点，已经形成了全国范围内电力资源优化配置的电网格局和市场格局。欧洲统一电力市场的发展为我国的电力改革提供了可借鉴的案例。美国和澳大利亚的电力市场发展经验对我国电力市场改革提出了重要的启示，我国应积极推动电力市场的多元化发展，健全市场机制，促进市场竞争性的增强，不断探索新的发展模式，使电力市场成为支撑国家经济和社会发展的坚实基石。

2.1 美国PJM电力市场

2.1.1 市场简介

1927年美国宾夕法尼亚州、马里兰州、新泽西州的互联电网实施联合调度，签署了第一份电力联营协议，成立了联合调度机构（Pennsylvania-New Jersey-Maryland，PJM）。

PJM作为一个独立系统运营商（Independent System Operator，ISO），最主要的三大功能是电网运行与管理、市场运行与管理以及区域电网规划。美国PJM主要由电能市场、辅助服务市场、金融输电权市场、容量市场等构成，如图2-1所示。

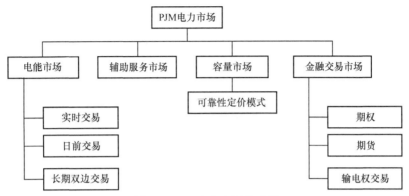

图2-1　PJM电力市场构成图

　　美国辅助服务市场是世界上最成功的电力市场之一，其市场模型、定价机制等都具有很高的借鉴意义。从美国1996年以888号令对辅助服务进行定义，1997～2012年七大区域备用市场陆续建立，到今天，美国的电力市场已经走过二十多年（如图2-2所示）。这二十多年间，尽管电力市场一直处于不断的改进过程中，而且各大区域电力市场模式也不尽相同，但可以说美国批发电力市场的设计和运行基本比较稳定和成熟。

图2-2　美国PJM辅助服务市场演变

2.1.2　市场分类情况

按照时间分类，当前PJM运行的市场包括以下几类。

（1）日前市场：电量市场、计划备用市场，这两个市场联合优化、同时出清。

（2）小时前市场：调频市场、同步备用市场。

（3）实时市场：电量市场。

（4）中长期：双边市场容量市场（基于可靠性定价）、金融输电权拍卖市场（年度、月度开展）。PJM电力市场交易流程如图2-3所示。

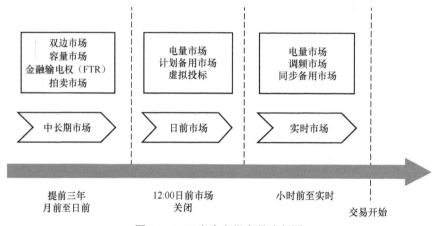

图2-3　PJM电力市场交易流程图

PJM规定同一电源既可以参与日前计划备用市场和同步备用市场，也可以参与日前计划备用市场和调频市场。但是，同一电源不能同时参与同步备用市场和调频市场，即不允许调频替代备用，也不能同时参与日前计划备用市场、同步备用市场和调频市场。每一级市场均含有一个常规的市场力监测程序（三巨头监测模式）；另外，将电能市场和调频市场上的投标分为基于成本的投标和基于报价的投标两类，在监测到市场成员使用市场力时，依据基于成本的投标进行定价，能够真实地反映出机组提供电能或调频时的成本，有利于市场价格的稳定。

2.1.3　电量市场

PJM在运行日前组织了电量市场和计划备用市场。日前电能市场在运行日前中午12:00停止投标，进入市场出清阶段，运行日前第一次机组组合程序，确定每小时的机组组合、日前节点边际电价以及满足计划备用的需求。在日前16:00，PJM公布日前市场第一次出清结果。16:00～18:00，PJM开始运行实时平衡市场投标阶段，此阶段市场成员可以提交在第一次机组组合未中标的修改投标。运行日前一天18:00，实时市场投标阶段结束，PJM运行第二次机组组合，其首要目标为满足系统可靠性，同时保证额外调用资源的启动和空载成本之和最小。日前18:00至运行日期间，PJM还可以基于更新的负荷预测和资源可用信息按需调用额外的发电资源。PJM日前电能市场交易流程示意图如图2-4所示。

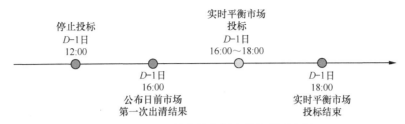

图2-4　PJM日前电能市场交易流程示意图

PJM采用带安全约束机组组合（Security-constrained unit commitment，SCUC）程序在日前联合优化电能和备用，确定出次日每小时的日前节点边际电价（Locational marginal price，LMP）和计划备用的出清价格。其中，日前备用出清价格包含日前备用容量报价和因提供日前备用容量而无法提供电能量所产生的机会成本。

2.1.4　辅助服务市场

PJM在小时前组织了调频市场和同步备用市场，分三个步骤与实时电能进行联合优化，包括辅助服务优化程序（Ancillary Service Optimizer，ASO）、滚动安全约束的经济调度程序（Intermediate Security Constrained Economic Dispatch，ITSCED）、实时安全约束的经济调度程序（Real-time Security Constrained Economic Dispatch，RTSCED），以及边际价格计算程序（Locational Pricing Calculator，LPC）。这一流程最大的特点是前三个步骤只定容量、不定价格，所有的价格都是基于电网实际运行的情况在事后进行计算的。

日前计划备用市场是为了获得30min的备用资源而建立的基于投标报价的市场。日前计划备用资源包括所有可以按照PJM调度指令在30min内达到指定出力的发电和负荷侧资源，可以是在线的或离线的。参与日前计划备用市场时，要求资源必须投标日前电能市场，以及所有提交日前电量投标并满足计划备用合格条件的机组均认为可以提供计划备用。计划备用的投标在日前12:00结束并封存价格，所有可用但未投标的机组均认为是零报价。

辅助服务优化程序ASO在运行前1~2h，通常为提前1h，联合优化电能、备用和调频，同时进行调频市场力检测。ASO依据预测的LMP计算出同步备用、非同步备用和调频的容量分配以满足预测需求，ASO不计算市场出清价格。边际价格计算程序LPC每5min执行一次，用来确定实时LMP和辅助服务的出清价格。LPC是一个增量线性优化模型，目标函数是总的电能和备用成本最小，同时满足功率平衡约束、同步备用和初级备用需求、特定机组和负荷资源的运行限制，联络线交换功率的限制，以及当前系统中任何的传输限制和网损分布。LPC计算的价格包括节点边际电价、同步备用市场出清价格、非同步备用市场出清价格、调频市场出清价格、调频市场性能指标部分出清价格（用来推导调频容量出清价格）以及调频边际收益因子。

2.1.5　容量市场

容量市场兼具计划制订和市场竞争两方面特征，计划因素主要体现在通过行政手段制定的可变资源需求曲线上。具有需求弹性的可变资源需求曲线设计流程为：PJM容量市场管理委员会确定可变资源需求曲线，初始形状包括曲线倾斜属性和凹凸属性；将政府主推、受市场欢迎的机组类型作为参考机组类型；核定参考类型新建机组的成本，包括变动成本和固定成本，核定能够在电能量市场和辅助服务市场获得的净收益（需扣除变动成本），进而计算容量市场中新设电源的投资成本回收所必需的金额，并将其作为容量需求价格的制定依据。

作为一个区域输电组织，PJM关注资源充裕度的目的是确定能够提供预测负荷并满足PJM可靠性标准所需的容量资源量。PJM每年都会对未来11年的资源充裕度进行评估。评估考虑了负荷预测的不确定性、发电容量资源的强迫停运以及计划停运和检修停运等因素。PJM利用资源的装机容量进行研究。资源的可靠性取决于两个变量：资源的装机容量，以及对因强迫停运或强迫降额而导致资源不可用的概率的度量。

2.1.6　金融交易市场

金融输电权，也称为阻塞收益权，是用来对冲阻塞成本的金融工具或金融投资，当电网发生阻塞时获取利润或支付费用，但没有实际输送电能的权利。PJM是按照节点边际电价中的阻塞成本部分来对金融输电权进行结算。虚拟投标是用来减小日前市场电价和实时市场电价之间的差距，以及增加市场流动性而引入的。虚拟投标作为一种金融工具，可以没有实际物理的电厂或负荷，只允许参与进日前电能市场当中，其结算是基于日前电能和实时电能之间的差额而进行的。

除了进行电力金融产品的交易和清算以外，还为非标准的非交易所内的双边交易提供结算服务，并对此类交易的结算同样进行严格的信用管理，就像对期权、期货的管理一样。

2.2　欧洲电力市场

2.2.1　市场简介

从20世纪90年代起，电力市场改革开始席卷全球；与其他领域的市场化实践相似，电力市场改革也是从部分地区和国家起步，在积累成功经验后迅速向全欧洲推广。

欧洲各国家和地区的初始电力市场规则设计缺乏协调，在中长期、日前、日内等各市场方面存在多种不同的设计与组合，具体可参见表2-1。虽然差异化的设计为统一电力市场的形成增加了难度，但英国、北欧等地的电力市场化成功实践，为在欧洲建立覆盖范围更广的电力市场提供了有益的参考借鉴。欧盟委员会认为，建立欧洲统一电力市场是实现能源低碳转型、提升电网安全水平、降低电力生产成本的关键性举措。

表2-1 欧洲国家和地区早期电力市场设计对比

市场设计	爱尔兰	西班牙、葡萄牙、意大利	北欧、中西欧	英国
中长期市场	没有实质性的中长期市场	金融性中长期市场	金融性与物理性中长期市场并存	物理性中长期市场为主
日前市场	● 集中调度 ● 成交量/价不固定 ● 节点报价	● 强制性日前拍卖 ● 节点报价	● 良好市场支撑下的日前拍卖 ● 组合报价	● 无明确的日前市场 ● 组合报价
日内市场	● 无日内市场 ● 提前1天交易关闸	● 日内拍卖序列 ● 提前4h或更长时间交易关闸	● 连续交易 ● 提前1h（乃至考虑过更短的）交易关闸	● 连续交易 ● 提前1h交易关闸

北欧是欧洲最为典型的电力市场化改革成功样本，建立了北欧范围内一体化运营的区域性电力市场，促进了电力资源的跨国优化配置。英国市场的改革过程是自发并且独立于其他国家的，因此也就形成了相对独特的市场机制。下面着重介绍北欧和英国电力市场情况。

2.2.2　北欧市场分类情况

北欧电力市场主要包括金融市场、现货市场、实时平衡市场和辅助服务市场（如图2-5所示）。

金融市场主要为市场成员提供价格对冲和风险管理手段，交易品种主要有远期合约、期货合约、期权合约、差价合约、备用期权和排放权等。金融交易以现货市场价格为参考，大多交易不需要物理交割，北欧金融市场的服务范围在2016年已经扩展到德国、荷兰和英国。

现货市场主要包括日前电能市场和日内电能市场，由于交易结果通常需要物理交割，也称为物理市场。

北欧实时平衡市场由各国家内部的输电系统运营机构负责运营，日内市场关闸后，市场成员可以继续提交实时平衡市场的上调和下调报价，在实时平衡市场关闸后，各国输电系统运营机构按照价格优先的原则，出清实时平衡市场的中标电量和中标电价，出清结果用于实际电网调度运行。

辅助服务市场主要包括调频市场和备用市场。随着欧洲统一电力市场建设的推进，实时平衡市场的耦合也在推进，辅助服务的品种名称也在逐步进行统一。辅助服务市场由各国的输电系统运营机构负责运营，按照价格优先的原则出清中标辅助服务容量和价格，并在实时运行中调用。

北欧电力市场的清算结算根据市场类型不同分开进行，其中北欧现货交易所（Nord Pool Spot）负责电力现货市场的清算和结算，纳斯达克 OMX 交易所（NASDAQ OMX，是由纳斯达克证券市场和北欧证券交易商瑞典 OMX 集团合并而成的交易所）负责金融市场的清算和结算，各国输电系统运营商（Transmission System Operator，TSO)则负责各国实时平衡市场和辅助服务市场的出清和结算工作。

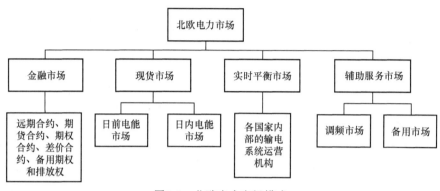

图2-5　北欧电力市场模式

2.2.3　北欧电量市场

在欧盟电力市场的"目标模式"下，日前市场和日内市场扮演着非常重要的角色。电力交易机构在这些市场中通过集中拍卖的方式来分配输电容量，确保电力市场的高效运行，并使市场参与者能够根据实际的电力需求和供应进行灵活调整。特别是在《容量分配与阻塞管理导则》规定的框架下，日前市场和日内市场的设计与一体化整合为电力市场提供了一个动态调节机制，以便对远期市场的定价进行补充。

随着电力市场的演变，特别是可再生能源在电力系统中的渗透，电力市场的设计面临新的挑战。起初，电力市场主要依赖容量较大、爬坡速度较慢且以化石燃料为主的发电方式，这些发电方式的灵活性较差。因此，市场的设计相对简单，主要以稳定的发电和消费需求为主。然而，随着风能、太阳能等可再生能源的广泛接入，电力系统的特性发生了很大变化。可再生能源的间歇性和不稳定性，给电力调度带来了更多的不确定性，也要求市场能够实时灵活地反应供需变化。

在这种背景下，日前市场和日内市场的价格形成机制显得尤为重要。它们不仅反映了短期内电力的供需关系，还将对远期市场的价格提供重要的参考作用。由于可再生能源的波动性，电力市场的设计必须能够容纳这种不确定性，提供足够的市场流动性和调节能力，从而确保电力系统的稳定性和电力供应的安全。

目前已经形成的共识是，在多种可再生能源高渗透率背景下，市场设计需要考虑更多的灵活性，以便系统能够高效运行。短期电力市场设计需要激发合理有效的技术（容量）投资，并鼓励它们充分释放出灵活性（能力）。为了实现这一目标，需要实施一套各要素互为补充的系统性措施;并且在所有交易时间窗口上，均有必要进行跨国电力市场一体化整合，这是欧盟范围内资源多样性能够得到充分利用的关键。此外，日前市场设计也需要调整，比如引入更为合适的报价模式。更加重要的是，日内市场、平衡市场等接近实时运行的各市场，它们的功能需要进一步加强。

2.2.4　北欧辅助服务市场

北欧辅助服务可分为以下几类。

（1）一级备用（基本控制）：包括频率控制的正常运行备用、频率控制的干扰备用、电压控制的干扰备用等。瑞典和挪威主要由水电提供一级备用；丹麦东部由火电提供，丹麦西部由风电参与；而芬兰则利用水电和火电联合及直流联络线共同参与。

（2）二级备用：自动发电控制（automatic generation control，AGC）作为二级调节不适用于北欧电网（Nordel），仅适用于丹麦西部电网。

（3）平衡服务（三级备用）：包括快速有功扰动备用、快速有功预测备用、慢有功扰动备用、峰值负荷备用。

（4）无功备用：无功备用要求要充分大、就地的，并且在各个子系统之间不能交换。

（5）其他辅助服务：包括减负荷、负荷跟踪、系统保护、黑启动、辅助服务的平衡结算及金融服务等。

从市场主体来看，符合条件的发电商以及各国的TSO都可参与一级备用和平衡服务，但是用户作为需求侧并未参与。整个北欧地区的辅助服务提供商对于强制服务比如频率控制、电压控制、紧急控制活动都未得到合理的补偿一直处于争论中。不同的辅助服务应该根据提供服务的能力、可用率以及提供服务的实际份额而有不同的价格。提供辅助服务的能力可通过颁发执照或认证确定。如果发电商被迫提供服务，应补偿其成本。发电商的可用率经常与发电厂的灵活性（比如保持旋转备用使得发电量降低）背道而驰。因此，供应商应该得到一个固定的补偿。辅助服务实际份额的补偿应该是基于机会成本确定。比如黑启动容量、远程自动发电控制及紧急事故备用等辅助服务需要如一年期的长期合同，而旋转备用、长期备用等服务通过每天或更短时间的交易购买。

2.2.5　北欧容量市场

容量市场从需求的规划到实际的交割，可分为以下五个阶段。

（1）确定容量需求。运营机构对容量需求进行分析，通过建立可靠性标准、预测峰荷，预估未来几年维持电力供应安全所需的容量，并提供指导性建议。输电系统运营机构容量需求计算主要采用动态调度模型（dynamic dispatch model，DDM）以若干能源方案及其敏感性为输入，计算给出不同的容量水平，然后采用最小后悔值法确定目标容量。

（2）资格预审。为了确保容量供应保持在真实可靠的水平，潜在的市场参与者必须首先通过容量资源的预审查。

（3）容量拍卖。成功通过资格预审程序的申请者可以参加相关的容量拍卖，拍卖方式为荷兰式降价拍卖。

（4）合同协议。如果申请人在相关拍卖中中标，则应向其授予一份容量协议，协议描述了在相关交割年份开始之前必须满足的某些具体要求以及容量义务。

（5）交割。获得拍卖容量协议的申请人，必须在10月1日至次年9月30日交割期间内，在系统出现压力的时候履行容量义务，超出协议的额外供给和未能支付的不足电能将受到相应的奖励和惩罚。

2.2.6　英国以低碳转型为目标的电力市场改革

英国电力市场建设经历了Pool、NETA、BETTA等市场模式发展阶段，目前的新一轮改革又提出了建立发电容量市场、碳价支持计划等措施。市场主体包括3个输电商、7个配电商、400多家发电商、20多家零售商和2个交易中心等。市场交易品种主要有电能量、辅助服务、发电容量和物理输电权等。中长期市场以物理合同为主，电量规模占比60%～90%。英国现货市场包括日前市场和平衡机制，主要处理用户实际用电与中长期交易的偏差电量，大部分偏差电量通过日前市场出清，平衡机制电量规模仅为1%～2%。其中日前市场采用部分电量系统边际电价法出清模式，平衡机制采用按报价支付出清模式。为了抑制市场力，英国电力监管机构推出了价格上限制度，在集中竞价过程中通过三寡头测试等手段，实时评估市场力情况，并在实时经济调度中约束或调整具有市场力机组的报价。

2014年英国正式实施《电力体制改革实施草案》，目标是形成一个灵活的、智能的、供需双方都能作出反应且满足多种层次需求的电力市场。英国新一轮的改革主要内容是低碳电源差价合约机制、容量市场、碳价格支持计划和碳排放标准等四方面重大举措。

低碳电源差价合约机制可以认为是一种政府授权合约机制，由政府确定各类低碳电源的合约价格，并授权设立专门的机构，与低碳电源发电商签订差价合约，确保低碳电源在参与电力市场竞争时仍能够以合约价格获得收益。该机构同时也负责与电力用户、售电商签订售电合约，按用电量或售电量收取低碳补贴费用，以分摊低碳电源补贴所产生的市场支出。

容量市场则指在政府授权下，英国国家电网公司对未来用电需求的预测，评估保障电网安全运行所需的发电容量，并组织发电容量招标，新建电源、已建电源、需求侧响应资源、储能设施等均可以参加容量市场竞争，获取容量收益。英国国家电网公司代表电力用户和售电商购买发电容量，并在所有电力用户和售电公司中进行分解，以保障电力系统的长期安全持续供应。容量市场需要提前四年组织开展，例如在2014年为2018～2019年冬季的可用发电容量进行第一次招标。

为防止新建高污染电厂，英国设立了碳排放标准，将新建化石燃料电厂的二氧化碳最高排放标准设为450g/kWh，高于这一排放标准的化石燃料电厂不得建设。

为使碳价格处在合理水平以促进能源行业低碳转型发展，英国政府设定了最低碳价，即当欧盟碳排放交易市场的成交价格低于政府规定的下限时，由政府补偿其差价部分，该费用纳入政府年度预算，由财政部进行管理，称为"碳价格支持计划"。

2.3 澳大利亚电力市场

2.3.1 市场简介

澳大利亚发电侧电力市场始建于20世纪90年代中期，是电力交易、发电调度及有偿调频辅助服务、财务结算三位一体的电力市场与电力系统运行体系，是单一的全电网、全电量电力交易调度平台，以24h为周期，以5min为时间节点滚动地实现电力供需平衡。澳大利亚国家电力市场经过20年运行与不断完善，已经成为竞争有效、公开透明、发展成熟的实时电力市场。澳大利亚发电侧电力市场的主要运行环节包括发电报价、有偿辅助服务、市场预出清、实时电力与调频辅助服务交易调度及市场交易结算。澳大利亚电力市场交易流程图如图2-6所示。

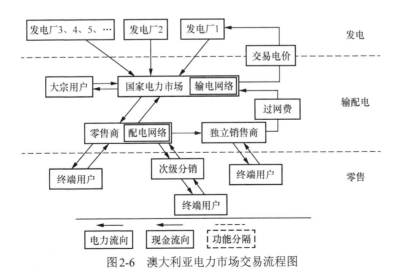

图2-6 澳大利亚电力市场交易流程图

2.3.2　市场分类情况

澳大利亚电力市场主要包括澳大利亚东南部六个州电网互联而来的国家电力市场（National electricity market，NEM）和西澳州的批发电力市场（Wholesale electricity market，WEM）。其中，国家电力市场（NEM）是世界上最大的电力系统之一，从1998年开始运营，目前包括5个供电区域，覆盖昆士兰州、新南威尔士州、维多利亚州、南澳大利亚州、塔斯马尼亚州及澳大利亚首都地区6个行政区划（首都地区被划分在新南威尔士州供电区内）。其中塔斯马尼亚州于2005年加入国家电力市场（NEM），并于2006年4月29日巴斯海峡电缆完全投运后与其他区域正式联通。

2.3.3　电量市场

鉴于国家电力市场（NEM）在澳大利亚数个电力系统中的重要性，在这里主要介绍国家电力市场（NEM）下的电量交易。澳大利亚发电侧现货市场为全电量池交易市场，所有发电主体，包括传统能源发电和可再生能源发电都需要到电力市场上竞价上网。即使一个大型电力企业同时拥有发电业务和电力零售业务，也需要将所有所发电力交付到电力市场进行统一结算，然后再结算零售业务消耗的电能。这种方式可以清楚地反映电力市场上的整体供需关系。在用电需求高的时候现货结算电价就会上升，用电需求小的时候结算电价就会降低。

国家电力市场（NEM）是单一电量市场，只有现货交易。在电力现货市场交易中，发电机组和计划负荷在日前进行报价，价格分为10段，澳大利亚能源市场运营商根据市场参与者报价信息、负荷预测、网络约束、辅助服务需求、竞价机组技术参数等信息，以市场成交电量最大为优化目标，制订并及时公布以30min为周期的预调度计划，包括中标容量及价格等信息。电力现货交易出清和结算周期均为5min，市场参与者在出清之前可进行投标和修改。为了使电力现货交易在一定合理价格范围内完成，澳大利亚国家电力法规设定了电力现货市场价格上、下限，例如2020～2021财年，电力现货市场价格上限为15000澳元/MWh，价格下限为−1000澳元/MWh。

2.3.4　辅助服务市场

澳大利亚没有独立的调峰市场，通过预出清与实时市场解决调峰问题。澳大利亚电力市场辅助服务可分为频率控制辅助服务（frequency control ancillary services，FCAS）、网络支持控制辅助服务（network supportcontrol ancillary services，NSCAS）、黑启动辅助服务（system restart ancillary services，SRAS）等，如图2-7所示。其中FCAS可分为调节调频与应急调频。调节调频由发电机自动发电控制系统提供，通过 AEMO 监测电网频率并向发电机自动发电控制系统发送控制信号，从而维持电网频率稳定在 49.85～50.15Hz。应急调频主要用于电网频率突发事件之后，根据响应时间可以划分为 D6s 应急调频、260s 应急调频和 35min 应急调频三种。D6s 应急调频，即突发事件发生后，在 6s 内响应以阻止频率大幅下降/上升；260s 应急调频，即频率大幅度下降/上升后，在 60s 内响应以稳定频率；35min 应急调频，即频率大幅度下降/上升后，在 5min 内响应以将频率恢复到正常运行范围内。澳大利亚调频辅助服务与电力联合出清过程如图 2-8 所示。

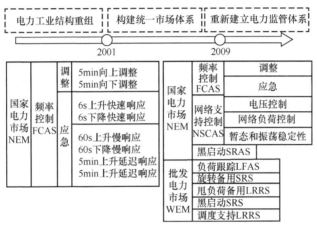

图 2-7 澳大利亚辅助服务市场图

图 2-8 澳大利亚调频辅助服务与电力联合出清过程

2.4 典型国外市场间运营差异

2.4.1 电力市场类型的划分

电力市场类型可以从两个角度进行划分。一种划分方法是从电力市场的交易关系的性质出发，其基本的类型或交易模式有两类：一类是"单边交易"模式，通称"强制性电力库"；另一类是"双边交易"模式，也称"双边交易+平衡机制"。其中，强制性电力库是市场运营机构代负荷方招标采购的批发市场模式，亦即前述"单边交易"关系的制度安排。

强制性电力库模式的核心是"强制进场，单边交易"。而"双边交易"模式是一种"交易自由，责任自负"的电力交易制度。用此称谓，是为体现其95%以上的电量由供、需双方自由交易完成并共同决定价格，以明确区别于全部电量都单边交易的强制性电力库模式。因市场成员须承担合同执行偏差导致的系统不平衡责任，也有人称之为"双边交易+平衡机制"。值得注意的是，目前所有的实时市场（平衡市场）都是单边的。

另一种划分方法是从安全约束（交易和调度是否一体化）的角度，即实时市场（或平衡市场）之外的交易是否需要调度做安全校核，其基本类型有两类，一类是需要调度做安全校核才能达成电力交易的，称为集中式；另一类是电力交易直接生效而不需要调度做安全校核的，称为分散式。

可见，按照第一种划分方法，单边交易和双边交易是对应的，即要么是强制性电力库模式，要么是基于平衡机制的双边交易模式，目前不存在第三种模式。按照第二种划分方法，做不做安全校核是对应的，即要么是集中式，要么是分散式，同样不存在第三种模式。

两种方法对世界主要电力市场的划分见表2-2。

表2-2　　　　　　　　　　　　　电力市场类型分类

基本类型	单边交易	双边交易
集中式	澳大利亚、新加坡、希腊、韩国、加拿大等国家或其部分地区的电力市场，以及20世纪90年代的英国	美国的各区域电力市场
分散式	不存在	北欧、西欧各国（英国于2001年改行此模式）

2.4.2　电力市场设计比较

表2-3对美国、欧洲和澳大利亚主要电力批发市场设计模型进行了综合比较。尽管各大洲市场之间存在较大的差异，北欧电力市场具有一些特殊的特征，但也兼具这两种设计的一些特征，因此作为特例被列入比较。美国主要市场和大多数欧洲市场都有大量的双边远期交易，以及部分少量的作为补充的日前交易。最初北欧电力市场也是如此，但是现在北欧的现货市场交易量占市场总量85%以上。

美国电力市场主要是由电力系统专家设计的，而欧洲电力市场是由经济学家设计的，因此在设计的时候所考虑的侧重点不同。欧洲电力市场是将电力当作普通商品来买卖，更强调电力商品的流动性，充分发挥市场的作用;而美国电力市场更侧重电力系统的安全稳定，设计的更为复杂精密。

表2-3　　　　美国、欧洲和澳大利亚主要电力批发市场设计模型的综合比较

内容	美国主要市场设计	北欧当前市场设计	欧洲新兴市场设计	澳大利亚市场设计
模型	WPMP	NP	EMTM	Mandatory Power Pool

续表

内容	美国主要市场设计	北欧当前市场设计	欧洲新兴市场设计	澳大利亚市场设计
输电网络和市场运营商相互作用	被合并成一个实体,即交易调度中心	交易所和系统运营商本质上是相互独立机构/组织	交易所和系统运营商本质上是相互独立机构/组织	被合并成一个实体,即交易调度中心
市场运营商	单一电力库	单一电力交易	多个电力交易	单一强制电力库
输电网运营商	单一输电网运营商	国家电网运营商	国家电网运营商	单一输电网运营商
市场参与者	强制性或激励性	自愿或开放性	自愿或开放性	强制性、市场运营机构代负荷方招标采购
所有权	公共	公共	PX是私有,TSO是公共	公共
现货竞价市场和远期双边交易市场电量	双边交易电量占比大,竞价电量占比小	双边交易电量占比大,竞价电量占比小	双边交易电量占比大,竞价电量占比小	全部竞价电量,无双边交易(仅有金融合同)

2.4.3 电力市场模式探讨及启示

美国、欧洲和澳大利亚电力市场都是世界公认的发展较为成熟的电力市场,但通过综合比较可以看到,它们在电力交易机制和输电安排等方面存在明显的不同,交易电量的结构也不尽相同。关于电力市场模式,有两种划分方法,一种划分方法是单边交易和双边交易相对应的市场模式,即要么是强制性电力库模式,要么是基于平衡机制的双边交易模式,目前不存在第三种模式。另外一种划分方法是做/不做安全校核为对应的市场模式,即要么是集中式,要么是分散式,同样不存在第三种模式。

各国的电力市场模式选择都是从自身国情出发,建立电力市场的功能和目标均是在保证供电安全可靠的前提下,利用市场平台发现价格信号,引导电力投资和运行,优化资源配置,以提高电力系统运行效率,降低系统整体成本。欧洲的电力市场模式是建立在电网阻塞程度相对较轻、市场交易的经济性与电网运行的安全性可相对解耦、市场主体有较成熟的市场参与经验的基础上。美国由于存在众多私营一体化公司、电网所有权分散、线路阻塞较严重,被迫组织ISO或RTO统一调度,并构建为交易和调度一体化的交易调度中心。澳大利亚的强制电力库模式至今运行良好。可见,各国电力市场化改革的初心,是通过市场实现更有效的资源优化配置,而不是追求设计特定的模式。

第3章

我国电力市场建设与发展

伴随电力体制市场化改革，我国电力市场建设经历了跌宕起伏的过程，本章简短回溯了我国开展电力市场实践探索的历程，整理了近年来出台的电力市场相关法规和政策文件，着重介绍了中长期市场、现货市场、辅助服务市场、电价体系的最新进展概况，并初步探讨了下一步电力市场建设中需要关注的重点问题。

3.1　电力体制改革历程

我国近年来的电力体制改革，始终是围绕着"建设什么样的电力市场"和"如何建设电力市场"的主题展开的，经过了20多年的摸索，逐步走出了一条独特的电力现货市场发展之路。

20世纪80年代之前，我国电力工业一直实行垂直一体化的计划管理体制。20世纪50年代至21世纪初，我国电力体制改革先后经历了集资办电、政企分开和公司化改革等不同阶段。以国务院《关于印发电力体制改革方案的通知》（国发〔2002〕5号，以下简称"国发5号文"）的发布为重要标志，我国开始实施以"厂网分开、竞价上网、打破垄断、引入竞争"为主要内容的电力体制改革，从根本上破除了电力市场建设的体制障碍，区域电力现货市场探索应运而生。之后，《中共中央国务院关于进一步深化电力体制改革的若干意见》（中发〔2015〕9号，以下简称"中发9号文"）的发布实施，拉开了我国新一轮电力体制改革的帷幕，我国电力市场建设进入了实质性发展阶段，全国均实现了中长期市场，电力现货市场建设也全面提速，省间电力现货市场和一批批省电力现货市场试点工作相继开展，并取得了丰硕的成果。2021年11月24日，中央全面深化改革委员会第二十二次会议审议通过了《关于加快建设全国统一电力市场体系的指导意见》，系统规划了今后一个时期我国电力体制改革的使命任务、方向目标和主要举措，为加快推进我国电力市场建设指明了方向。

我国近年来的电力体制改革，始终围绕着"建设什么样的电力市场"和"如何建设电力市场"的主题展开，经过了20多年的摸索，逐步走出了一条独特的电力现货市场发展之路。我国电力市场建设的历史沿革如图3-1所示。

回顾改革开放至今，中国电力体制改革大体可以分为以下五个阶段（如图3-2所示）。

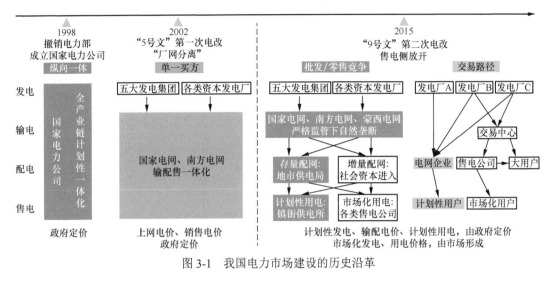

图 3-1　我国电力市场建设的历史沿革

图 3-2　中国电力体制改革历程

3.1.1　第一阶段

1980~1996年，是集资办电阶段。改革开放之后，随着国民经济的快速发展，电力供需矛盾空前突出。为解决电力建设资金不足问题，我国出台了集资办电和多渠道筹资办电等鼓励性政策，比如电力部提出利用部门与地方及部门与部门联合办电、集资办电、利用外资办电等办法来解决电力建设资金不足的问题，电力投融资体制改革迈出了重要一步，极大解放和发展了生产力，并对集资新建的电力项目按还本付息的原则核定电价水平，打破了单一的电价模式，培育了按照市场规律定价的机制，有效促进了电力工业的高速发展，也随之产生一批独立发电企业，电力工业大一统的管理体制由此打破。随着多家办电格局的逐渐形成，发电侧竞争的态势出现，为激发发电厂提高降本增效的积极性，原电力工业部决定在系统内开展模拟电力市场试点。1995年浙江等省份相继在省电力局统一核算的发电厂内开展了模拟电力市场运行，走出了电力市场建设的第一步，但这并非真正意义的电力市场，其实质是内部核算单位的一种奖惩机制，很快为新的机制所取代。

3.1.2　第二阶段

1997~2001年，是政企分开阶段。该阶段提出了"政企分开、省为实体、联合电网、统一调度、集资办电"和"因地因网制宜"的电力改革与发展方针。将电力联合公司改组为电力集团公司，组建了华北、东北、华东、华中、西北五大电力集团。1997年，中国国家电力公司在北京正式成立。此后，随着原电力工业部撤销，其行政管理和行业管理职能分别被移交至国家经贸委和中国电力企业联合会，电力工业彻底实现了在中央层面的政企分开。我国真正意义上的电力市场可追溯至1998年，是年，国务院办公厅印发了《国务院办公厅转发国家经贸委关于深化电力工业体制改革有关问题意见的通知》（国办发〔1998〕146号，以下简称"146号文"），决定在上海、浙江、山东、辽宁、吉林和黑龙江6省（市）进行"竞上网"试点工作。

通过第一轮省市场试点，探索形成了四种竞价模式：一是以浙江为代表的"差价合约"模式；二是以山东为代表的"确保合约、计划开停、竞争负荷"模式；三是以上海为代表的"存量与增量分开，竞价电量分年度、现货分时安排"模式；四是以东北三省为代表的"计划竞争"模式。各试点省技术支持系统相继建成并投入使用。6个试点省之外，部分省份也开展了竞价上网相关探索。尽管当年的市场机制很不完善，但已具备了电力市场的雏形。由于当时仍处于厂网不分的大格局下，要求独立发电厂商与厂网合一的发电厂同台竞价，相关利益关系难以协调。之后，《国务院办公厅关于电力工业体制改革有关问题的通知》（国办发〔2000〕69号）叫停了除146号文确定的6省（市）外其余各地方政府或电力企业自行制定、实施的"竞价上网"发电调度方式。尽管我国电力现货市场建设的最初探索不尽如人意，但试点过程中相关电网企业积极参与配合政府有关部门开展相关工作，强化电网基础设施建设，完善市场技术支持系统，加大市场化专业人才培养力度，为市场建设发挥了应有作用，为后续市场建设积累了宝贵经验。

3.1.3　第三阶段

2002～2014年，是厂网分开和深化改革阶段。2002年12月，国务院下发了《电力体制改革方案》（即"国发5号文"），提出了"厂网分开、主辅分离、输配分开、竞价上网"的16字方针并规划了改革路径，总体目标是"打破垄断，引入竞争，提高效率、降低成本，健全电价机制，优化资源配置，促进电力发展，推进全国联网，构建政府监督下的政企分开、公平竞争、开放有序、健康发展的电力市场体系"。通过"厂网分开"，形成发电市场的竞争局面；在输配电网方面，由国家电网、南方电网进行双寡头垄断经营。通过"主辅分离"，形成了中国电力建设集团有限公司和中国能源建设集团有限公司。"输配分开"（将超高压输电网与中、低压配电网的资源分开，分别经营核算，以形成发电、输电、配电环节的全面竞争）和"竞价上网"由于涉及电网的运行安全、效率和可行性等多方面问题，改革难度最大，尚未实施。

"十五"期间电力体制改革的主要任务之一是"实行竞价上网，建立电力市场运行规则和政府监管体系，初步建立竞争、开放的区域电力市场"。据此，2003年国家电监会印发了一系列有关区域电力市场建设的指导性文件，分头推动了东北、华东和南方区域电力市场的建设和模拟运行。其中，东北电力市场2004年1月开始采用部分电量、单一制电价的月度竞价模式进行模拟运行，2004年6月改为全电量竞争、两部制电价模式并进入年度、月度竞价模拟，2005年完成了两轮年度竞价交易和8个月的月度竞价。受电力市场竞争规则不完善、销售电价联动和输配电价机制不健全、容量定价方式不合理、电网阻塞造成部分发电企业行使市场力等多重因素影响，2006年东北电力市场年度竞价结果平衡账户出现大幅资金亏损而暂停运营。华东电力市场建设方案于2003年正式获批，2004年5月开始进入模拟运行阶段，2006年进行了两次调电试运行之后，进入调整总结阶段，市场模式采用单一制电价、全电量报价、部分电量按竞价结果结算的方式。南方区域电力市场2005年11月进入模拟运行阶段，市场模式采用单一制电价部分电量竞争的形式。令人遗憾的是，3个区域电力市场都没进入长周期正式运营，究其原因，既有电力市场机制设计的问题，各市场均非真正意义的电力市场；也有配套机制和市场环境不完备、不完善的问题。但客观上，区域电力市场的上述实践探索，检验了不同市场模式在我国的适用性，为电力市场的深化建设积累了经验和教训。东北、华东、南方区域电力市场概况见表3-1。

表3-1　　　　　　　　　　东北、华东、南方区域电力市场概况

区域市场	东北电力市场	华东电力市场	南方电力市场
建设运行	总结阶段	调电试运行阶段	模拟运行阶段
市场模式	两部制电价、全电量竞争，单一购买者、统一的电力市场	一部制电价、全电量报价，部分电量按竞价结果结算、金融合同	单一制电价、部分电量竞争
竞价机组	100MW及以上火电机组（除供热机组和企业自备电厂机组外）的发电公司（厂）	单机额定容量100MW及以上常规火电机组	（1）接入500kV电网的常规火电机组；（2）部分30万kW常规火电机组
交易品种	（1）年度竞价交易；（2）月度经济交易	（1）双边合同；（2）年度发电合同；（3）月度竞价交易；（4）日前竞价交易	（1）年度非竞争合同交易；（2）年度竞争交易；（3）月度竞争交易；（4）大用户直购电交易

　　2002年的电改只是使得电力市场从无市场到"半市场"（或者叫不完整市场），整个产业链条上缺乏真正的市场主体，从而导致无法建立一个真正有效的交易机制。在此形势下，新一轮电改应运而生。

3.1.4　第四阶段

　　2015～2020年，是新一轮电力体制改革阶段。中共中央国务院于2015年3月发布中发9

号文,《关于进一步深化电力体制改革的若干意见》,开启了新一次电力改革(简称"新电改")。随之,国家发展改革委又出台6个新的配套文件,内容涉及输配电价改革、电力市场建设、组建交易机构、放开发电计划、推进售电侧改革、加强自备电厂监管等,并批复云、贵两省开展电改综合试点,京、广组建电力交易中心。这标志着新电改制度建设初步完成、正式进入落地实操阶段,对电力企业、工商用户、经济发展的影响将进一步显现。

中发9号文中对于改革的重点和基本路径可以概括为"三放开、一独立、三加强",体制框架设计为"放开两头,管住中间",具体含义如图3-3所示。

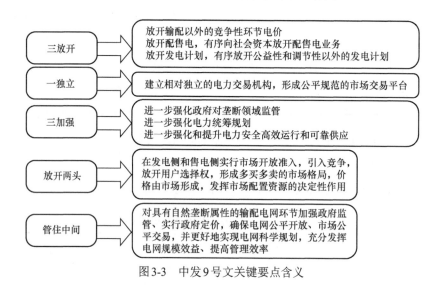

图3-3 中发9号文关键要点含义

与第三阶段的电力体制相比,新电改主要在如下方面发生变化:一是售电侧开放,允许多元化的市场主体进入;二是有效提高清洁能源上网率;三是交易机制市场化;四是转变发电企业营销观念;五是政府监管和规划进一步强化。

中发9号文配套文件《关于推进电力市场建设的实施意见》(发改经体〔2015〕2752号)提出"逐步建立以中长期交易规避风险,以电力现货市场发现价格,交易品种齐全、功能完善的电力市场",对电力中长期、现货市场建设作出明确部署,我国的电力市场建设重新起航。

3.1.5 第五阶段

2021年至今,是深化燃煤发电上网电价市场化改革阶段。为加快推进电价市场化改革,完善主要由市场决定电价的机制,保障电力安全稳定供应,进一步深化燃煤发电上网电价市场化改革,国家发展改革委于2021年10月发布1439号文件,即《关于进一步深化燃煤发电上网电价市场化改革的通知》(以下简称"1439号文件")。1439号文件的总体思路是:按照电力体制改革"管住中间、放开两头"总体要求,有序放开全部燃煤发电电量上网电价，扩大市场交易电价上下浮动范围，推动工商业用户都进入市场，取消工商业目录销售电价，保持居民、农业、公益性事业用电价格稳定，充分发挥市场在资源配置中的决定性作用，更好发挥政府作用，保障电力安全稳定供应，促进产业结构优化升级，推动构建新型电力系统，助力碳达峰、碳中和目标实现，此次改革四方面主要内容，如图3-4所示。

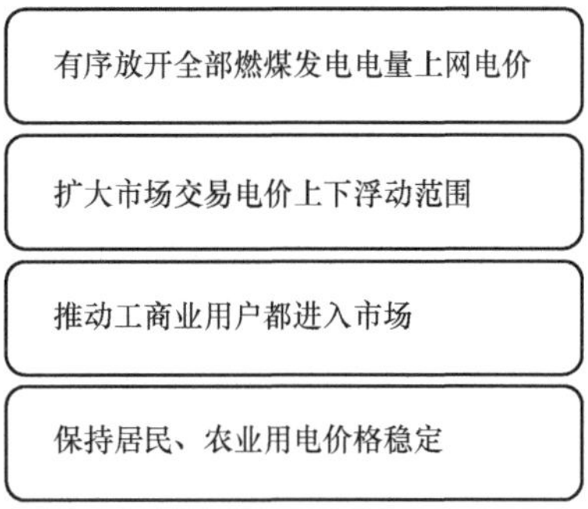

为了有序平稳实现工商业用户全部进入电力市场，国家发展改革委于2021年10月发布《国家发展改革委办公厅关于组织开展电网企业代理购电工作有关事项的通知》（发改办价格〔2021〕809号，以下简称"809号文件"），组织开展电网企业代理购电工作。809号文件的总体要求：要坚持市场方向，鼓励新进入市场电力用户通过直接参与市场形成用电价格，对暂未直接参与市场交易的用户，由电网企业通过市场化方式代理购电；要加强政策衔接，做好与分时电价政策、市场交易规则等的衔接，确保代理购电价格合理形成；要规范透明实施，强化代理购电监管，加强信息公开，确保服务质量，保障代理购电行为公平、公正、公开。809号文件针对规范电网企业代理购电方式流程提出六点要求，分别是明确代理购电用户范围、预测代理工商业用户用电规模、确定电网企业市场化购电规模、建立健全电网企业市场化购电方式、明确代理购电用户电价形成方式、规范代理购电关系变更。

| 有序放开全部燃煤发电电量上网电价 |
| 扩大市场交易电价上下浮动范围 |
| 推动工商业用户都进入市场 |
| 保持居民、农业用电价格稳定 |

图3-4　1439号文件主要内容

中发9号文及其配套文件明确提出"在全国范围内逐步形成竞争充分、开放有序、健康发展的市场体系"，电力市场是全国统一的市场体系的重要组成部分。当前，北京电力交易中心会同各省电力交易中心，提出构建"统一市场、两级运作"的电力市场框架，如图3-5所示。

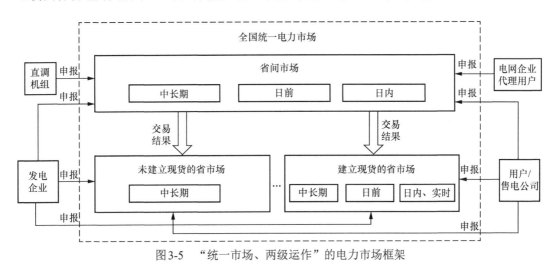

图3-5　"统一市场、两级运作"的电力市场框架

"统一市场"：着眼于能源资源在全国范围内优化配置，充分发挥市场在资源配置中的决定性作用，避免人为壁垒影响资源配置效率。我国的一次能源资源分布比较集中，76%的煤炭资源、80%的水能资源分布在西部、北部和西南地区，77%的风电装机分布在"三北"地区，而电力负荷主要分布在中东部地区，客观决定了必须在全国范围内配置资源。

"两级运作"：即通过跨区跨省电力市场和省电力市场协调运作，共同确保电力供应和资源优化配置。跨区跨省电力市场以省间电能量市场为主，辅以开展省间辅助服务市场、输电权市场等，落实国家能源战略，促进能源资源大范围优化配置；省电力市场以省内电能量市场为主，辅以开展省内辅助服务市场、省内容量市场等，促进市场竞争，保证省内供需平衡，并尽可能地消纳清洁能源。跨区跨省电力市场和省电力市场通过协调交易时序、统筹优化、信息共享等方式实现两级市场协调运作。

随着电价市场化改革的不断深入，各项流程与制度的逐步完善，电力市场化交易比重也在大幅提高，电力中长期交易与现货交易相结合的电力市场体系也在逐步形成，正大步迈向全国统一电力市场阶段。我国从省间、省内两级，中长期和现货两个维度推动"统一市场，两级运作"的电力市场架构的建立，逐步完善电力市场体系。

2022年1月18日，国家发展改革委、国家能源局下发《关于加快建设全国统一电力市场体系的指导意见》（发改体改〔2022〕118号）（以下简称"《意见》"），要求建立健全多层次统一电力市场体系，统一交易规则和技术标准，破除市场壁垒，推进适应能源结构转型的电力市场机制建设，加快形成统一开放、竞争有序、安全高效、治理完善的电力市场体系。

《意见》明确，到2025年，全国统一电力市场体系初步建成，国家市场与省（区、市）/区域市场协同运行，电力中长期、现货、辅助服务市场一体化设计、联合运营，跨省跨区资源市场化配置和绿色电力交易规模显著提高，有利于新能源、储能等发展的市场交易和价格机制初步形成。到2030年，全国统一电力市场体系基本建成，适应新型电力系统要求，国家市场与省（区、市）/区域市场联合运行，新能源全面参与市场交易，市场主体平等竞争、自主选择，电力资源在全国范围内得到进一步优化配置。

《意见》提出，提升电力市场对高比例新能源的适应性。严格落实支持新能源发展的法律法规和政策措施，完善适应高比例新能源的市场机制，有序推动新能源参与电力市场交易，以市场化收益吸引社会资本，促进新能源可持续投资。建立与新能源特性相适应的中长期电力交易机制，引导新能源签订较长期限的中长期合同。鼓励新能源报量报价参与现货市场，对报价未中标电量不纳入弃风弃光电量考核。在现货市场内推动调峰服务，新能源比例较高的地区可探索引入爬坡等新型辅助服务。

因地制宜建立发电容量成本回收机制。引导各地区根据实际情况，建立市场化的发电容量成本回收机制，探索容量补偿机制、容量市场、稀缺电价等多种方式，保障电源固定成本回收和长期电力供应安全。鼓励抽水蓄能、储能、虚拟电厂等调节电源的投资建设。

探索开展绿色电力交易。创新体制机制，开展绿色电力交易试点，以市场化方式发现绿色电力的环境价值，体现绿色电力在交易组织、电网调度等方面的优先地位。引导有需求的用户直接购买绿色电力，推动电网企业优先执行绿色电力的直接交易结果。做好绿色电力交易与绿证交易、碳排放权交易的有效衔接。

健全分布式发电市场化交易机制。鼓励分布式光伏、分散式风电等主体与周边用户直接交易，完善微电网、存量小电网、增量配电网与大电网间的交易结算、运行调度等机制，增强就近消纳新能源和安全运行能力。

3.2　电力中长期市场

我国相继开展了电力大用户直接交易、发电权交易、省间电力交易等多种形式的实践探索，交易机制不断优化、交易规模不断扩大，为中长期电力市场的开展奠定了基础。

电力大用户直接交易：2004 年，国家发展改革委和国家电监会印发了《电力用户向发电企业直接购电试点暂行办法》，大用户直接交易试点正式启动。2005 年 3 月，吉林炭素公司、吉林龙华热电公司、吉林省电力公司签订了《电量直接购售合同》和《委托输电服务合同》，全国首家大用户向发电企业直接购电试点正式启动。2009 年以来进一步增加大用户直接交易试点，2020 年，国家电网有限公司经营区域电力直接交易电量 1809.9TWh，同比增长 10.8%。2020 年 12 月，国家发展改革委、国家能源局发布《关于做好 2021 年电力中长期合同签订工作的通知》（发改运行〔2020〕1784 号）首次对电力中长期交易提出足量签约、分时段签约、长期签约、信用机构见证签约、规范签约、电子化签约等"六签"要求，明确了中长期交易与电力现货市场的衔接关系。

发电权交易：2007 年，国务院下发了《关于加快关停小火电机组若干意见》（国发〔2007〕2 号）和《国务院关于印发节能减排综合性工作方案的通知》（国发〔2007〕15 号），为妥善解决搁置成本问题，在原有"年度发电计划"指标分配机制的基础上，促使了"上大压小"发电权交易的实施。发电权交易原则上由高效环保机组替代关停和低效高污染火电机组发电，由水电、核电等清洁能源发电机组替代火电机组发电。纳入国家小火电机组关停规划并按期或提前关停的机组在规定期限内可依据国家有关规定享受发电量指标并进行发电权交易。2020 年，国家电网有限公司经营区域完成发电权交易 203.8TWh，同比增长 4.9%，其中，清洁替代 30.5TWh。

省间电力交易：我国能源供需逆向分布、可再生能源快速发展的特点决定了需要在更大范围内促进电力资源优化配置。政府有关部门先后出台《跨省跨区电能交易基本工作（试行）》等相关政策文件指导、规范省间电力交易工作，支持、鼓励和培育各地区开展以市场为导向，以公开、透明和市场主体自愿为原则的省间电力交易。近年来，国家电网有限公司积极发挥特高压电网和市场机制的资源优化配置作用，努力扩大交易规模。2020年，国家电网有限公司经营区域完成省间交易电量1157.7TWh，同比增长9.5%。其中，清洁能源省间交易电量494.9TWh，占省间交易电量的42.7%，相应减少标准煤燃烧51834万t，减排二氧化碳141717万t。

现阶段，我国中长期市场处于持续深化阶段，接下来，详细介绍当前中长期电力市场。中长期电力交易市场主要是由发电企业、电力用户、售电公司等市场主体，通过双边协商、集中交易等市场化方式，开展多年、年、季、月、周、多日等电力批发交易。国家发展改革委与国家能源局2015年11月30日发布的《关于推进电力市场建设的实施意见》曾明确，具备条件的地区逐步建立以中长期交易为主、现货交易为补充的市场化电力、电量平衡机制。受到输电线路容量等物理因素的限制，同时由于电力系统对于安全稳定性的需求，目前电力中长期交易仍然是电力市场化交易的主要方式。

2016年12月29日，国家发展改革委和国家能源局颁布《电力中长期交易基本规则（暂行）》（以下简称"《中长期基本规则（暂行）》"），旨在贯彻落实中共中央国务院2015年3月15日发布的《关于进一步深化电力体制改革的若干意见》及相关配套文件要求，指导和规范各地电力中长期交易。《中长期基本规则（暂行）》明确，随着电力市场化交易达到一定程度，各地应当启动电力现货市场建设，建立以电力中长期交易和现货交易相结合的市场化电力电量平衡机制。同时《中长期基本规则（暂行）》还对辅助服务市场规则作了规定。2020年6月10日，根据市场建设进展，国家发展改革委及国家能源局修订印发新版《电力中长期交易基本规则》（以下简称"《中长期基本规则》"）。各地根据《中长期基本规则》的规定，分别制定实施细则。《中长期基本规则》分为十二章，第一章和第十二章分别为总则和附录，第二章至第九章主要涉及中长期交易的市场机制，分别对市场成员、市场注册变更与注销、交易品种和交易方式、价格机制、交易组织、安全校核、合同签订和执行、计量和结算作了规定。第十章和第十一章主要涉及市场的保障机制，包括信息披露、市场监管和风险防控。

中长期基本规则及地方规定对于中长期市场交易的交易流程、偏差电量处理机制、合同签订及履行等均有详细规定。例如，就偏差电量处理机制，根据中长期基本规则，允许发用双方在协商一致的前提下，可在合同执行一周前进行动态调整。鼓励市场主体通过月内（多日）交易实现月度发用电计划调整，减少合同执行偏差。系统月度实际用电需求与月度发电计划存在偏差时，可通过发电侧上下调预挂牌机制进行处理，也可根据各地实际采用偏差电量次月挂牌、合同电量滚动调整等偏差处理机制。而在华东地区，电力用户少用电量造成所在省份发电企业少发电量的，按照偏差电量对应电费的20%实施考核；发电企业少发电量造成所在省发电企业多发电量的，按照偏差电量对应电费的20%实施考核。

西北五省中长期交易基本规则基本内容对比详见表3-2。

表 3-2 西北五省中长期交易基本规则基本内容对比

项目	陕西	甘肃	青海	宁夏	新疆
市场定位	电力中长期交易指发电企业、电力用户、售电公司等市场主体，通过双边协商、集中交易等市场化方式，开展多年、年、季、月、周、多日等电力批发交易	电力中长期交易指符合准入条件的发电企业、售电公司、电力用户以及电网企业等市场主体，通过双边协商、集中交易等市场化方式，开展年度（多年）、月度（多月）、月内（多日）等电力批发交易	电力中长期交易指发电企业、电力用户、售电公司等市场主体，通过双边协商、集中交易等市场化方式，开展中长期电能量交易，包括年度（多年）电量交易、月度电量交易、月内（多日）电量交易等针对不同交割周期的电量交易	同《中长期基本规则》	电力中长期交易指发电企业、电力用户、售电公司等市场主体，通过双边协商、集中交易等市场化方式，开展多年、年、月、周、多日等电力批发交易。电网企业代购电交易、兵团电力主管部门有关交易，分别按照新疆自治区、兵团电力市场规则执行
市场成员	包括各类发电企业、电网企业、配售电企业、电力交易机构、电力调度机构、储能企业、电力用户等	市场成员包括各类发电企业、电网企业、配售电企业、电力交易机构、电力调度机构、储能企业、电力用户等	同《中长期基本规则》	同《中长期基本规则》	包括各类发电企业（含拥有配套电网运营权的售电公司、独立的售电公司）、电力交易机构、电力用户、储能企业等
发电企业准入条件	发电企业需要依法取得发电项目核准或者备案文件，依法取得或者豁免电力业务许可证（发电类）				集中式光伏扶贫发电项目、分布式新能源项目实行全额保障性收购，鼓励分散式、分布式新能源项目参与新疆电力市场。分布式新能源项目，将许可权新能源项目参与上网项目参与中长期交易。探索新能源（含新能源）发电企业在专用直流送电通道之外的电力电量参与疆内市场化交易（含自备电厂调峰代交易，不同调峰控制区发电权交易等）。新疆区域内的发电（火电、水电等）的发电企业，暂不参与其他电网内的电力市场化交易，待条件成熟后，其规则另行制定。关停机组符合替代交易相关规定后，仅参与优先发电量合同转让交易

并网自备电厂和分布式发电企业需符合特殊的准入规则要求

续表

项目	陕西	甘肃	青海	宁夏	新疆
电力用户准入条件	符合电网接入规范、满足电网安全技术要求，与电网企业签订正式供用电协议（合同）				
	经营性电力用户的发用电计划上全部放开。不符合国家产业政策的电力用户暂不参与市场化交易，产品和工艺属于淘汰类和限制类的电力用户严格执行现有差别电价政策	工业用户全部进入市场。鼓励工商业产业与市场交易，对暂未直接参与市场交易用户，由电网企业按照代理规定相关规则代理购电。结合甘肃省相关电力市场发展情况，逐步缩小电网企业代理购电范围 工商业用户原则上全部进入电力市场	经营性电力计划用户的发用电计划上全部放开。不符合国家产业政策的电力用户暂不参与市场化交易，产品和工艺属于淘汰类和限制类的电力用户严格执行现有差别电价政策；符合相关政策要求的工商业用户均可直接参与市场交易，或通过自主参与、电网企业代理购电，由电网企业代理购电的工商业用户，可在每季度最后15日前选择下一季度直接参与市场交易，电网代理购电应终止	根据国家发展改革委相关政策文件，10kV及以上用户直接参与市场交易原则上主要直接参与市场交易。不符合国家产业政策的电力用户暂不参与市场化交易；鼓励其他工商业用户直接参与市场交易，已直接参与市场交易又属于淘汰类和限制类的电力用户，执行国家有关差别电价政策。符合相关政策要求的工商业用户均可通过自主参与或通过售电公司向电网企业代理购电，由电网企业代理购电的工商业用户，可在每季度直接参与市场交易，电网企业代理购电应终止	经营性电力用户的发用电计划原则上全部放开。不符合国家产业政策的电力用户由国家电网企业代理购电的用户由电网产业代理购电。不符合国家产业政策的电力用户暂不参与市场化交易，产品和工艺属于淘汰类和限制类的电力用户严格执行现有电价政策。符合新疆电力市场准入条件的电力用户〔（合同）区域电网企业、兵团电网、增量配电网等电网内的电力用户〕可自主通过电网内的售电公司代理参与新疆市场交易。电力用户（团购）供电区县（园场）可自主通过电网内的售电公司代理参与新疆市场化交易
	拥有煤炭自备电厂的电力用户应当按照国家规定承担国家规定性基金及附加，政策性交叉补贴	拥有自备电厂的电力用户应当承担国家规定性基金及附加，政策性交叉补贴。可以在每月最后15日向电网企业和交易机构提出申请，选择在下月起变更为批发用户或零售用户，与电网企业代理购电关系相应终止。新装用电的工商业用户在交易平台注册后可直接参与市场交易	拥有燃煤自备电厂的用户应当按规定承担国家规定性基金及附加，政策性交叉补贴，系统备用费	同《中长期基本规则》	拥有燃煤自备电厂的用户应当按电力主管部门规定、承担国家规定性基金及附加，政策性交叉补贴后，可作为市场用户参与市场化交易
	具备相应的计量能力或者代技术手段，满足市场计量和结算的要求				

续表

项目	陕西	甘肃	青海	宁夏	新疆
交易品种	电力中长期交易现阶段主要开展电能量交易，主要开展电量交易，灵活开展交易，探索建立绿色电力交易、合同转让交易，根据市场发展需要开展输电权、容量等交易	电力中长期交易现阶段主要开展电能量交易，主要包括电力用户与发电企业直接交易（以下简称"直接交易"）、跨省跨区交易（指跨越发电调度控制区）、合同交易（合同转让、回购）、自备电厂发电权交易、绿色电力交易、电网企业代理购电交易等。根据市场发展需要，开展可再生能源超额消纳交易、输电权、容量等交易	电力中长期交易现阶段，主要开展电能量交易，灵活开展交易，合同转让、合同转让交易，可再生能源责任权重超额消纳交易。根据市场发展需要开展输电权、容量等交易	电力中长期交易品种包括电能量交易、发电权交易等。根据市场发展需要，开展市场属性安全、容量等交易	开展电能量交易［包括电力直接交易、电网代理购电交易，新疆区域新能源代理购电交易、跨省（区）备电厂调峰替代交易、跨省发电权外送（外购）］。灵活开展交易。根据新疆统一电力市场发展需要适时开展输电权、容量等交易
	根据交易标的物执行周期不同，中长期电能量交易（多年）包括多个或多年度（以某个或多年度的分时段电量作为交易标的物）、月度（以某个月度的分时段电量作为交易标的物）、月内（多日）电量交易、月内（多日）电量交易等针对不同周期的电量交割交易	根据交易标的物执行周期不同，中长期电能量交易年度（多年）包括多个或多年度（以某个或多年度的分时段电量作为交易标的物）、月度（以次月（周）交易（以某个月度的分时段电量作为交易标的物）、月内（日滚动（交易日为D日、D+3日至月底或至月底电量作为交易标的物）等针对不同交割周期每日分时段电量作为交易标的物的分时段电量平均至每日按照月度历月天数平均分解至每日的相应时段	根据交易标的物执行周期不同，中长期电能量交易（多年）包括多年度（以某个或多年度的分时段电量作为交易标的物）、月度（以某个月度的分时段电量作为交易标的物）、月内（以月内分时电量作为交易标的物）交易（交易日分时段电量作为交易标的物）等针对不同交割周期的电量交易	中长期电能量交易（多年）包括年度（含多年、多月）交易、多个月（以某个月的分时电量作为交易标的物）、月度电量（电力）交易、月内（多日）交易、月内（多日）（电力）交易等针对不同交割周期的电量交易	根据交易标的物执行周期不同，中长期电能量交易，多年（含多年、多月）交易、多个或多年度（以某个月度的电量作为交易标的物）、月度电量作为交易标的物，并分解到日、月内（多日）电量交易或者电量交易（以到日、月内（多日）电量交易标的物）等针对天数的电量作为交易标的物或者特定天数的电量作为交易标的物，并针对剩余天数作为特定周期的电量交易。如有特殊需求的，也可以根据实际情况按照其他周期开展交易，必要时还可开展临时的交易
交易方式	电能量交易包括集中交易和双边协商交易两种方式，其中集中交易包括集中竞价交易、滚动撮合交易和挂牌交易三种形式				
	集中竞价交易指设置交易报价信息，电力交易平台汇总信息，交易截止时间，电力交易平台提交交易申报信息，按照市场主体规则进行市场出清，发布市场出清结果	(1) 集中竞价交易中，准入市场主体通过电力交易平台申报电量、价格信息，以申报截止前最后一次的有效申报作为最终申报。(2) 集中竞价交易公告型在交易公告中明确，执行交易日的分时段电价曲线形成方式，或按照典型（历史）曲线出清	集中竞价交易指机构组织市场主体通过电力交易平台申报电量、电价等信息，按照市场规则进行市场出清，经电力调度机构安全校核后，形成最终电量，集中竞价交易采取单向竞价方式。集中竞价交易成交最终价交易，采取单向竞价方式，受让方（用电方、售电方）或出让方（发电方）双向申报的方式	同《中长期基本规则》	集中竞价（撮合）交易：交易主体在报价申报时间内，市场主体通过电力交易平台申报电量信息，并经电力调度机构安全校核确认后，按照高低匹配、边际出清原则进行出清。集中竞价（撮合）交易可分段申报电量、电价，申报截止前以最后一次的有效申报作为最终申报

续表

项目	陕西	甘肃	青海	宁夏	新疆
交易方式	滚动撮合交易是指在规定的交易起止时间内，市场主体可以随时提交购电或者售电信息，电力交易平台按照时间优先、价格优先的原则进行滚动撮合成交 挂牌交易是指市场主体通过电力交易平台，将需求电量或者可供发电量和价格等资信息对外发布，由符合该资信息和价格等要求的另一方接收该要约的申请	（1）滚动撮合交易中，在规定的起止时间内，市场主体随时申报购、售电信息，价格优先，电力交易平台按照"节能环保优先"的原则撮合成交，也可同时考虑节能减排因素。 （2）滚动撮合交易的曲线形成方式在交易公告中明确。执行分时段竞价出清，或按典型（历史）曲线出清 （1）挂牌交易中，准入市场主体在规定的起止时间内，依据交易公告进行挂牌和摘牌。挂牌主体完成挂牌操作后，摘牌主体进行摘牌。 （2）挂牌交易的曲线形成方式在交易公告中明确。执行分时段竞价出清，或按典型（历史）曲线出清。 （3）单一市场主体摘牌电量或最大电力不得超过对应挂牌电量或最大电力。 （4）挂牌交易按照摘牌"时间优先"原则出清。实际操作中，以规定时间（如15min）为一时段，每时段内摘牌视为时间优先先级相同，预成交电量按照申报电量等比例分配，具体成交以交易公告为准	滚动撮合交易指电力交易市场主体通过电力交易平台在规定的起止时间内，随时提交购电或者售电量信息，电力交易平台按照时间优先、价格优先的原则进行滚动撮合成交。经电力调度机构安全校核后，形成滚动撮合最终成交结果。滚动撮合交易采取双方（用电方、售电方，出让方）双向申报的方式 挂牌交易指市场主体通过电力交易平台或者可供电量等信息对外发布的一方，由接受该要约信息的另一方，提出接受该要约的申请，按照提交时间优先或要约比例原则形成预成交结果，经安全校核和相关方确认后形成最终交易结果	同《中长期基本规则》 同《中长期基本规则》	挂牌交易是指市场主体通过电力交易平台（或者交易平台）将需求电量可供发布时段电量的数量（分时价格）和价格（分时电量）等信息对外发布，由符合该资信息和价格等要求约的申请 滚动撮合交易是指在规定的交易起止时间内，市场主体可以随时提交购电或售电信息，也可分时段提交电力或售电信息，电力交易平台按照时间优先、价格优先的原则进行滚动撮合成交

续表

项目	陕西	甘肃	青海	宁夏	新疆
交易周期	以双边协商和滚动撮合形式开展的电力中长期交易鼓励连续开市，以集中竞价形式开展的电力中长期交易应当定期开市。双边合同在双边交易申报截止时间前均可提交或者修改	中长期年度（多年）交易主要发挥稳定供需作用，月度发挥作为年度交易的补充，主要发挥电量增减作用。月内（周、日滚动）交易主要发挥滚动调整作用。年度和月度交易以集中交易、双边协商交易方式组织，月内（周、日滚动）交易按照双边或滚动撮合等交易方式方式组织	以双边协商和滚动撮合形式开展的电力中长期交易鼓励连续或定期开市，以集中竞价形式开展的电力中长期交易定期开市。双边交易在双边交易申报截止时间前均可提交或修改	同《中长期基本规则》	以双边协商和滚动撮合形式开展的电力中长期交易鼓励连续开市，以集中竞价形式开展的电力中长期交易应当定期开市。双边合同在双购合同经购售双方协商一致均可提交或者修改
价格机制	除计划电量执行政府确定的价格外，电力中长期交易的成交价应当由市场主体通过双边协商、集中交易等市场化方式形成，第三方不得干预。电能量交易（含省内和跨区交易）（含各地区跨省跨区交易）价格包括脱硫、除尘和超低排放电价 双边协商交易价格按照双方合同约定执行；集中竞价交易或者采用边际出清或撮合成交价格形成机制；滚动撮合交易可采用成交价，撮合成交的价格形成机制；挂牌交易挂牌、摘牌交易按照挂牌价格结算	优先发电电量中非市场化电量执行政府批复价格。当优先发电电量超过优先发电电量计划时，可将优先发电"和"保量竞价"两部分，其中保量竞价部分通过市场化方式形成价格 集中竞价交易按照双方合同约定执行，集中竞价交易报价或撮合成交价采用成交法或撮合成交出清	同《中长期基本规则》 双边交易价格按照双方合同约定执行。集中竞价交易采用统一边际出清；撮合交易采用滚动报价，撮合成交的价格形成机制；挂牌交易按照挂牌价格结算	除优先发电量执行政府确定的价格外，电力中长期交易的成交价应当由市场主体通过双边协商、集中交易等市场化方式形成，第三方不得干预 集中竞价交易出清可采用边际出清或等价匹配机制；滚动撮合交易可采用滚动报价，撮合成交的价格形成机制采用挂牌、摘牌交易形成的交易价格结算	计划电量执行政府确定的价格外，电力中长期竞价交易的成交价应当由市场主体通过双边协商、集中交易等市场化方式形成，第三方不得干预 双边协商合同交易价格按照双方合同约定执行。集中竞价交易可采用高低匹配或撮合成交的价格形成方式；滚动报价、撮合交易成交采用成交形成的价格形成机制；挂牌交易：挂牌、摘牌成交按照挂牌、摘牌交易成交形成价

续表

项目	陕西	甘肃	青海	宁夏	新疆
价格机制	除国家有明确规定的情况外，双边协商交易原则上不进行报价，集中竞价交易中，为避免市场操纵以及恶意或者报价出清价格设置上、下限，原则上由相应电力市场管理委员会提出，经国家能源机构和政府有关部门审定，派出机构和政府应当避免政府不当干预 集中竞价交易中，为避免竞争，可对报价格设置上、下限。清洁价格出清价格双方可以直接交易购售双方可以直接交易的中长期交易合同。在自主自愿、平等协商的基础上，约定建立固定价格、"基准电价+浮动机制"、随电煤价格并综合考虑各种市场因素调整等多种形式的市场价格形成机制，分散和降低市场风险	为避免市场操纵以及恶性竞争，可对报价设置上、下限。清洁价格出清价格上由电力市场管理委员会提出，经能源监管机构和甘肃省政府电力管理部门审定执行，应当避免政府不当干预	除国家明确规定的情况外，双边协商交易原则上不进行限价，集中竞价、滚动撮合交易中，为避免市场操纵及恶性竞争，可对报价或者结算价格设置上、下限。价格上、下限原则上由电力市场管理委员会提出，经国家能源局派出机构和政府有关部门审定	除国家有明确规定的情况外，双边协商交易原则上进行报价，集中竞价交易中，为避免市场操纵以及恶性竞争，可对报价设置或者出清价格上、下限，价格上、下限原则上由电力市场管理委员会提出，经西北能源监管局和宁夏发展改革委审定	双边协商交易原则上不进行限价。集中竞价交易原则上不进行限价。集中竞价以及恶性市场操纵以及恶性竞争，可对报价或者出清价格设置上、下限。价格上、下限原则上由新疆电力市场管理委员会提出，新疆能源监管办、自治区电力主管部门当干预定，应当避免政府不当干预

3.3 电力现货市场

2015年，中发9号文配套文件《关于推进电力市场建设的实施意见》（发改经体〔2015〕2752号）提出"逐步建立以中长期交易规避风险，以电力现货市场发现价格，交易品种齐全、功能完善的电力市场"，对电力现货市场建设作出明确部署，我国的电力现货市场建设重新起航。

2017年8月18日，根据国家能源局关于同意印发《跨区域省间富余可再生能源电力现货交易试点规则（试行）的复函》（国能函监管〔2017〕46号），国调中心正式开展跨区域省间富余可再生能源电力现货交易。在落实跨省跨区中长期交易基础上，当送端电网调节资源已经全部用尽，可再生能源仍有富余发电能力、可能出现弃水弃风弃光时，充分利用跨区通道富余能力，用市场化方式组织日前、日内跨区域外送交易，尽最大可能消纳可再生能源。

2017年8月，国家发展改革委、国家能源局联合下发了《关于开展电力现货市场建设试点工作的通知》（发改办能源〔2017〕1453号，以下简称"1453号文"），要求2018年年底前启动电力现货市场试运行，积极推动与电力现货市场相适应的电力中长期交易。结合各地电力供需形势、网源结构和市场化程度等条件，选择南方（以广东起步）、蒙西、浙江、山西、山东、福建、四川、甘肃8个地区作为第一批试点。按照国家发展改革委和国家能源局的工作部署，国家电网有限公司经营区内浙江、山西、山东、福建、四川、甘肃6个现货试点单位在2019年9月全部进入结算试运行阶段。2020年，6家试点单位均完成整月以上长周期连续结算试运行，其中福建连续运行5个月，甘肃连续试运行5个月，山西连续试运行2个月。2021年，山西、甘肃、浙江、福建4家试点单位完成了季度以上的长周期结算试运行，四川完成了双月枯水期火电竞价结算试运行，山东于12月启动了电力现货市场长周期结算试运行。试运行期间电网运行安全，市场运营平稳，清洁能源充分消纳。

2021年4月，国家发展改革委、国家能源局联合下发《关于进一步做好电力现货市场建设试点工作的通知》（发改办体改〔2021〕339号，以下简称"339号文"），选择辽宁、上海、江苏、安徽、河南、湖北作为第二批试点。

2021年11月1日，国家发展改革委、国家能源局联合印发了《关于国家电网有限公司省间电力现货交易规则的复函》（发改变体改〔2021〕837号），同意国家电网有限公司按照省内电力现货交易规则组织实施。11月22日，国家电网有限公司正式印发《省间电力现货交易规则（试行）》（国家电网调〔2021〕592号）。在跨区域省间富余可再生能源电力现货交易市场基础上，进一步扩大市场覆盖范围和主体类型，完善交易机制，增加交易频次。

2022年1月18日，中央深改委审议通过的118号文印发，要求积极稳妥推进电力现货市场建设，支持具备条件的试点不间断运行，逐渐形成长期稳定运行的电力现货市场，推动各类优先发电主体、用户侧共同参与电力现货市场。2022年2月，《关于加快推进电力现货市场建设工作的通知》（发改办体改〔2021〕129号，以下简称"129号文"），要求第一批试点地区原则上2022年开展长周期连续试运行，第二批试点地区原则上2022年6月底前启动现货试运行，其他地区2022年第一季度上报电力现货市场建设方案。至此，我国电力现货市场建设进入全面加速推进的崭新阶段。

中发9号文实施以来，我国立足国情、省情、网情，开展了各具特色的电力现货市场建设探索与管理实践，初步构建了具有中国特色的"省间+省内"电力现货市场体系。

3.3.1　省间电力现货市场建设现状

为缓解"三弃"问题，积累省间电力现货市场运营经验，国家电网有限公司以中发9号文精神为指引，积极探索以市场化方式消纳新能源，研究了跨区域省间富余可再生能源电力现货交易模式，主要定位为缓解送端电网弃水、弃风、弃光的日前、日内跨区外送交易，并制定了市场建设方案和规则，于2017年8月18日正式开始试运行。自试运行以来，跨区域省间富余可再生能源电力现货市场运营平稳、交易活跃。截至2021年底，跨区域省间富余可再生能源现货交易试点已平稳运行超过4年，送端16个省份2300多家可再生能源发电企业、受端18个省公司参与交易，累计成交可再生能源电量超25TWh，提升新能源利用率约1.1个百分点。跨区域省间富余可再生能源现货交易充分发挥跨区通道富余送电能力，有效缓解了清洁能源消纳压力，同时充分验证了交易机制和技术支持系统的可行性与有效性，积累了市场建设和运行经验，为下一步省间电力现货市场建设工作的深入开展奠定了坚实的基础。

2020年以来，我国电力供需形势发生很大变化，电力保障供应的难度逐年加大。同时"双碳"目标下随着新能源装机规模进一步增长，新能源消纳形势更加严峻。高比例新能源出力的随机性和波动性对电网的电力平衡影响很大，在同一省内新能源弃电和电力供应不足现象反复交织将成为常态。通过市场化手段开展省间电力余缺互济、促进清洁能源大范围消纳成为一个必然的要求。

为进一步深入贯彻落实中发9号文中关于"建立规范的跨省跨区电力市场交易机制促使电力富余地区更好地向缺电地区输送电力，充分发挥市场配置资源、调剂余缺的作用"的要求，国家电网有限公司在跨区域富余可再生能源现货交易试点基础上，结合各省份的实际需求，进一步扩大市场范围和主体类型、丰富交易品种，利用市场化手段促进清洁能源更大范围消纳、开展省间电力余缺互济，组织研究编制了《省间电力现货交易规则（试行）》。

2021年11月22日，国家发展改革委、国家能源局联合复函国家电网有限公司，原则同意《省间电力现货交易规则（试行）》，并要求国家电网有限公司积极组织实施省间电力现货市场。相较于跨区域省间富余可再生能源电力现货市场，省间电力现货市场的交易范围由"跨区域省间"拓展为全部省间交易,参与主体在富余可再生能源基础上增加火电、核电,进一步提升市场主体的参与范围和参与深度,优化交易组织方式,助力推动构建全国统一电力市场体系。主要特点包括:①交易范围进一步扩大,有利于提升区域内资源优化配置效率和效益。省间现货交易范围由"跨区省间"扩展到国家电网有限公司和内蒙古电力(集团)有限责任公司覆盖范围内的"所有省间"。②市场主体更加多元化,发电侧所有电源类型可以参与省间现货交易。发电企业不再局限于可再生能源,火电、核电等所有电源类型均可参与。在发电侧申报时,各类电源均有数据标签,具备体现可再生能源成交电力的绿色属性功能。③交易组织模型更加优化,为全网统一的电力平衡格局提供了灵活调节手段。《省间电力现货交易规则(试行)》提出了"交易节点"概念,每个省一般设为1个交易节点,视省内阻塞情况可设置多个交易节点。规则允许交易节点依据不同时段的电力余缺情况,选择买、卖电身份,满足某些省份同一天既有购电也有售电的需求。④日内交易时段增加,更好适应运行日新能源变化。省间现货日内交易由每日按5个交易时段开展变为每2开展一次,提高了交易的频次,可更好地适应新能源出力波动性,满足日内调整需求。2021年12月31日,省间现货交易启动模拟试运行,分别于2022年1月12~14日和2月22~28日开展试结算,并于2022年3月1~31日开展为期31天的整月结算试运行。试运行期间,市场主体踊跃参与,技术支持系统运行平稳,激发了火电企业的发电积极性,促进了可再生能源更大范围消纳支撑了省间电力的市场化余缺互济,缓解了应急调度支援的压力。

3.3.2　省级电力现货市场建设现状

自2017年启动电力现货试点工作以来,第一批现货试点已全部进入结算试运行,并结合省情网情开展了各具特色的电力现货市场机制探索,第一批试点省(地区)结算试运行情况简要介绍如下。

1. 南方

南方(以广东起步)于2018年8月启动模拟试运行。为推进南方电力现货市场稳妥有序开展,引导市场主体积极参与现货试运行,为下一阶段进入正式长期结算运行做好准备,广东电力现货市场于2019年5月15、16日两天开展按日结算试运行,6月20~23日进行第二次按日结算试运行,10月开展按周结算试运行。广东电力现货市场采用"中长期差价合约+现货全电量竞价"市场模式,用户侧初期"报量不报价",参与电力现货市场结算。从结算试运行结果来看,电力现货市场价格总体符合广东电网供大于求的供需形势,与全天用电负荷变化特性基本一致,反映了当日各时段电力供求关系的变化。2021年5月广东完成整月结算试运行,因电力供需形势紧张,电力现货市场价格保持高位运行,广东售电公司亏损严重面临大面积退市风险。2021年11月1日,广东启动电力现货市场不间断结算试运行，市场运营总体平稳有序。

2. 蒙西

蒙西于2019年6月26日启动模拟试运行，2019年9月21~27日进行为期一周的结算试运行，2020年6月17~23日进行了电力现货市场第二次连续结算试运行，2020年8月11~24日开展两周结算试运行，2020年9月1~30日开展整月结算试运行，蒙西电力现货市场采用"部分电量现货"模式。2021年11月15日，蒙西电力现货市场启动模拟试运行，采用"中长期+现货+调频辅助服务"的组织模式，火电机组和新能源机组报量报价参与电力现货市场，日前市场采用预出清机制不作为结算依据，实际出力曲线与中长期曲线偏差按照实时市场价格结算。

3. 浙江

浙江于2019年5月30日启动模拟试运行，9月20~26日开展第一次连续7天结算试运行，2020年5月12~18日进行第二次结算试运行，2020年7月1~31日进行第三次结算试运行。浙江电力现货市场采用"中长期差价合约+全电量现货"市场模式。电力现货市场采用节点电价定价机制。2021年3~5月，浙江采用发电侧单边零和模式完成电力现货市场季度结算试运行，2021年12月，浙江引入电力用户参与以电网企业代理购电方式完成双边电力现货市场结算试运行。

4. 山西

山西于2018年12月27日启动模拟试运行，已经开展模拟推演、调电试运行、结算试运行三个阶段工作，于2019年完成按日结算试运行（9月1日）、首次连续7天结算试运行（9月18~24日）、第二次连续7天结算试运行（12月7~13日），2020年5月10~24日完成连续两周结算试运行，2020年8月1~31日完成整月结算试运行，2020年11月1日~12月31日开展连续两个月的结算试运行。山西电力现货市场采用"中长期差价合约+全电量现货"模式。发电侧以"报量报价"方式，市场化用户、新能源机组按照"报量不报价"方式参与电力现货市场。电力现货市场采用节点电价定价机制。2021年4月1日，山西电力现货市场启动结算试运行并持续平稳运行至今，成功经受了煤炭供需紧张电价高涨等复杂市场环境考验，验证了电力现货市场保供应、促消纳作用。

5. 山东

山东于2019年6月21日启动模拟试运行，9月完成两次单日调电不结算试运行和第一次按周结算试运行，12月9~15日完成了第二次按周结算试运行，2020年5月16~19日进行了第三次结算试运行，2020年11月1~30日开展整月结算试运行。山东电力现货市场采用"中长期差价合约+全电量现货"模式。发电侧以"报量报价"方式、市场化用户按照"报量不报价"方式参与电力现货市场，新能源暂不参与电力现货市场。2021年12月1日，山东电力现货市场启动长周期结算试运行，签订中长期合约的新能源电站全电量、未签订中长期合约的新能源电站（不含扶贫光伏）预测出力的 10% 以"报量报价"方式参与电力现货市场，地方公用燃煤电厂和并网自备电厂满足电网接入技术规范、具备电力现货市场计量条件以自愿原则参与电力现货市场；独立储能电站以自调度方式参与电力现货市场。

6. 福建

福建于 2019 年 6 月 21 日启动模拟试运行，2019 年 9 月 21～27 日开展首次连续 7 天结算试运行，2019 年 11 月 18～24 日开展第二次连续 7 天结算试运行，2020 年 4 月 8～21 日开展连续 14 天结算试运行，2020 年 6 月 10 日～7 月 10 日开展整月结算试运行，2020 年 8 月 18 日起开展长周期连续结算试运行并持续运行至今。福建电力现货市场采用"部分电量现货"模式。日前电力现货市场采取发电侧单边竞价的模式组织开展电能量交易，将燃煤机组部分比例的基数电量纳入日前市场竞价。用户侧市场主体暂不参与电力现货市场。日前电力现货市场采用系统统一边际出清电价的定价机制。2021 年，福建启动双边电力现货市场的规则设计，准备逐步引入用户侧市场主体参与电力现货市场。

7. 四川

四川于 2019 年 6 月 20 日启动模拟试运行，2019 年 9 月 26～30 日开展结算试运行，10 月 29、30 日连续两天进行了第二次结算试运行，2020 年 4 月 16 日～5 月 25 日完成了为期 40 天的火电竞价长周期调电试运行，2020 年 9 月 26 日～10 月 25 日开展了第一次水电竞价长周期结算试运行。四川电力现货市场采用"中长期差价合约+全电量现货"模式。弃水期市场水电参与、火电不参与；非弃水期市场火电参与、水电不参与。用户侧市场主体以"报量不报价"方式参与电力现货市场。电力现货市场采用系统边际电价定价机制。2021 年 3～5 月，完成火电竞价季度结算试运行，2021 年 12 月 26 日启动火电竞价长周期结算试运行。

8. 甘肃

甘肃于 2018 年 12 月 28 日启动模拟试运行，2019 年 9 月 20～26 日首次进行结算试运行，11 月 16～22 日进行了第二次连续 7 天结算试运行，2020 年 3 月 19 日～4 月 30 日开展了第三次长周期连续结算试运行，2020 年 8 月 1 日～12 月 31 日开展第四次长周期连续结算试运行。甘肃电力现货市场采用"中长期差价合约+全电量现货"模式。新能源机组报量报价参与电力现货市场，用户侧市场主体暂不参与电力现货市场。电力现货市场采用分区电价定价机制。甘肃于 2021 年 5 月 1 日启动双边电力现货市场结算试运行并持续平稳运行至今，用户侧引入部分高耗能企业和电力大用户参与电力现货市场报量报价。

2021 年，国家发展改革委、国家能源局明确辽宁、上海、江苏、安徽、河南、湖北作为第二批省级电力现货试点。截至 2022 年 5 月，江苏、安徽已完成电力现货市场规则编制并启动模拟试运行，辽宁、上海、河南、湖北正在进一步完善电力现货市场规则体系。

各试点省（地区）电力现货市场建设方案要点比较见表 3-3，主要衔接关系见表 3-4。

表3-3　各试点省（地区）现货建设方案要点比较（截至2022年6月）

试点省（地区）	申报方式（日前）	申报方式（日内）	价格机制（含市场现价）	中长期曲线分解	交易结算	阻塞管理	不平衡资金分摊方式	特殊机组参与方式
山西	电机组容量报价＋新能源申报预测，用户侧报量不报价	日前封存	发电侧：节点边际电价。用户侧：节点加权平均电价。市场申报价格和市场出清价格一致，暂定下限保持 0 元/kWh，上限 1.5 元/kWh	（1）省间交易电量按照联络线交易曲线进行分解。（2）优先发电由电网调度机构按照"以日发电方式"分解。（3）省内交易电量由发电企业与电力用户自行协商，或选择电力运营机构提供的负荷型曲线进行分解	（1）政府定价电量根据政府批复的上网电价结算。（2）中长期交易按照合约定价格结算。（3）日前市场出清曲线之间的偏差，按照日前市场出清结算。（4）实际执行曲线之间的偏差，交易曲线日前市场价格实时市场价格结算	中长期合约电量在电力市场出清的全电量出清造成的阻塞费用纳入资金余缺管理，以月度为周期，向发电企业、批发市场用户按发电量比例进行分摊	不平衡资金包括双轨制偏差费用与阻塞费用，均由发电侧和用户侧平均分摊，个体间按照实际上网电量和用电量分摊	（1）因电网安全约束、供热需求要求，政府确定的必开机组，其最小出力以下的部分不参与电力现货市场。（2）水电、抽水蓄能、煤层气机组、自备电厂不参与电力现货市场
山东	发电侧容量报价。用户侧报量不报价	日前封存	发电侧：节点边际电价。用户侧：节点加权平均电价。试运行期间，市场出清价格上、下限分别为1399.1元/MWh 和 19.1元/MWh，市场限价机制分别为1元/MWh 和 -0.9元/MWh（市场限价机制含容量补偿电价99.1元/MWh）	（1）省间交易电量按照联络线进行分解。（2）省内签订带分时曲线的中长期合约	（1）政府定价电量根据政府批复的上网电价结算。（2）中长期交易按照合同期约定价格结算。（3）日前市场交易曲线之间的偏差，按照日前市场出清结算。（4）实际执行曲线之间的偏差，交易曲线日前市场价格实时市场价格结算	基于节点电价进行阻塞管理	优发优购电量由发电侧，用电侧，由全工商业用户按照当月电量等比例分摊，"三余"（余热、余压、余气）发电、垃圾发电、农林生物质发电等暂不参与市场	因电网安全约束、供热需求要求，政府确定的必开机组，其最小出力以下的部分不参与市场，最小发电能力以上的部分，必开现货市场，据发电能力根据价出清化出清

续表

试点省（地区）	申报方式		价格机制（含市场现价）	中长期曲线分解	交易结算	阻塞管理	不平衡资金分摊方式	特殊机组参与方式
	日前	日内						
浙江	发电侧容量段报价。电网企业代理用户参与现货市场申报和出清，按电网企业代理购电价格与市场化购电价结算	日前封存	发电侧：节点边际电价。用户侧：由预测电交易价代理电、分电压等级损及配电价（含线损及政策性基金及附加）组成。试运行期间，市场申报价格上、下限分别为800元/MWh（联合循环机组的汽轮机不报价，燃机报报价上限、下限出清价格上、下限分别为1200元/MWh、市场出清价格上、下限分别为1200元/MWh和−200元/MWh	政府授权合约和市场交易合约由省电力交易机构根据规则进行分解。试运行期间，合约电量由结算机构既定方法分解至每个结算时段。约电量按照分解顺序出清。分解原则：煤电（除热电联产）和气电机组按照各类型工作日、双休日和节假日典型曲线，分解至每台合机组的每个结算时段分时段（22时～次日6时）不分配合约电量	市场结算采用"日清月结"工作模式：即按日进行市场化交易结果清算，按月进行日结算账单并生成月结算账单并向市场主体发布。合约市场按照现货市场的差值进行差值结算。试运行期间，发电企业、全部市场化用户和电网企业代理用户按照市场化相关规则定结算。市场化包括电能量结算、项目包括电能量（含环保、超低排放）、市场化辅助服务费用、成本补偿费用、燃气费用、容量补偿费用等电网企业代理用户结算电能量费用和偏差分摊费用代理购电偏差费用或分享收益	采用节点电价方式进行阻塞管理，节点电价中包括阻塞费用。阻塞盈余由市场用户按实际用电量占比进行返还	电网企业代理用户电费合价结算预测的当月清算电费，清算业当月实际购电量占工商业用户按其当月总用电量比例，相应定分摊或分享。电网代理购电费用当月产生的分享收益、代理购电偏差费用以及损益分摊费用或分享收益等	（1）试验机组，政府批准的热电联产机组，水电、核电机组以自日计划模式参与，作为固定出力机组参与市场。（2）日前市场设置的必开全日核用电机组在必日采用市场申报出清和实时市场的必开机组采用市场申报机组在必开时段采本和市的低核定值的低核定值参与出清和补偿。（3）市场初期、风电和光伏等新能源机组不参与市场
福建	发电侧容量段报价。不参与申报	申报基准电线以下部实时平衡下调价（5段）以下调机组5%的额定容量比率作为一个报价区间。用户侧不参与申报	发电侧：日前市场采用系统边际电价，实时机组按价格调用，根据机组报价按需调用。用户侧：中长期市场顺价	在中长期交易同双方不具备合日分解曲线特性情况，可由机构按照福建典型负荷特性曲线分解	（1）日前电量×批复电价+合空间市场：机组竞价中标电量×机组竞价出清电量×市场出清电价。（2）实时平衡机制以下实际调节电价：机组基准电量×机组实时调节节价+平衡调节价格一分摊费×考核费	因网络出力受阻导致出力越限的机组作为边际机组，按受电价参与日前市场	不存在不平衡资金	可再生能源、核电、天然气发电、热电联产等机组发电计划目前在日前货中按现货中设计预测划值优先安排

续表

试点省（地区）	申报方式		价格机制（含市场现价）	中长期曲线分解	交易结算	阻塞管理	不平衡资金分摊方式	特殊机组参与方式
	日前	日内						
四川	发电侧分段容量报价，用户侧报量不报价	日前封存	发电侧：系统边际电价。用户侧：接受日前和实时市场现价	（1）省间交易网络联络线交易量按照交易曲线进行分解。（2）优先发电量由电政府定价调度机构按照典型曲线进行物理执行。（3）省内发电企业与电力用户自行协商确定分解曲线，或选用交易机构提供的典型曲线负荷侧曲线进行分解	（1）政府定价电量根据政府批复的上网电价结算。（2）中长期交易按照中长期合同约定价结算。（3）日前市场出清电量与出清中长期交易曲线之间的偏差，按照日前市场出清价结算。（4）实际执行曲线与日前交易曲线之间的偏差，按照实时市场价格结算	分区电价作为市场价格参考信息	省内电力现货市场运营成本的不平衡费用，按规则在发电侧进行返还或分摊	（1）枯水期，仅水电参与现货电能量市场竞争。（2）非枯水期，仅火电参与现货电能量市场竞争。其他电厂仅作为价格接受者
甘肃	发电侧分段容量报价，用户侧报量不报价	日前封存，新能源机组日内可修改电能量报价	发电侧《以所在分区内最高节点电价作为分区结算电价》。用户侧：按分区边际电价最高价进行结算	（1）省间交易网络联络线交易量按照交易曲线进行分解。（2）省内交易发电企业与电力用户自行商确定分解曲线，或按照交易机构调度提供的典型曲线负荷侧曲线进行分解	（1）中长期交易按照合同约定价结算。（2）日前市场出清曲线与中长期市场出清曲线之间的偏差，按照日前市场出清价结算。（3）实际执行曲线与日前交易曲线之间的偏差，按照实时市场价格结算	基于分区电价进行阻塞管理	电力现货市场不平衡资金由双轨制不平衡差不平衡资金、分区交易不平衡资金、省间双轨制不平衡资金部分组成。其中双轨制不平衡资金，以及火电正常开机补偿费用、调频能量补偿费用、偏差计量补偿费用7个月度计算。省间交易不平衡资金按分场站日现货出清价计算每日结算。火电正常开机补偿费用、调频能量补偿费用、偏差计量补偿费用，月度计算月结算。火电紧急调度补偿费用按日计算月结算后统计，按各场分摊，详见《甘肃电力市场结算实施细则》相关条款	水电机组、新能源特许权及扶发机组不参与竞价，作为价格接受者参与现货市场

续表

试点省（地区）	申报方式		价格机制（含市场现价）	中长期曲线分解	交易结算	阻塞管理	不平衡资金分摊方式	特殊机组参与方式
	日前	日内						
广东	发电侧容量段报价。用户侧量不报价	日前封存	发电侧：节点边际电价。用户侧：节点加权平均电价	(1) 省间交易电量按照联络线交易曲线进行分解。(2) 省内交易电量由发电企业与电力用户自行协商确定分解曲线，或由电力交易机构按照典型曲线进行分解。	(1) 政府定价电量根据政府批复的上网电价结算。(2) 中长期交易按照合约定价格结算。(3) 日前市场出清曲线与中长期交易曲线之间的偏差，按照日前市场出清结算。(4) 实际执行曲线与日前交易曲线之间的偏差，按照实时市场价格结算。	基于节点电价进行阻塞管理	不平衡资金按规则分摊至发电侧或用户侧主体	A 类机组不参与电力现货市场
蒙西	发电侧容量段报价。用户侧量不报价	日前封存	发电侧：节点边际电价。用户侧：工商业用户分区代理购电价，电网企业代理购电用户节点加权平均电价	(1) 省间交易电量按照联络线交易曲线进行分解。(2) 省内交易电量由发电企业与电力用户自行协商确定分解曲线或明确曲线形成方式	(1) 政府定价电量根据政府批复的上网电价结算。(2) 中长期交易按照合约定价格结算。(3) 实际执行曲线与中长期曲线之间的偏差，按照实时市场价格结算。	基于节点电价进行阻塞管理	不平衡资金按规则分摊至发电侧或用户侧主体	日前阶段开展预出清确定机组组合作为结算依据，实时市场出清并形成分时段节点电价

表 3-4

各试点省（地区）主要衔接关系比较（截至 2022 年 6 月）

试点省（地区）	省间交易与省内交易	中长期交易与现货交易	计划与市场衔接	电能量与辅助服务	新能源消纳与市场衔接（新能源参与电力市场）
山西	（1）中长期交易中，省间交易优先于省内交易日前出清。（2）现货市场中省内日前电力机组开机方式和发电预计划。在此基础上，参与省间现货交易。省间现货出清结果作为省内现货的边界再开展省内现货交易	（1）中长期交易通过差价合约的方式执行结算。（2）中长期交易采用带曲线交易方式，优先用定发"式分解，作为中长期合约结算（2）中长期交易采用带曲线交易方式，缩短中长期交易周期，增加交易频次	电力现货市场开展全电量出清，优先发电部分按照"以用定发"式分解，作为中长期合约结算	深度调峰市场与省内电力现货市场联合出清化出清。省内调峰资源参与时，通过参与华北跨省调峰市场消纳新能源。调峰市场与电力现货市场消纳新能源定独立开展。采取集中竞价、边际出清的方式组织，根据市场供需情况动态清调整市场主体申报价格上、下限	新能源机组报量不报价参与市场时，通过优化机制保障新能源全部电量出清，接受市场价格
山东	先开展省间现货出清，省间现货出清结果作为省内现货的边界再开展省内现货交易	中长期交易通过差价合约的方式执行结算	电力现货市场开展全电量出清，其中优先发电机组作为边界，其余为市场化发电部分由电网调度机构提供负荷预测	电力现货市场暂只开展调频（二次调频）辅助服务，与现货日前市场的集中出清，协调运行、协调出清	参与中长期交易的新能源机组全电量与电力现货市场；未参与中长期交易的新能源电站（不含扶贫光伏）预测出力的 10%按照申报价格参与电力现货市场出清
浙江	省间交易电量按照联络线交易曲线进行分解，作为省内市场的边界条件	中长期交易与现货交易通过差价合约的方式执行结算	新能源和外来电在电力现货市场中作为边界优先出清。其余计划电量按照融性质的政府授权合约	调频、备用等辅助服务通过市场交易与电能平台竞价确定，备用价格在实时市场与电能量价格联合出清，调频、黑启动等辅助服务以合约的形式在提供辅助服务的资源之间进行竞争性采购，按照多年度或年度进行招标	市场初期，风电和光伏等新能源机组参与市场，在电力现货市场中作为边界优先出清
福建	省间市场交易优先组织、优先出清，结果作为省内市场的边界条件	（1）中长期交易以"物理执行"作为电力现货市场的边界条件。（2）在不具备自主分解曲线的情况下，可由电网调度规则将中长期交易电量的曲线形成日前现货为基数的电量分解比例，剩余基数电量兜底	水风光根据来水、风、光情况优先消纳；核电保障小时内优先消纳，必要时调节；火电市场优先，基数电量兜底水、风电等中长期交易电量全年滚动平衡，火电、核电月度偏差电量按中长期交易规则进行考核	实时平衡机制内下调节报价应用调峰辅助服务市场报价，电网调度机构以 $T+15min \sim T+30min$ 之内的系统平衡资源作为交易标的，滚动开展实时平衡机制，实现与交易衔接，调峰辅助服务市场与电能量市场的融合。调频辅助服务市场分别出清，采取日前报价，采用"容量补偿+里程补偿"方式，实时出清模式	新能源作为优先发电，全额保障消纳

续表

试点省（地区）	省间交易与省内交易	中长期交易与现货交易	计划与市场衔接	电能量与辅助服务	新能源消纳与市场衔接（新能源参与电力市场）
四川	（1）省间中长期交易为省内现货交易边界条件。（2）省间现货交易出清电量分为省间日前市场、省间日内市场，省内富余电量参与省间交易，出清结果为省内物理执行	（1）丰水期省内中长期交易以"差价合约"形式参与电力现货市场运营。（2）枯水期省内中长期交易以"物理执行"为电力现货市场边界条件	（1）省间中长期交易电量由全国调度中心分解并作为省内市场边界条件。（2）省内优先电量实际由调度机构结合电网实际运行需求，按规则分解为日曲线	辅助服务独立开展，与电力市场采用分别优化、独立出清方式	新能源暂不参与电力现货市场竞价
甘肃	（1）在中长期市场，省间交易优先于省内交易组织，省间交易形成的交易结果为省内市场的边界条件。（2）在电力现货市场，根据省内日前市场预出清结果，参与省间日前现货交易，省间交易优先安排并结算，偏差电量与省内交易统筹考虑	中长期交易与现货交易通过差价合约方式执行结算	中长期交易电量结算前，电网调度机构对中长期交易结果曲线进行曲线分解	（1）区域调峰市场优先出清，作为省内市场边界。（2）风火深度调峰市场与电能量市场分别优化，独立出清	新能源机组日前报量报价，作为电力现货市场优先出清，日内可修改电量报价
广东	省间电力现货交易优先出清，结果作为省内市场边界条件	中长期交易与现货交易通过差价合约方式执行结算	"以用定发"优先发电量（含政府定价电量）作为电力现货市场出清边界物理执行	调频市场与电力现货市场独立运行	新能源属于 A 类机组，作为电力现货市场出清的边界条件，不参与电力现货市场
蒙西	省间电力现货交易卖出成交量，买入成交结果作为受端关口电源参与省内出清	中长期交易与现货交易通过差价合约方式执行结算	居民、农业用电在负荷预测曲线基础上，按照居民电网线购电用户分解：电网企业代理购电部分先按照各类型购电用户优先电量的典型光伏发电的曲线分配至风电企业，其余部分按容量比例分配至风电企业，仍不足部分由电网企业通过市场化方式采购	调峰辅助服务市场与电力现货市场融合，调频辅助服务市场与电力现货市场独立运行	新能源日前报量报价参与现货市场，对应居民、农业用电曲线复电价分按照政府批复电价结算

3.4　电力辅助服务市场

我国电力辅助服务市场建设经历了极其独特的发展历程，我国电力辅助服务发展经历了全电价统一补偿、发电企业交叉补偿和市场化探索三个阶段。电力辅助服务市场机制是电力现货市场运营不可或缺的关联机制。自2006年起，我国在未开展电力现货市场的条件下，先行开展了并网发电厂辅助服务补偿工作，提出"按照'补偿成本和合理收益'的原则对提供有偿辅助服务的并网发电厂相互进行补偿，补偿费用主要来源于辅助服务考核费用，不足（富余）部分按统一标准由并网发电厂分摊"。这是一种基于传统上网电价机制的辅助服务补偿机制，与电力现货市场环境下的电力辅助服务市场机制有本质的区别，不应直接套用，因此，随着电力现货市场的建设，应当配套出台电力辅助服务市场交易规则。根据国家能源局印发的《电力辅助服务管理办法》，电力辅助服务市场交易规则主要明确通过市场化竞争方式获取电力辅助服务品种的相关机制。辅助服务机制不仅涉及获取机制，还涉及分摊机制，关系电价空间，机制的建设十分复杂，须高度重视。

3.4.1　阶段一：全电价统一补偿阶段

2002年以前，我国电力工业主要采取垂直一体化的管理模式，电网企业所属发电厂实行内部统一核算，而独立发电企业则根据购售电协议确定上网电价，其电价为全电价，即其中除电能量电价之外，已包含辅助服务的费用，省间、网间送受电价也为全电价。2002年厂网分开后至开展现货市场之前，虽然各发电厂分属于不同的利益主体，但上网电价为全电价的价格形成机制没有发生变化，电力辅助服务的费用均核定包含在全电价之中。故而，在《并网发电厂辅助服务管理暂行办法》出台之前，我国的电力辅助服务均采用"按需调用、按实发电量补偿"的方法，由电网调度机构按照"经济调度"或"三公调度"的原则统一安排发电厂的运行计划；同时，按照《电网调度管理规程》，根据系统的负荷特性、水火比重、机组特性以及设备检修等方面因素，根据等微增率原则进行发电计划和辅助服务的全网优化，安排和调用辅助服务。在对电厂进行结算时，辅助服务与发电量捆绑在一起进行结算，没有单独的辅助服务补偿机制。

3.4.2　阶段二：发电企业交叉补偿阶段

各发电厂在电网运行中的地位和作用在时空上存在显著的差异，导致其对电力辅助服务的贡献十分不均衡，"按需调用、按实发电量补偿"的方法显然有失公允，随着厂网分开后各发电厂自主经营意识的逐步提高，传统提供电力辅助服务的办法难以协调各方利益。理论上，电力辅助服务可以随同电力现货市场的建设同步建立市场交易机制，通过市场化手段，实现电能量与辅助服务计量计价的分离，从根本上解决遗留问题。然而，我国电力现货市场建设当时还在酝酿中，实行的仍是"三公调度"，在这一背景下，2006年，国家电监会印发《并网发电厂辅助服务管理暂行办法》（以下简称"《办法》"）与《发电厂并网运行管理规定》（以下简称"《规定》"），提出"按照'补偿成本和合理收益'的原则对提供有偿辅助服务的并网发电厂进行补偿，实行'按需调用、据实补偿'，补偿费用主要来源于发电企业辅助服务考核费用，不足（富余）部分按统一标准由并网发电厂分摊"，初步做到了根据发电企业电力辅助服务贡献度的不同实施奖惩，我国电力辅助服务由此进入发电企业交叉补偿阶段。

在辅助服务品种的界定方面，《办法》在国外一般界定种类的基础上，把一些通常属于电能量市场的内容，也扩大到辅助服务范畴，如调峰。这种扩充，在尚未建立电力现货市场的条件下，确实发挥了重要作用，在很大程度上有效激励了灵活性可调节资源的开发利用。

各地也根据《办法》和《规定》相继出台"两个细则"文件，规定了本地电力辅助服务的有偿基准、考核与补偿以及费用分摊等规则。"两个细则"规定的计划补偿方式能够在一定程度上激励当地发电机组提供电力辅助服务，但随着新能源占比的提升度，辅助服务的稀缺程度也不断增加，《办法》的机制性缺陷逐渐显露，加上各地"两个细则"的标准缺乏统一，致使跨省跨区送受电的辅助服务矛盾日渐突出。总之，《并网发电厂辅助服务管理暂行办法》所建立的发电企业交叉补偿机制是一种创举，尽管是非电力现货市场条件下的权宜之计，但体现公平、效率的市场精神，在特定历史时期功不可没，但总体来看补偿力度存在偏差，甚至出现异化，改变了辅助服务补偿机制的初衷和功能。

3.4.3　阶段三：市场化探索阶段

电力辅助服务在发电企业内交叉补偿机制的先天不足，推动了市场化的探索。国外成熟电力市场一般通过电力现货市场实现调峰资源的优化配置，而当时我国尚未启动电力现货市场建设，亟须利用市场化手段提高奖罚力度，以更高的补偿力度激励发电企业等调节资源参与电力辅助服务。2014年10月1日，随着东北能源监管局下发的《东北电力辅助服务调峰市场监管办法（试行）》（以下简称"《监管办法》"）实施，我国首个电力调峰服务市场（以下简称"东北电力调峰市场"）正式启动，标志着市场化补偿电力调峰服务尝试的开始。东北电力调峰市场深度调峰补偿力度大幅提高，不同档位最高限价分别设置为0.4元/kWh、1元/kWh，对于火电机组参与深度调峰的激励作用显著提升。2015年3月，中发9号文提出以市场化原则建立辅助服务分担共享新机制以及完善并网发电企业辅助服务考核机制和补偿机制。在中发9号文的顶层设计下，与电力辅助服务市场化建设直接相关的文件密集出台，各地也积极开始电力辅助服务市场化探索。截至2022年9月，在区域省间辅助服务市场方面，国网经营范围内所有区域全部开展了区域调峰服务市场，部分区域开展了区域备用辅助服务市场。省内辅助服务市场方面，主要为调峰服务，部分省市开展了调频辅助服务和备用辅助服务。

2017年，国家发展改革委、国家能源局印发《清洁能源消纳行动计划（2018～2020年）》（发改能源规〔2018〕1575号），提出全面推进辅助服务市场建设，在东北、山西、福建、山东、新疆、宁夏、广东、甘肃等地开展辅助服务市场试点，推动辅助服务由补偿机制逐步过渡到市场交易机制。

2020年以来，党中央、国务院相继印发《关于完整准确全面贯彻新发展理念做好达峰碳中和工作的意见》《2030年前碳达峰行动方案》等相关重要文件，明确要求完善电力长期市场、电力现货市场和电力辅助服务市场衔接机制，大力提升电力系统综合调节能力，加快现役机组灵活性改造，引导自备电厂、传统高载能工业负荷、工商业可中断负荷、电动汽车充电网络、虚拟电厂等参与系统调节。

2021年12月24日，国家能源局《电力并网运行管理规定》和《电力辅助服务管理办法》修订版正式发布。主要内容包括进一步扩大电力辅助服务新主体，将提供辅助服务主体范围由发电厂扩大到包括新型储能、自备电厂、传统高载能工业负荷、工商可中断负荷、电动汽车充电网络、聚合商、虚拟电厂等主体，促进挖掘供需两侧的灵活调节能力，加快构建新型电力系统；进一步规范辅助服务分类和品种，对电力辅助服务进行重新分类，分为有功平衡服务、无功平衡服务和事故应急及恢复服务，并考虑构建新型电力系统的发展需求，新增引入转动惯量、爬坡、安全稳定切机服务、切负荷服务等辅助服务新品种；进一步明确补偿方式与分摊机制，强调按照"谁提供、谁获利；谁受益、谁承担"的原则，确定补偿方式和分摊机制，并提出逐步建立电力用户参与辅助服务分担共享机制；完善用户分担共享新机制。健全市场形成价格新机制，明确电力辅助服务的补偿和分摊费用可以采用固定补偿和市场化形成两种方式。

2022年1月18日，经中央深改委审议通过的118号文印发，要求持续完善电力辅助服务市场，建立健全调频、备用等辅助服务市场，探索用户可调节负荷参与辅助服务交易，推动源网荷储一体化建设和多能互补协调运营，完善成本分摊和收益共享机制。

3.5　电价体系

3.5.1　电价体系介绍

我国当前正处在新一轮电改的起步阶段,以市场交易电价和输配电价为基础的新电价体系正在推行,但以上网电价和销售电价为基础的原有电价体系依然执行。两套电价体系双轨运行,形成了我国现行的极富特色的电价体系。

1. 第一轮电改前的电价体系

在 2015 年中发 9 号文发布以前,电网企业对于发电企业来说是电能的唯一买方,对于电力用户来说则是电能的唯一卖方。电网企业从发电企业买电的价格,以及电网企业向电力用户供电的价格都是政府制定的,电改前电价体系如图 3-6 所示。

在发电侧,各发电企业均按照"标杆上网电价"(或称"标杆电价")售电给电网。标杆上网电价是依据同类型机组的平均成本制定的。标杆上网电价为发电设施投资提供了明确的经济信号,同时也促进了发电企业之间的效率竞争。

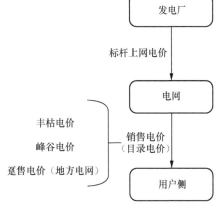

图 3-6　电改前电价体系示意图

在供电侧,政府分电压等级、分用户类别制定了"销售电价"(也称"目录电价"),部分地区的销售电价还考虑分季节的丰枯电价和分时段的峰谷电价。销售电价内含了购电成本、输配电成本、输配电损耗和政府性基金及附加等。销售电价的定价原则是以公平负担为基础,同时兼顾公共政策目标,因此销售电价中包含了交叉补贴(工商业用电补贴农业和居民用电)。

部分地区存在地方电网或趸售区域。电网企业向这些地方电网或趸售区域供电的价格采用的是"趸售电价"。趸售电价为政府核定,也包含购电成本、输配电成本、输配电损耗、政府性基金及附加等,但价格水平更低。

2. 第一轮电改后新建立的电价体系

我国第一轮电力体制改革的架构是"管住中间,放开两头"。在电价形成机制方面,是将原来销售电价中的电能价格放开由市场决定,而其中的输配电价则由政府核定并严格监管。

在电能价格部分,各个售电主体即电力厂商、购电主体即各地公用供电公司和享有直购电权"大用户"在市场上相互竞争性售电、购电,由市场决定批发电价。各个地区的电力供应则构成了各地的零售市场，在这个市场上，由各个售电公司直接面向所在区域的电力用户提供售电服务，不同售电公司可针对不同的电力用户提供不同的服务套餐。当前市场交易价格包括批发电价与零售电价。

批发电价是指在电力批发市场中发电商与售电商、大用户进行电力交易形成的价格。我国批发市场处于发展阶段，批发电价是指地方电力经营企业、售电公司从发电商处批发电力，再销售给营业区范围内的用电客户，按双边协商、集中竞价等方式进行结算的一种电价。

零售电价是指售电公司向批发市场购买，再向地区终端用户出售电力所制定的价格。我国电力零售市场处于试点阶段，不同售电公司与电力客户签订的协议不同，所达成的零售电价也不同。

对于政府核定的输配电价格部分，各省级电网的首个监管周期的输配电价也已经全面完成了核定，核定的原则是"准许成本加合理收益"。输配电价中包含了原来销售电价中的交叉补贴，绝大部分省区的输配电价还包含了线损。在省级电网之上，区域电网（相邻的几个省区间的骨干电网）输电价、跨省跨区专项工程输电价也完成了核定或调整。输电价也包含了线损，在省级电网之下，地方电网和增量配电网同样需要单独核定的配电价。目前各省区还在制定当地的地方电网和增量配电网价格政策。

3. 新旧电价体系的双轨运行

当前我国的电价体系是双轨制运行，政府价格管理部门在核定（并公布）电价的时候不仅要核定（并公布）输配电价，也要同步核定（并公布）销售电价（以及部分地区的趸售电价）。图3-7所示为我国现行的双轨制电价体系及逻辑关系。

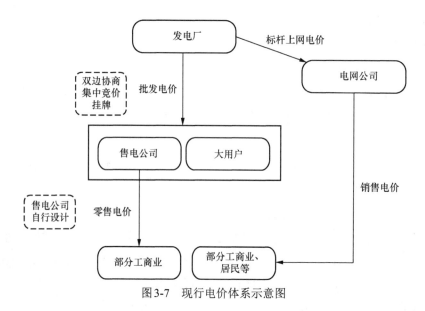

图3-7 现行电价体系示意图

　　在发电端，目前大部分发电量仍然是"计划电量"，是调度机构根据优先发电优先购电计划以及电网实际运行需要安排的。计划电量由电网企业收购，价格是标杆上网电价；另外一部分发电量是"市场电量"，电量销售给大用户或者售电公司，价格是市场交易电价。

　　在用电端，部分用电（农业用电、居民用电、重要公用事业用电、公益性服务用电等）尚未放开，其用电需要优先保证，其用电价格是销售电价（目录电价）；部分大工业用电、部分一般工商业可通过市场化交易获得电量，其用电价格为通过批发市场形成的批发电价；部分用电（目前还是大部分用电量）不属于优先购电范围，也不能参与电力市场交易，其用电量仍然由电网企业统销，其用电价格也是销售电价。

3.5.2　销售电价介绍

1.　销售电价组成

　　销售电价即电力用户购买电的价格，又称用户到户价格。销售电价按用户类别和用电特性分为居民、农业、工商业用户电价。居民、农业电价由目录销售电价以及政府性基金及附加组成；工商业电价主要由上网电价、上网环节线损费用输配电价、系统运行费用、政府性基金及附加组成。对于由电网企业代理购电的工商业用户，到户价格中的上网电价就是代理购电电价。对于通过市场化交易获得电量的工商业用户，到户价格中的上网电价就是市场化交易电价。工商业用户电价组成如图3-8所示。

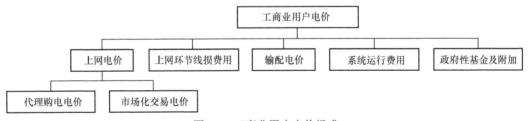

图3-8　工商业用户电价组成

　　2023年5月15日，国家发展改革委发布关于第三监管周期省级电网输配电价及有关事项的通知，即发改价格〔2023〕526号文（以下简称"526号文"）。526号文中规定了工商业用户用电价格由上网电价、上网环节线损费用、输配电价、系统运行费用、政府性基金及附加等组成。上网环节线损费用按实际购电上网电价和综合线损率计算。电力市场暂不支持用户直接采购线损电量的地方，继续由电网企业代理采购线损电量，代理采购损益按月向全体工商业用户分摊或分享。系统运行费目前暂列：①辅助服务费用；②抽水蓄能容量电费；③上网环节线损代理采购损益；④电价交叉补贴新增损益；⑤趸售等电价损益；

⑥绿色发展电价损益；⑦力调电费损益；⑧燃气机组容量电费；⑨峰谷分时电价损益等科目，如图3-9所示。

2. 两部制电价

两部制电价是将电价分成两部分。一部分称为基本电价，它反映企业用电成本中的容量成本，计算基本电费时，以用户设备容量（千伏安）或用户最大需量（千瓦）为计费依据。另一部分称为电度电价，它反映企业用电成本中的电能成本，在计算电度电费时，以用户实际用电量为计费依据。

自2023年6月1日起，用电容量在315kVA及以上的工商业用户（含大工业、一般工商业用电，现执行单一制电价的除外），执行两部制电价；用电容量在100（不含）～315kVA（不含）之间的工商业用户，以及用电容量在315kVA及以上的现执行单一制电价的工商业用户，可选择执行两部制电价。用电容量在100kVA/kW及以上的低压工商业用户，根据各省是否核定低压两部制输配电价来确定是否可选择执行两部制电价，见表3-5。

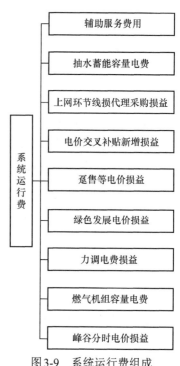

图3-9　系统运行费组成

表3-5　　　　　　　　　　　两部制电价

分类			单一制	两部制
100kVA及以下			全部	
100～315kVA之间			可选	可选
315kVA及以上	存量	大工业用电		全部
		单一制一般工商业用电	可选	可选
		两部制一般工商业用电		全部
	增量	大工业用电		全部
		一般工商业用电		全部

选择执行需量电价计费方式的两部制用户，每月每千伏安用电量达到260kWh及以上的，当月需量电价按核定标准的90%执行。每月每千伏安用电量为用户所属全部计量点当月总用电量除以用户合同变压器容量。

3.6　电力市场建设重点关注

我国电力市场通过引入市场竞争、优化短期电力供需平衡和资源配置等方式，形成了能够引导短期市场行为和中长期电力规划的价格信号,发挥了促进新能源消纳、保障供需平衡、支撑经济社会发展、提升系统运行效率和资源配置水平等重要作用。但也面临着保供压力大、市场体系和环境有待完善、市场建设统筹规划不足、现货与辅助服务需要加强统筹等深层次问题。

3.6.1　能源保供和电网运行安全问题

近年来,受负荷侧电能消费比重上升、煤电发展空间受限及新能源"大装机小电量"等因素影响,电力供需呈现阶段性趋紧态势。特别是随着大规模、高比例新能源接入,新能源波动性导致高峰时段出现供电缺口的情况,夏季、冬季"双高峰"面临巨大保供压力。2021 年 1 月上旬全国大范围寒潮期间,晚高峰时段新能源出力仅为装机的 13%。2021 年第三季度,由于电煤价格上涨、供应短缺,部分省份启动有序用电,局部地区电力供需时段性紧张问题开始显现。必须在积极推动新能源参与市场的基础上,完善相关安全保障和配套机制,确保能源供应安全和清洁低碳转型的协同推进。

3.6.2　电力市场体系和环境有待完善

随着发用电计划逐步放开,多元化市场主体利益的协调、相关价格的疏导机制等需要进一步完善,市场化交易和优先发用电计划需要进一步加强统筹。电价政策尚不能完全适应市场化要求,适应全国统一电力市场的输电价格机制尚未建立。需求侧参与市场竞争的配套制度尚未建立。市场运营的多元政策目标需要加强统筹。电力市场监管能力、信用体系、风险管控机制等有待进一步加强。

3.6.3　市场建设需要总体规划,市场建设路径有待优化

近年来有关发用电计划放开、电价形成机制、可再生能源发展、市场监管等政策文件陆续出台,构建了电力市场的政策框架。118 号文的印发,进一步明确了全国统一电力市场建设的目标、方向和重点任务。但电力市场是一个逐步完善的过程,各地市场建设进程还不平衡、不协调,不同交易品种间协调统筹不足,省(区、市)电力市场建设有待深化,与省间市场的衔接机制尚不完善。市场建设初期需进一步加强电力中长期与现货市场、省间与省内市场、市场与运行等的整体设计和衔接,形成完整系统的电力市场方案和规则体系。

3.6.4　高比例新能源装机下,辅助服务市场建设也面临极大挑战

能源清洁低碳转型背景下,风电、光伏等新能源电源装机比例不断提升,火电、燃气

等化石能源装机容量持续下降，仅依靠传统电源侧和电网侧调节手段，已无法满足新能源持续大规模并网消纳的需求，电力系统正面临灵活性需求激增而灵活调节能力不足的挑战，需要统筹源网荷储资源，多维度提升系统灵活性。电力辅助服务作为提升系统灵活性的重要手段，是保障电力系统安全稳定运行的重要途径，也是未来电力市场体系中的重要组成部分。我国辅助服务市场存在规模小、产品类型少、价格机制尚不健全等问题，下一步需要适应能源结构不断创新辅助服务品种、扩大市场主体参与范围、健全按责任和收益情况的成本分摊和利益共享机制，并加强与现货电能量市场的统筹衔接。

第4章

市 场 主 体 管 理

4.1 市场主体的准入与退出

参与市场交易的市场主体包括发电企业、售电公司（配售电公司）、电力用户、电网企业等，各市场主体行为准则及权利、义务按照《电力中长期交易基本规则》（发改能源规〔2020〕889号）等相关文件中的要求执行。电力市场成员应当严格遵守市场规则，自觉自律，不得操纵市场价格、损害其他市场主体的合法权益。市场主体应是具有法人资格、财务独立核算、信用良好、能够独立承担民事责任的经济实体。内部核算的市场主体经法人单位授权，可参与相应电力交易。任何单位和个人不得非法干预市场正常运行。

4.1.1 发电企业的准入

（1）依法取得发电项目核准或者备案文件，依法取得或者豁免电力业务许可证（发电类）。

（2）并网自备电厂公平承担发电企业社会责任、承担国家依法依规设立的政府性基金及附加以及与产业政策相符合的政策性交叉补贴，取得电力业务许可证（发电类），达到能效、环保要求，可作为市场主体参与市场化交易。

（3）分布式发电企业符合分布式发电市场化交易试点规则要求。

4.1.2 售电公司的准入

售电公司准入条件按照《电力中长期交易基本规则》（发改能源规〔2020〕889号）、《售电公司管理办法》（发改体改规〔2021〕1595号）等文件要求执行。

根据《售电公司管理办法》（发改体改规〔2021〕1595号），售电公司的注册条件如下：

（1）依照《中华人民共和国公司法》登记注册的企业法人。

（2）资产总额不得低于2000万元人民币。资产总额为2000万元至1亿元（不含）人民币的，可以从事年售电量不超过30亿kWh的售电业务。资产总额为1亿元至2亿元（不含）人民币的，可以从事年售电量不超过60亿kWh的售电业务。资产总额为2亿元人民币以上的，不限制其售电量。

（3）应拥有10名及以上具有劳动关系的全职专业人员。专业人员应掌握电力系统基本技术、经济专业知识，具备风险管理、电能管理、节能管理、需求侧管理等能力，有电力、能源、经济、金融等行业3年及以上工作经验。其中，至少拥有1名高级职称和3名中级职称的专业管理人员，技术职称包括电力、经济、会计等相关专业。

（4）应具有固定经营场所及能够满足参加市场交易的报价、信息报送、合同签订、客户服务等功能的电力市场技术支持系统和客户服务平台，参与电力批发市场的售电公司技术支持系统应能接入电力交易平台。

（5）公司法定代表人及主要股东具有良好的财务状况和信用记录，并按照规定要求做出信用承诺，确保诚实守信经营。董事、监事、高级管理人员、从业人员无失信被执行记录。

（6）法律、行政法规和地方性法规规定的其他条件。

发电企业、电力建设企业、高新产业园区、经济技术开发区，以及供水、供气、供热等公共服务行业和节能服务公司所属售电公司（含全资、控股或参股）应当具有独立法人资格，独立运营，上述公司申请经营范围增项开展售电业务的，新开展的同一笔交易中不能同时作为买方和卖方。

电网企业（含关联企业）所属售电公司（含全资、控股或参股）应当具有独立法人资格并且独立运营，确保售电业务从人员、财务、办公地点、信息等方面与其他业务隔离，不得通过电力交易机构、电力调度机构、电网企业获得售电竞争方面的合同商务信息以及超过其他售电公司的优势权利。

拥有配电网运营权的售电公司还需提供配电网电压等级、供电范围、电力业务许可证（供电类）等相关资料。除电网企业存量资产外，现有符合条件的高新产业园区、经济技术开发区和其他企业建设、运营配电网的，履行相应的注册程序后，可自愿转为拥有配电业务的售电公司。

4.1.3 电力用户的准入

（1）符合电网接入规范、满足电网安全技术要求，与电网企业签订正式供用电协议（合同）。

（2）经营性电力用户的发用电计划原则上全部放开。不符合国家产业政策的电力用户暂不参与市场化交易，产品和工艺属于淘汰类和限制类的电力用户严格执行现有差别电价政策。

（3）拥有燃煤自备电厂的用户应当按照国家规定承担政府性基金及附加、政策性交叉补贴。

（4）具备相应的计量能力或者替代技术手段，满足市场计量和结算的要求。

4.1.4　新兴市场主体的准入

储能主体的准入目前按照《新型储能主体注册规范指引》（京电交市〔2022〕73号）文件要求执行。其准入条件如下：

（1）应当是具有法人资格、财务独立核算、信用良好、能够独立承担民事责任的经济实体。

（2）独立储能主体应签订并网调度协议，接入调度自动化系统可被电网监控和调度，具备电力、电量数据分时计量与传输条件，数据准确性与可靠性满足要求，并在电网企业营销系统完成报装立户工作。

（3）配建储能转为独立储能主体注册，应符合本条（1）、（2）款要求，并向电网公司相关部门、电力交易机构备案。

（4）新型储能主体参与电能量市场、辅助服务市场、容量市场应满足最大充放电功率、最大调节容量及持续充放电时间的准入条件，具体数值以国家或当地电力主管部门规定为准。

西北区域可调节用户及负荷聚合商的准入按照《可调节用户参与西北区域电力辅助服务市场准入、退出管理办法》相关规定执行。可调节用户主体包括独立用户和负荷聚合商；独立用户指电动汽车、电采暖、蓄热蓄冷用户、高载能企业、智能楼宇等第三方独立主体；负荷聚合商是指代理独立用户的聚合主体，包括售电公司、综合能源服务商以及其他具有聚合性质的多负荷资源运营商等，准入条件如下：

（1）参加辅助服务市场的用户主体应为接入10kV及以上电压等级，具备法人资格、财务独立核算、信用良好、能够独立承担民事责任的经济实体。

（2）用户主体应符合国家和地方产业政策及节能环保要求。

（3）负荷聚合商参与辅助服务市场需至少拥有2名具备电能管理、需求侧管理能力或从业经验的专业人员。

（4）独立用户最小调节能力应不低于2MW，单日累计持续响应时间不低于1h，负荷聚合商最小调节能力应不低于10MW，单日累计持续响应时间不低于1h。

可调节用户、负荷聚合商在电力交易中心注册时，还应满足拟注册省份的相关政策要求。

4.1.5　市场主体的退出

已经选择市场化交易的发电企业和电力用户，原则上不得自行退出市场，有下列情形之一的，可办理正常退市手续：

1）市场主体宣告破产，不再发电或者用电；

2）因国家政策、电力市场规则发生重大调整，导致原有市场主体非自身原因无法继续参加市场的情况；

3）因电网网架调整，导致发电企业、电力用户的发用电物理属性无法满足所在地区的市场准入条件。

售电公司有下列情形之一的，经地方主管部门和能源监管机构调查确认后，启动强制退出程序：

1）隐瞒有关情况或者以提供虚假申请材料等方式违法违规进入市场，且拒不整改的；

2）严重违反市场交易规则，且拒不整改的；

3）依法被撤销、解散，依法宣告破产、歇业的；

4）企业违反信用承诺且拒不整改的；

5）被有关部门和社会组织依法依规对其他领域失信行为做出处理的；

6）连续3年未在任一行政区域开展售电业务的；

7）出现市场串谋、提供虚假材料误导调查、散布不实市场信息等严重扰乱市场秩序的；

8）与其他市场主体发生购售电合同纠纷，经法院裁定为售电公司存在诈骗等行为的，或经司法机构或司法鉴定机构裁定伪造公章等行为的；

9）未持续满足注册条件，且未在规定时间内整改到位的；

10）法律、法规规定的其他情形。

4.2　市场注册流程

市场主体参与电力市场化交易，应当符合准入条件，在电力交易机构办理市场注册，按照有关规定履行承诺、公示、注册、备案等相关手续，市场主体应当保证注册提交材料的真实性、完整性。企事业单位、机关团体等办理注册手续时应当关联用电户号等实际用电信息，并提供必要的单位名称、法人代表、联系方式等。参与批发交易的市场主体，应当办理数字安全证书或者采取同等安全等级的身份认证手段。办理售电增项业务的发电企业，应当分别以发电企业和售电公司的市场主体类别进行注册。各电力交易机构共享注册信息，无须重复注册，按照相应省区的准入条件和市场规则参与交易。

4.2.1　发电企业注册流程

发电企业在完成并网调度协议、购售电合同签订等前置工作后，需按要求开展注册业务。具体办理流程如下：

（1）注册申请。发电企业登录北京电力交易中心或各省电力交易中心交易平台申请自主注册，按照注册要求相关省份填报信息并上传相关文件，并向电力交易机构提交书面注册材料，发电企业对注册信息及提交材料的真实性、准确性、完整性承担责任。

（2）完整性校验。交易平台收到发电企业提交的注册申请后，原则上5个工作日内完成申请材料的完整性核验，对于发电企业提交的注册材料不符合要求的，应予以一次性告知，发电企业须按要求对材料进行补充和完善。

（3）注册生效及纳入市场主体目录。经电力交易机构审核通过的发电企业注册生效，电力交易机构汇总注册生效的发电企业，纳入市场主体目录，实行动态管理。

（4）注册备案。电力交易机构定期汇总发电企业注册情况并向政府主管部门及监管机构备案。

发电企业交易平台注册信息填报包含工商信息、银行开户信息、联系信息、基本权益信息、机组信息等（如图4-1所示）。注册需提供以下材料：工商营业执照、法人身份证复印件、银行开户许可证（或基本存款账户信息）、机组建设核准文件、并网调度协议、购售电合同、发电业务许可证正副本、第一联系人授权文件。

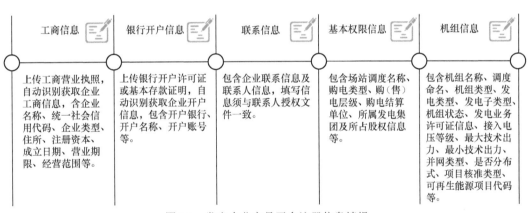

图4-1　发电企业交易平台注册信息填报

陕西、甘肃、宁夏建立了并网前注册机制，青海、新疆不要求发电企业并网前注册，除上述材料外，西北区域各省差异化要求如下。

陕西：与上述材料一致。

甘肃：除上述材料外，还需提供电力业务许可证办理承诺书、豁免机组提供豁免证明。

青海：除上述材料外，不需要提供法人身份证复印件、银行开户许可证、购售电合同。若注册的发电企业为非独立法人企业，还需提供总公司工商营业执照、市场注册授权文件。

宁夏：除上述材料外，还需提供调度命名文件、计量公示文件。

新疆：除上述材料外，还需提供接入系统可研批复。

为便于市场主体查阅，总结以上内容并编制发电企业注册流程图（如图4-2所示）。

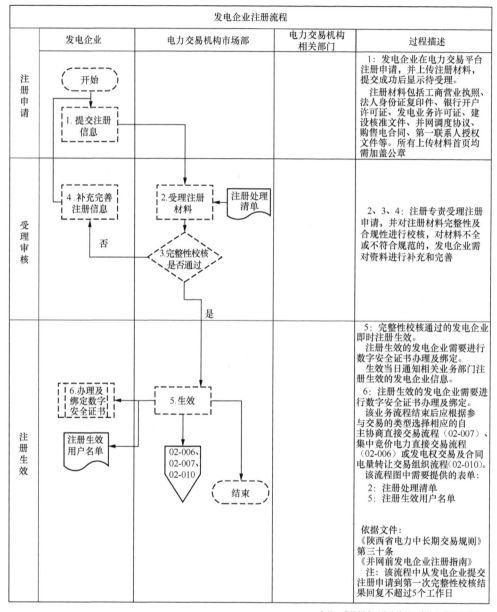

备注：虚线框表示线上流程，实线框表示线下流程

图4-2　发电企业注册流程图

4.2.2　售电企业注册流程

根据《售电公司管理办法》（发改体改规〔2021〕1595号）要求，电力交易机构负责售电公司注册服务，符合注册条件的售电公司自主选择电力交易机构办理注册，获取交易

资格，无需重复注册，各电力交易机构按照"一地注册，信息共享"原则，统一售电公司注册服务流程、服务规范、要件清单、审验标准等，明确受理期限、接待日、公示日。其他地区推送的售电公司在售电业务所在行政区域需具备相应的经营场所、技术支持系统后，平等参与当地电力市场化交易。

（1）注册申请。①各省省内售电公司注册申请。售电公司根据《售电公司管理办法》（发改体改规〔2021〕1595号）和《售电公司市场注册及运营服务规范指引》（京电交市〔2022〕25号）的相关要求，提交注册资料到各省电力交易中心办理注册申请，或直接通过各省电力交易中心交易平台进行自主注册。售电公司按照文件要求，将有关信息填写完整并上传所需附件材料，对注册信息及提交材料的真实性、准确性、完整性承担责任。售电公司注册申请为多业务范围售电公司时，需要填写申请注册的所有业务范围。②外省推送售电公司注册申请。外省推送售电公司需向注册电力交易中心提交注册或业务范围变更申请，注册或新增业务范围至相应省份，并同步登录注册电力交易平台网站进行相关操作。

（2）完整性校验。各省电力交易中心收到售电公司提交的注册申请后，原则上在7个工作日内完成申请材料的完整性检验。对于售电公司提交的注册材料不全或不符合规范的，交易中心应予以一次性书面告知，售电公司需按要求对材料进行补充和完善。

（3）原件核验。各省电力交易中心完成对售电公司注册申请信息的完整性检验后，电力交易中心与当事人通过线上或线下方式进行原件核对，并告知售电公司携带有关原件提交书面材料，书面材料按照要求装订成册。

（4）注册公示。各省电力交易中心完成售电公司注册资料完整性核验及原件核验后，原则上在每月月初将售电公司满足注册条件的信息和信用承诺书向社会公示，公示期为1个月。受理多业务范围售电公司时需同步将售电公司有关信息按照申请的业务范围推送至相关省电力交易中心。公示期间售电公司不能申请注册变更、市场注销等业务。公示期间，任何单位或个人如有异议，可向各省电力交易中心实名反映，并提供相关书证、物证等，不得捏造事实、虚假举证。公示期满无异议的，注册自动生效。各省电力交易中心在"信用中国"、交易平台网站、地方政府指定的网站等发布公示结果公告。各省电力交易中心汇总本省受理及外省推送注册生效的售电公司，纳入本省自主交易市场主体目录，实行动态管理并向社会公布。注册生效后售电公司需签订《售电公司入市协议》，完成注册工作。

（5）注册备案。各省电力交易中心按月汇总注册生效售电公司的注册情况并向政府主管部门及监管机构备案，并通过"信用中国"、电力交易平台等网站向社会公布。

若售电范围涉及多个省的售电公司，在售电业务所在行政区域需具备相应的经营场所，并在注册时向业务所在行政区域的电力交易机构提供经营场所证明，为便于市场主体查阅，总结以上内容并编制售电公司注册流程图（如图4-3、图4-4所示）。

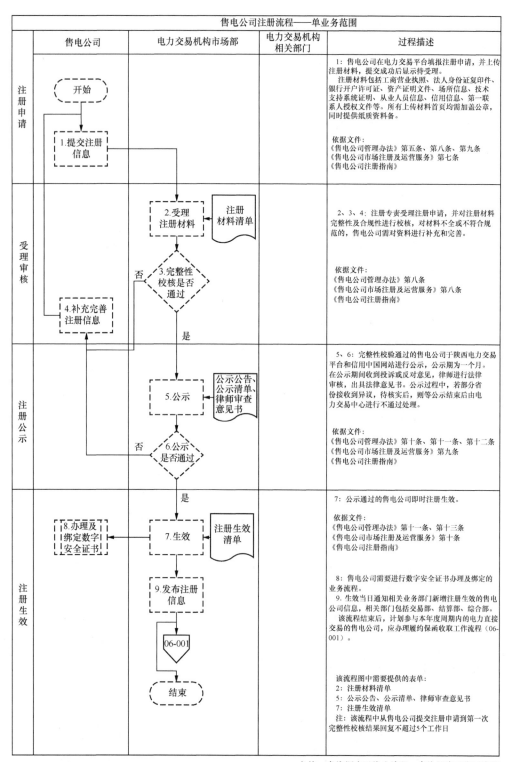

	售电公司	电力交易机构市场部	电力交易机构相关部门	过程描述
注册申请	开始 → 1.提交注册信息			1：售电公司在电力交易平台填报注册申请，并上传注册材料，提交成功后显示待受理。 注册材料包括工商营业执照、法人身份证复印件、银行开户许可证、资产证明文件、场所信息、技术支持系统证明、从业人员信息、信用信息、第一联系人授权文件等。所有上传材料首页均需加盖公章，同时提供纸质资料备查。 依据文件： 《售电公司管理办法》第五条、第八条、第九条 《售电公司市场注册及运营服务》第七条 《售电公司注册指南》
受理审核	4.补充完善注册信息	2.受理注册材料 → 3.完整性校核是否通过（否）	注册材料清单	2、3、4：注册专责受理注册申请，并对注册材料完整性及合规性进行审核，对材料不全或不符合规范的，售电公司需对资料进行补充和完善。 依据文件： 《售电公司管理办法》第八条 《售电公司市场注册及运营服务》第八条 《售电公司注册指南》
注册公示		是 → 5.公示 → 6.公示是否通过（否）	公示公告、公示清单、律师审查意见书	5、6：完整性校验通过的售电公司于陕西电力交易平台和信用中国网站进行公示，公示期为一个月。在公示期间收到投诉或反对意见，律师进行法律审核，出具法律意见书。公示过程中，若部分省份接收到异议，待核实后，则等公示结束后由电力交易中心进行不通过处理。 依据文件： 《售电公司管理办法》第十条、第十一条、第十二条 《售电公司市场注册及运营服务》第九条 《售电公司注册指南》
注册生效	8.办理及绑定数字安全证书	是 → 7.生效 → 9.发布注册信息 → 06-001 → 结束	注册生效清单	7：公示通过的售电公司即时注册生效。 依据文件： 《售电公司管理办法》第十一条、第十三条 《售电公司市场注册及运营服务》第十条 《售电公司注册指南》 8：售电公司需要进行数字安全证书办理及绑定的业务流程。 9：生效当日通知相关业务部门新增注册生效的售电公司信息，相关部门包括交易部、结算部、综合部。 该流程结束后，计划参与本年度周期内的电力直接交易的售电公司，应办理履约保函收取工作流程（06-001）。 该流程图中需要提供的表单： 2：注册材料清单 5：公示公告、公示清单、律师审查意见书 7：注册生效清单 注：该流程中从售电公司提交注册申请到第一次完整性校核结果回复不超过5个工作日

售电公司注册流程——单业务范围

备注：虚线框表示线上流程，实线框表示线下流程

图4-3　售电公司注册流程图——单业务范围

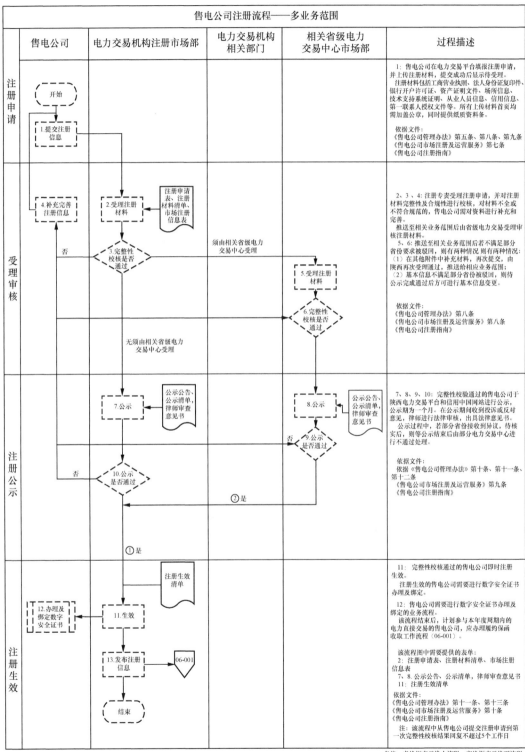

图4-4　售电公司注册流程图——多业务范围

西北各省售电公司注册所需材料要求明细：售电公司注册申请表（原件）、售电公司注册信息表（原件）、信用承诺书（原件）、工商营业执照、银行开户许可证、法定代表人身份证复印件、公司章程、资产总额证明材料、企业经营场所支撑材料、售电公司技术支持系统支撑材料、从业人员资质情况及证明、股东信息、授权委托书（原件，企业法人代表本人提交材料不需此项）、关于同意电力交易中心对售电公司注册材料进行公示的声明（原件）、电力业务许可证（从事配电业务的售电公司提供）、配电网基本信息（从事配电业务的售电公司提供）。

4.2.3　电力用户注册流程

满足准入注册条件的电力用户按要求开展在各省电力交易中心的注册业务。

（1）注册申请。电力用户登录各省电力交易中心交易平台申请自主注册，按照注册要求完成信息填写并上传工商营业执照、法定代表人身份证复印件、第一联系人授权文件（除此之外，宁夏电力用户在注册时还需提供高压供用电合同，青海电力用户注册时还需提供年度用电量信息、电力用户市场注册承诺书，非独立法人的批发用户还需提供总公司工商营业执照、市场注册授权文件）。电力用户对注册信息及提交材料的真实性、准确性、完整性承担责任。

（2）完整性校验。各省电力交易中心交易平台收到电力用户提交的注册申请后，原则上5个工作日内完成申请材料的完整性核验，对于电力用户提交的注册材料不符合要求的，交易中心应予以一次性书面告知，电力用户需按要求对材料进行补充和完善。

（3）注册生效。经各省电力交易中心审核通过的电力用户注册生效。

（4）纳入市场主体目录。各省电力交易中心汇总注册生效的电力用户，纳入市场主体目录，实行动态管理。

（5）注册备案。各省电力交易中心定期汇总电力用户注册情况并向政府主管部门及监管机构备案。

为便于市场主体查阅，总结以上内容并编制电力用户注册流程图（如图4-5所示）。

除以上传统人工审核注册模式外，目前已可通过电力交易平台或e-交易App进行智能注册，只需电子营业执照授权、少量信息补充、线上签约三步，实现"免填写、免纸质、免审核"。

交易平台智能注册流程：

（1）首先注册并登录电力交易平台，点击【企业认证】，选择主体类型及对应执照类型，阅读入市相关协议，点击【下一步】，选择智能注册模式。

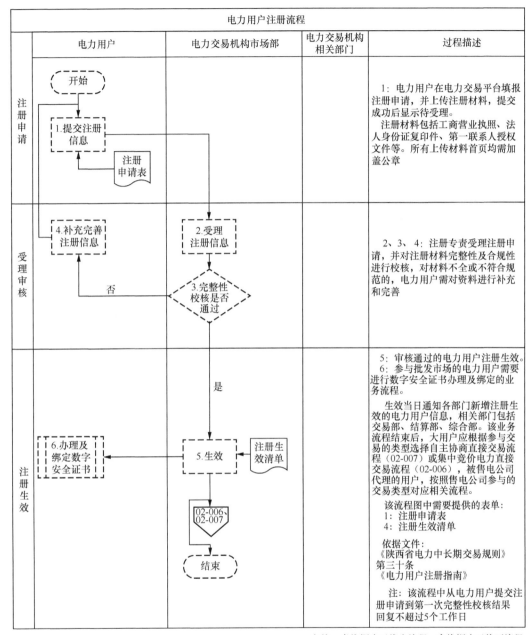

表格内容（电力用户注册流程）：

	电力用户	电力交易机构市场部	电力交易机构相关部门	过程描述
注册申请	开始 → 1.提交注册信息 → 注册申请表			1：电力用户在电力交易平台填报注册申请，并上传注册材料，提交成功后显示待受理。注册材料包括工商营业执照、法人身份证复印件、第一联系人授权文件等。所有上传材料首页均需加盖公章
受理审核	4.补充完善注册信息　否	2.受理注册信息 → 3.完整性校核是否通过		2、3、4：注册专责受理注册申请，并对注册材料完整性及合规性进行校核，对材料不全或不符合规范的，电力用户需对资料进行补充和完善
注册生效	6.办理及绑定数字安全证书	是 → 5.生效 → 注册生效清单 → 02-006、02-007 → 结束		5：审核通过的电力用户注册生效。6：参与批发市场的电力用户需要进行数字安全证书办理及绑定的业务流程。生效当日通知各部门新增注册生效的电力用户信息，相关部门包括交易部、结算部、综合部。该业务流程结束后，大用户应根据参与交易的类型选择自主协商直接交易流程（02-007）或集中竞价电力直接交易流程（02-006），被售电公司代理的用户，按照售电公司参与的交易类型对应相关流程。该流程图中需要提供的表单：1：注册申请表　4：注册生效清单　依据文件：《陕西省电力中长期交易规则》第三十条《电力用户注册指南》注：该流程中从电力用户提交注册申请到第一次完整性校核结果回复不超过5个工作日

备注：虚线框表示线上流程，实线框表示线下流程

图4-5　电力用户注册流程图

（2）电力用户法定代表人需通过国家市场监督管理总局电子营业执照小程序，或微信、支付宝等电子营业执照小程序实名认证后线上申领电子营业执照。非法定代表人操作时需先经法定代表人授权，授权人使用电子营业执照小程序，扫描屏幕二维码进行授权，授权方式分"全业务授权"与"精准授权"两类，其中"精准授权"时需选择"电子商务-电

力交易-入退市"事项。

（3）手动补充基本信息、法定代表人、银行开户信息、授权联系人信息等少量必填信息。在线上签约附件列表中可以看到所有需线上签约的附件，包括电力交易平台注册协议、联系人授权文件，点击【线上签约】后通过获取电子营业执照授权完成待签约文件的统一签约。点击【提交】，电力用户注册信息即时生效。

e-交易App智能注册流程：打开e-交易App，点击【登录】，选择对应站点，页面右下角点击【注册】，即可开启移动端的智能注册，所有步骤均与交易平台端完全一致。

4.3　售电公司履约保函

4.3.1　国家通用规则要求

根据《售电公司管理办法》（发改体改规〔2021〕1595号）文件相关要求，以及西北各省在落实售电公司履约保函、保险相关具体落实措施，现对履约保函、保险相关要求总结如下：

（1）售电公司需按国家规则及各省出台的具体实施细则或规定及时、足额开具符合要求的履约保函、保险，在规定时间内提交至交易中心。按细则或规定做好履约保函、保险相关的执行工作，并配合交易中心开展履约情况监督工作。

（2）售电公司参与批发和（或）零售市场交易前，应通过以下额度的最大值向交易中心提交履约保函或者履约保险等履约保障凭证：①过去12个月批发市场交易总电量，按标准不低于0.8分/kWh；②过去2个月内参与批发、零售两个市场交易电量的大值，按标准不低于5分/kWh。现货市场地区，地方主管部门可以根据市场风险状况，适当提高标准，具体标准由各地自行确定。

（3）对于在多个省（区、市）开展售电业务的售电公司，需分别提交履约保函或保险。

（4）售电公司以履约保函、保险的方式向电网企业提供履约保障凭证。履约保函须为见索即付履约保函、履约保险应包含预付赔款责任条款。履约保函、保险提交主体为售电公司，受益人为与其签署资金结算协议的电网企业。

（5）售电公司自行向满足条件的商业银行、财务公司和保险公司申请开具相应额度的履约保函、保险。履约保函应由国务院银行业监督管理机构批准设立、颁发金融许可证且具有相应业务资格的商业银行、企业集团财务公司等开具。其中，企业集团财务公司只能对本集团成员单位开具履约保函。履约保证保险应由中国银行保险监察管理委员会批准设立、颁发经营保险业务许可证且具有相应业务资质的保险公司开具。按照《关于大型商业

保险和统括保单业务有关问题的通知》(保监发〔2002〕16号文)要求,履约保证保险保单应由保险公司及其分支机构对其《经营保险业务许可证》核准的经营区域以内的保险标的进行开具。

(6)履约保函、保险的有效期应考虑电费退补的市场结算周期,截止日期不早于其所参与交易的电费结算终止日期后3个月。鼓励售电公司办理多年有效期的履约保函或分年续签的保险。售电公司已缴纳履约保函、保险额度为其提交的所有有效履约保函、保险相应额度的总和。

(7)售电公司应在履约保函、保险开具后及时将验真信息发送至交易中心指定的第三方验真机构,相关机构进行验真后通知交易中心。

(8)原则上参与年度交易的售电公司应于年度交易申报的3个工作日前提交相应额度的履约保函、保险,同时,应提交相关承诺书,承诺书需经售电公司法定代表人签字并加盖售电公司公章。提交时间如有变动,以交易中心通知为准。

(9)当年新入市或参与交易不满一年的售电公司预计售电规模降低时,售电公司可提出降低保函额度的申请,交易中心和电网企业应予以配合。申请降低保额的售电公司应书面提出预计售电规模变更情况说明,办理新履约保函、保险向交易中心提交后,经核查无误后方可退回旧保函。

(10)售电公司未缴纳或未足额缴纳相关结算费用,电网企业可根据交易中心出具的结算依据申请使用履约保函、保险,并由交易中心向履约保函、保险开立单位出具原件,要求支付款项,同时向相关市场主体发出执行告知书,说明售电公司欠费情况,并做好相关信用管理和交易工作。

(11)在使用履约保函、保险时,若售电公司所交履约保函、保险额度不足以支付应缴相关结算费用,售电公司需根据履约保函、保险执行告知书要求,在规定时限内足额缴纳相关结算费用。

(12)交易中心应于履约保函、保险执行前向市场主体公示售电公司欠费情况。

(13)交易中心发现实际提交的履约保函、保险额度不足时及时通知售电公司补缴。售电公司应在接到交易中心通知的3个工作日内,向交易中心提交足额履约保函、保险,满足市场交易信用要求。如售电公司提交的履约保函额度超过规定标准,可向交易中心申请退还多缴的履约保函。

(14)售电公司提交虚假的或未按时足额缴纳履约保函、保险,经交易中心书面提醒仍拒不足额缴纳的,可对其实施以下措施:取消其后续交易资格;在电力交易平台、"信用中国"网站等政府指定网站公布该售电公司相关信息和行为;公示结束后按照国家有关规定,对该企业法定代表人、自然人股东、其他相关人员依法依规实施失信惩戒。

4.3.2　西北各省履约保函规则差异

陕西、青海、宁夏履约保函管理均按照国家通用规则执行。

甘肃印发了《甘肃电力市场售电公司及负荷聚合商履约保障凭证管理办法》，办法中明确，除售电公司外，负荷聚合商也应以履约保障凭证的方式向国网甘肃省电力公司提供违约担保，负荷聚合商按照在甘肃电力需求侧响应市场交易总电量规模核定金额向交易中心提交履约保障凭证，核定标准为0.8分/kWh。

新疆印发了《新疆售电公司履约保函、保险管理办法》，办法中明确，启动现货市场后，参与现货的售电公司履约保函、保险额度计算标准上浮15%。

4.4　市场主体行为规范

4.4.1　国家通用规则要求

根据《电力中长期交易基本规则》（发改能源规〔2020〕889号）文件，对市场主体行为规范做了总体描述，即电力市场成员应当严格遵守市场规则，自觉自律，不得操纵市场价格、损害其他市场主体的合法权益。任何单位和个人不得非法干预市场正常运行。

对发电企业、售电公司、电力用户的权利和义务也进行了具体描述。

（1）发电企业的权利和义务：①按照规则参与电力交易，签订和履行各类交易合同，按时完成电费结算；②获得公平的输电服务和电网接入服务；③签订并执行并网调度协议，服从电力调度机构的统一调度；④按照电力企业信息披露和报送等有关规定披露和提供信息，获得市场化交易和输配电服务等相关信息；⑤具备满足参与市场化交易要求的技术支持手段；⑥法律法规规定的其他权利和义务。

（2）售电公司的权利和义务：①按照规则参与电力市场化交易，签订和履行市场化交易合同，按时完成电费结算；②依法依规披露和提供信息，在政府指定网站上公示公司资产、经营状况等情况和信用承诺，依法对公司重大事项进行公告，并定期公布公司年报；③按照规则向电力交易机构、电力调度机构提供签约零售用户的交易电力电量需求、典型负荷曲线以及其他生产信息，获得市场化交易、输配电服务和签约市场主体的基础信息等相关信息，承担用户信息保密义务；④依法依规履行清洁能源消纳责任；⑤具备满足参与市场化交易要求的技术支持手段；⑥拥有配电网运营权的售电公司承担配电区域内电费收取和结算业务；⑦法律法规规定的其他权利和义务。

（3）电力用户的权利和义务：①按照规则参与电力市场化交易，签订和履行购售电合同、输配电服务合同，提供市场化交易所必需的电力电量需求、典型负荷曲线以及相关生产信息；②获得公平的输配电服务和电网接入服务，按时支付购电费、输配电费、政府性基金及附加等；③依法依规披露和提供信息，获得市场化交易和输配电服务等相关信息；④服从电力调度机构的统一调度，在系统特殊运行状况下（如事故、严重供不应求等）按照电力调度机构要求安排用电；⑤遵守政府电力管理部门有关电力需求侧管理规定，执行有序用电管理，配合开展错避峰；⑥依法依规履行清洁能源消纳责任；⑦具备满足参与市场化交易要求的技术支持手段；⑧法律法规规定的其他权利和义务。

4.4.2　西北市场主体行为规范管理情况

在以上基本框架下，陕西电力交易中心编制《陕西电力市场主体行为规范实施细则（试行）》，着重解决市场注册、交易、结算等环节的不规范市场行为，并明确市场主体行为的奖惩措施。将其中核心内容总结如下：

（1）对规范参与电力市场、表现优秀的市场主体，给予适当的奖励和表彰。主要形式为优秀市场主体评选、优秀交易员评选、3A级市场主体授牌、通报表扬。

（2）对不遵守电力市场规则及有关行为规范要求的市场主体采取惩戒措施，包括通过电话或邮件发出整改通知、发出正式整改通知函并计入信用评价、对市场主体单位主要负责人进行约谈、公开通报批评、黄牌警告、红牌警告、启动退市程序。黄牌警告期间，对发电类市场主体电费延后1个月结算；对售电类市场主体在下一年度交易时，提高履约保函限额；可对用户类市场主体在电力市场中的购电价按1.05倍执行。该项措施引起的电费超收部分纳入不平衡资金处理。红牌警告，计入信用评价事项予以扣分。出现红牌警告情况后，对发电类市场主体暂停上网电费结算，直至整改完毕；对售电类市场主体，暂停后续年度交易资格，直至整改完毕；对用户类市场主体在电力市场中的购电价按1.1倍执行，直至整改完毕。该项措施引起的电费超收部分纳入不平衡资金处理。

（3）统调发电企业注册，应在并网发电前办理注册入市手续，避免出现已并网发电但无法参与中长期市场、现货市场，无法正常结算、财务资金账款无法付清等现象。

（4）各市场主体应动态管理注册信息，发生信息变更、材料更新时，应及时在电力交易平台中完善信息、补充填报有关字段、上传更新相关附件。未按要求及时更新信息的，通过电话或邮件发出整改通知，注册信息缺项，发出正式整改通知函；接到正式整改通知函，仍不按要求整改的，给予黄牌警告；注册信息弄虚作假的，对该单位主要负责人进行约谈；约谈后仍未按要求整改的，给予红牌警告。

（5）每年9月底前，对售电公司是否持续满足注册条件进行动态核查，发现售电公司（含配售电公司）未按照《售电公司管理办法》（发改体改规〔2021〕1595号）要求持续满足注册条件，则立即向该售电公司发出正式整改通知函；1个月内仍未完成整改的，给予红牌警告。

（6）已注册的市场主体不得通过过户方式退出市场。过户前后，市场化性质不发生改变，不能通过过户方式退出市场。对通过虚假方式办理过户手续获取不正当利益者，给予红牌警告。

（7）市场主体应严格按照交易规则、交易公告规范参与电力市场化交易，在交易申报环节，出现申报错误、违规申报等行为时，市场主体应在交易开市时间内，双方先自行协商修改。交易出清后，交易申报数据仍存在较大问题且需要进行变更时，需要提交交易双方盖章的相关证明材料，经交易中心审核同意后予以修改，并视情况可以给予黄牌警告。

（8）市场主体的交易合同按照在电力交易平台签订的电子合同信息执行。市场主体应在电力交易平台及时确认、签订电子合同。发现未及时确认、签订电子合同的，电力交易中心应及时通过电话通知其整改，无正当理由，拒绝确认签订电子合同的，给予黄牌警告。市场主体需按照电力市场政策规则，参考合同范本开展纸质购售电合同、协议签订，电力交易中心发现市场主体未按政策要求上传合同（协议）附件，或合同附件严重不符合要求的，应指导、督促售电公司协同零售用户立即整改，拒不整改的，给予红牌警告，并取消售电公司后续零售市场新签用户资格，至问题整改完成后恢复。

（9）发电企业应于每月初3个工作日前在陕西电力交易平台完成上月上网电量数据填报。电网企业应于每月初3个工作日前向陕西电力交易中心推送发电企业上月上网电量数据；现货交易开展后，每日（D）推送D-3日分时上网电量数据。

（10）市场主体应每月及时对电力交易中心发布的电力电量结算单予以核对确认，并反馈相关问题，电网企业应根据陕西电力交易中心出具的结算依据，开展电费结算、代收代付等工作。未及时填报上网电量，或未及时进行电量结算单确认的，发现2次及以上，取消该市场主体年度评优资格。

4.5   售电公司保底售电机制

4.5.1   国家通用规则要求

《售电公司管理办法》（发改体改规〔2021〕1595号）文件指出，保底售电公司每年确定一次，具体数量由地方主管部门确定。原则上所有售电公司均可申请成为保底售电公司，地方主管部门负责审批选取其中经营稳定、信用良好、资金储备充足、人员技术实力强的主体成为保底售电公司，并向市场主体公布。

（1）保底售电启动条件：①存在售电公司未在截止期限前缴清结算费用；②存在售电公司不符合市场履约风险有关要求；③存在售电公司自愿或强制退出市场，其购售电合同经自主协商、整体转让未处理完成。

（2）保底售电服务内容：确认启动保底售电服务后，其保底服务对应的市场化交易单独结算，电力用户执行保底零售价格，不再另行签订协议。中长期模式下，保底零售价格按照电网企业代理购电价格的 1.5 倍执行，具体价格水平由省级价格主管部门确定。现货结算试运行或正式运行期间，由地方主管部门根据电力市场实际价格及保底成本确定分时保底零售价格，并定期调整。保底成本包括因用户数量不确定导致的成本上升、极端因素导致的风险成本等。原则上，保底电价不得低于实际现货市场均价的 2 倍。

（3）保底售电服务其他事项：①执行保底零售价格满一个月后，电力用户可自主选择与其他售电公司（包括保底售电公司）协商签订新的零售合同；②因触发保底服务对批发合同各方、电力用户造成的损失由拟退出售电公司承担；③售电公司被强制退出或自愿退出，其所有已签订但尚未履行的购售电合同若无保底售电公司承接，可由地方主管部门征求合同购售电各方意愿，通过电力市场交易平台以转让、拍卖等方式交由电网企业保底供电；④拥有配电网运营权的售电公司申请自愿退出时，应妥善处置配电资产。

4.5.2 西北保底售电机制落实情况

基于国家相关文件及规则要求，陕西电力交易中心编制《陕西电力市场保底售电机制实施细则（试行）》，着力解决因售电公司退出导致交易合同无法继续履约、电力用户无法正常在电力市场购电的问题。将其中核心内容总结如下：

（1）启动保底售电机制的四种情况：一是售电公司自愿或强制退市，其代理用户无法正常在电力市场中购电；二是售电公司被取消交易资格，其代理用户无法正常在电力市场中购电；三是已进入市场的电力用户因故未与售电公司达成交易合同，无法正常在电力市场中购电；四是在政府规定期限内应进入市场但未进入市场的电力用户，无法正常在电力市场中购电。

（2）保底售电公司选取的条件：经营稳定、信用良好、资金储备充足、人员技术实力强。

（3）保底售电公司选取和增补的流程：意向征集、递交意向申请书、择优选择、签订保底售电协议、报备、公布。

（4）分四种情况明确保底售电费用结算方法：一是在售电公司强制退出市场后，由保底售电公司承接该合同，并向合同中的电力用户提供保底售电服务，原批发合同和零售合同的电量、电价等保持不变。电力用户购电价格依然为零售合同价格，保底售电公司承接该类合同后，可收取保底售电服务费，产生的盈余或不足电费纳入不平衡资金池。二是被取消交易资格但未强制退出市场的售电公司，原售电公司未处理完的交易合同由保底售电公司承接，并向合同中的电力用户提供保底售电服务，原批发合同和零售合同的电量、电价等保持不变。电力用户的购电价格为零售合同价格，保底售电公司承接该类合同后，可收取保底售电服务费，原合同盈亏计入已被取消交易资格的售电公司损益中。三是已进入市场的电力用户因故未与售电公司达成交易合同，连续三个月无任何交易合同且第四个月仍未签订零售合同或参与批发交易的电力用户，转由保底售电公司承接，执行保底售电价格（即用户的保底购电价格）与保底售电服务费，保底售电价格（即用户的保底购电价格）按月度集中竞价（常规序列与高耗能序列分别计算）出清加权平均价格1.1倍执行，由此产生的超额收益纳入不平衡资金。四是在政府规定强制进入市场的时限内，应进入市场但未进入市场的电力用户，由保底售电公司代理购电，执行保底售电价格（即用户的保底购电价格）与保底售电服务费，保底售电价格（即用户的保底购电价格）按月度集中竞价（常规序列与高耗能序列分别计算）出清加权平均价格1.5倍执行，由此产生的超额收益纳入不平衡资金。

（5）保底售电公司损益主要由购售价差、保底售电服务费和偏差电费等部分组成。

（6）保底售电公司在进行零售侧交易时，转入保底售电公司的电力用户，应积极配合保底售电公司提供交易签约所需的电量、电力曲线及电价等相关信息，并在电力交易平台完成邀约绑定操作。不按规定提供有关信息或不按时在电力交易平台完成操作的，默认执行保底售电合同套餐，默认合同套餐中，对电力用户的零售价格、保底售电服务费按本细则有关条款确定。如该类用户未配合申报电量或电力曲线，其偏差电量以同期历史用电量为基准计算。

（7）保底售电公司的批发市场合同电量按照"照付不议、偏差结算"原则进行结算。

第5章

中长期交易组织及计划

5.1 跨区跨省交易

5.1.1 交易品种

跨区跨省交易分为发电企业与用户的跨区跨省交易、外送交易和跨区跨省合同交易。跨区跨省优先发电计划电量视为厂网间双边交易电量，签订厂网间购售电合同，优先保障执行，合同纳入跨区跨省交易合同管理范畴。

发电企业与用户的跨区跨省交易指发电企业与电力用户、售电公司直接进行的跨区跨省中长期电能量交易。外送交易指发电企业与电网或电网间开展的跨区跨省购售电交易。

跨区跨省合同交易指在不影响相关方利益或相关方协商一致的前提下，通过市场化交易实现市场主体间跨区跨省交易合同的调整，合同交易包含合同回购、转让、置换交易。

（1）合同回购交易是指经合同各方协商一致，售电方回购部分交易电量、电力。回购电量、价格由购售双方协商确定。

（2）合同转让交易是指将合同的全部或部分电量、电力转让给购售双方之外的第三方的交易。

（3）合同置换交易是指购售双方将不同时段的购电（或售电）合同全部或部分电量、电力进行置换，保持双方合同电量总量不变。分时置换电量、价格由购售双方协商确定。

（4）发电权交易属于合同交易，指交易合同在发电企业间的转让交易。

5.1.2 交易组织方式

跨区跨省交易组织方式包括双边协商和集中交易。其中，集中交易包括集中竞价、滚动撮合和挂牌交易等。跨省跨区交易依据细则开展，结合交易公告执行。交易公告中明确交易标的、输电通道及可用输电容量（ATC）、价格方案、交易主体、交易方式、时间安排、结算关口等事宜。市场主体在申报时应考虑完成其他已成交合同电量后的交易空间，确保在发用电能力之内参与交易。

1. 双边协商交易

市场主体自主协商交易电量、电力（或曲线形成方式）、价格，通过电力交易平台申报、确认、出清。交易双方无法就交易曲线协商一致时，可参考或自主选择电力交易机构推荐的典型曲线。典型曲线依据售方电源发电特性、购方用户负荷特性、送受端电网典型负荷曲线、通道历史交易曲线等制定。交易双方自行约定，一方在电力交易平台申报交易曲线、价格等信息，另一方进行确认。可一并协商明确违约赔偿、谅解协议等事宜。双边协商交易意向在申报截止前可提交、撤销或修改。

2. 集中竞价交易

市场主体通过电力交易平台申报分时段电量、价格等信息，以申报截止前最后一次有效申报作为最终申报。申报截止后，北京电力交易中心依据交易公告，将市场主体申报的购售电价格，考虑输配电价、输电损耗、政府性基金及附加后统一折算到约定的交易关口，形成折算后的购电方报价和售电方报价。集中竞价出清算法分为边际电价法和报价撮合法。

3. 滚动撮合交易

在规定的起止时间内，市场主体随时申报购、售电信息，电力交易平台按"时间优先、价格优先、节能环保优先"的原则撮合成交。滚动撮合交易的曲线形成方式在交易公告明确。执行典型或历史交易曲线，或分时段撮合出清。

4. 挂牌交易

市场主体在规定的起止时间内，依据交易公告通过电力交易平台提交购电、售电或合同的分时电量（或电力曲线）、价格等申请信息（挂牌）。挂牌主体完成挂牌操作后，摘牌主体进行摘牌。挂牌交易的曲线形成方式在交易公告明确。执行典型或历史交易曲线，或分时段交易出清。单一市场主体摘牌电量或最大电力不得超过对应挂牌电量或最大电力。挂牌交易按照摘牌"时间优先"原则出清。实际操作中，以15min为一时段，每时段内摘牌视为时间优先级相同，预成交电量按申报电量等比例分配。

5.1.3　交易周期

跨区跨省中长期交易按照年度（多年）、月度（多月）、月内（周、多日）的顺序开展。

5.1.4　交易组织流程

1. 年度交易

年度交易的标的物为次年分月分时段的电能量。每年年底组织次年年度交易。具体安排根据国家有关部门要求调整，北京电力交易中心提前发布时间安排。12月第1周的最后1个工作日前，国调中心向北京电力交易中心提供以下信息，并通过电力交易平台发布。北京电力交易中心通过电力交易平台发布年度市场交易相关市场信息和交易公告。电网企业通过电力交易平台发布交易输电价格方案。北京电力交易中心根据调度机构提供的关键通道年度可用输电容量（ATC），考虑实际情况分通道或集中组织年度交易，形成交易预成交结果。

市场主体经过双边协商形成的年度（多年）发电企业和用户的年度跨区跨省交易、年度外送交易、年度双边合同转让交易（针对此前已签订合同的交易，下同）等意向协议，需要在年度双边交易申报截止前，通过电力交易平台提交至电力交易机构。年度双边协商交易申报时间原则上不超过 2 个工作日。北京电力交易中心于 3 个工作日内，依据发电机组能力、允许交易电量上限和通道输电能力对年度双边协商交易意向进行审核，形成年度双边协商预成交结果。

采用集中交易方式开展年度（多年）交易时，购电方、售电方通过电力交易平台申报电量和价格，可分段申报电量、价格，售电方市场主体还需考虑其完成年度合同电量后的交易空间，不得超过其自身发电能力或允许交易电量上限。年度集中竞价交易原则上应分月申报、分月成交，申报时间原则上不超过 2 个工作日。集中交易闭市后，北京电力交易中心于 2 个工作日内，依据发电机组能力、允许交易电量上限和通道输电能力等对年度集中竞价交易意向进行出清，形成年度集中竞价交易预成交结果。

采用挂牌交易方式开展年度（多年）交易时，市场主体通过电力交易平台挂牌，按照规定格式申报购、售电需求，包括电量、曲线及价格、违约电量赔偿标准等信息。年度挂牌交易可分月申报、分月成交，申报时间原则上不超过 1 个工作日。在挂牌交易期间，挂牌市场主体完成挂牌操作后，摘牌市场主体进行摘牌。原则上，如果同一笔挂牌意向被多个市场主体摘牌，原则上按照摘牌"时间优先"原则依序形成交易合同；以 15min 为一时段，每时段内摘牌视为时间优先级相同，具体时间规定以交易公告为准；若时间优先级相同，原则上按申报电量等比例分配交易电量。挂牌交易闭市后，北京电力交易中心于 2 个工作日内，依据发电机组能力、允许交易电量上限等对年度挂牌交易意向进行审核并调整，汇总形成年度挂牌交易预成交结果。

年度交易全部完成后，北京电力交易中心汇总并发布每类交易的预成交结果，在市场关门时间之前提交至国调中心进行安全校核。安全校核由国调中心组织有关网调协同开展，原则上于 5 个工作日内完成年度交易的安全校核，并将校核结果返回至北京电力交易中心。安全校核通过后，北京电力交易中心于 1 个工作日内汇总并发布成交结果。

市场主体对安全校核后的交易结果有异议的，应当在结果发布 1 个工作日内向北京电力交易中心提出质疑，由北京电力交易中心会同国调中心在 1 个工作日内给予解释。市场主体仍有异议的，可申请复核；市场主体对交易结果无异议的，应当在结果发布 1 个工作日内通过电力交易平台反馈成交确认信息，逾期不反馈的，视为无意见。交易结果确认后，由电力交易平台自动生成合同。

跨区跨省年度交易组织流程如图 5-1 所示。

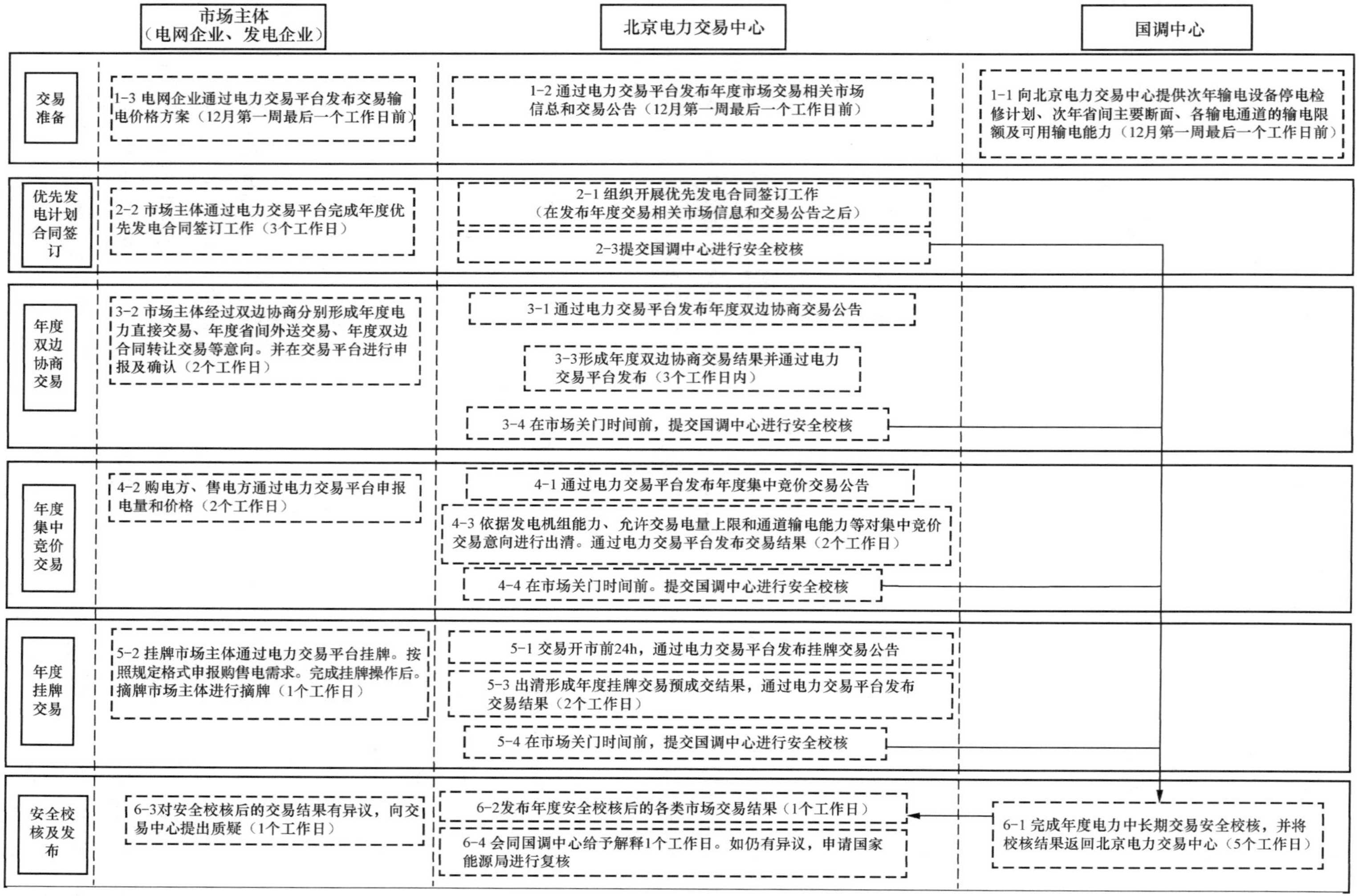
市场主体（电网企业、发电企业）
北京电力交易中心
国调中心
交易准备
1-3 电网企业通过电力交易平台发布交易输电价格方案（12月第一周最后一个工作日前）
1-2 通过电力交易平台发布年度市场交易相关市场信息和交易公告（12月第一周最后一个工作日前）
1-1 向北京电力交易中心提供次年输电设备停电检修计划、次年省间主要断面、各输电通道的输电限额及可用输电能力（12月第一周最后一个工作日前）
优先发电计划合同签订
2-2 市场主体通过电力交易平台完成年度优先发电合同签订工作（3个工作日）
2-1 组织开展优先发电合同签订工作（在发布年度交易相关市场信息和交易公告之后）
2-3提交国调中心进行安全校核
年度双边协商交易
3-2 市场主体经过双边协商分别形成年度电力直接交易、年度省间外送交易、年度双边合同转让交易等意向。并在交易平台进行申报及确认（2个工作日）
3-1 通过电力交易平台发布年度双边协商交易公告
3-3形成年度双边协商交易结果并通过电力交易平台发布（3个工作日内）
3-4 在市场关门时间前，提交国调中心进行安全校核
年度集中竞价交易
4-2 购电方、售电方通过电力交易平台申报电量和价格（2个工作日）
4-1 通过电力交易平台发布年度集中竞价交易公告
4-3 依据发电机组能力、允许交易电量上限和通道输电能力等对集中竞价交易意向进行出清。通过电力交易平台发布交易结果（2个工作日）
4-4 在市场关门时间前。提交国调中心进行安全校核
年度挂牌交易
5-2 挂牌市场主体通过电力交易平台挂牌。按照规定格式申报购售电需求。完成挂牌操作后。摘牌市场主体进行摘牌（1个工作日）
5-1 交易开市前24h，通过电力交易平台发布挂牌交易公告
5-3 出清形成年度挂牌交易预成交结果，通过电力交易平台发布交易结果（2个工作日）
5-4 在市场关门时间前，提交国调中心进行安全校核
安全校核及发布
6-3对安全校核后的交易结果有异议，向交易中心提出质疑（1个工作日）
6-2发布年度安全校核后的各类市场交易结果（1个工作日）
6-4 会同国调中心给予解释1个工作日。如仍有异议，申请国家能源局进行复核
6-1 完成年度电力中长期交易安全校核，并将校核结果返回北京电力交易中心（5个工作日）

图5-1　跨区跨省年度交易组织流程图

2. 月度交易

月度交易的标的物为次月分时段的电能量。每月第 2 周最后 1 个工作日前，国调中心向北京电力交易中心提供以下信息，并通过电力交易平台发布次月主要输电设备停电检修计划，次月跨区跨省主要断面、各输电通道的输电限额及可用输电容量（ATC）。北京电力交易中心通过电力交易平台发布次月市场信息和交易公告。电网企业通过交易平台发布交易输电价格方案。

（1）月度双边协商交易：每月第 3 周，月度双边协商交易开市。市场主体经过双边协商形成交易意向，并在交易平台进行申报及确认，月度双边协商交易申报时间原则上不超过 1 个工作日。北京电力交易中心于 1 个工作日内，依据发电机组能力、允许交易电量上限和通道输电能力对月度双边协商交易意向进行审核，形成交易预成交结果。

（2）月度（双边协商）合同转让交易：月度合同转让交易意向可在月度双边协商交易之前组织，也可一并组织，经原合同方协商一致，合同转让交易中合同出让方（原合同购电方或售电方，下同）通过电力交易平台申报拟出让电力曲线及价格等信息，可约定转让需求、谅解协议等补充条款，合同受让方进行确认。

（3）月度（双边协商）合同回购交易：月度合同回购交易意向可在月度双边协商交易之前组织，也可一并组织。原合同方经过双边协商形成月度合同回购意向，原合同一方通过电力交易平台申报拟回购或回退（原合同售电方发起则为回购，原合同购电方发起则为回退）电力曲线、补偿价格等信息，原合同另一方进行确认。

（4）月度（双边协商）合同置换交易：月度合同置换交易可在月度双边协商交易之前组织，也可一并组织。原合同方经过双边协商形成月度合同置换意向，原合同一方通过电力交易平台申报合同置换电力曲线等信息，原合同另一方进行确认。

（5）月度集中竞价交易：月度双边交易申报完毕后，开展月度集中竞价交易。每笔集中竞价交易申报时间原则上不超过 2 个工作日。月度集中竞价交易可分时段申报，分时段出清及成交。采用边际电价法或报价撮合法计算出清。

以集中竞价形式开展的月度合同转让交易可在月度集中竞价交易之前组织。已生效的交易合同中购、售电方的电量、电力曲线等可进行转让，合同出让方（转让已生效合同）、合同受让方通过电力交易平台开展集中竞价交易，申报电量、电力曲线、价格，以申报截止前最后一次的有效申报作为最终申报。采用边际电价法或报价撮合法计算出清。

月度滚动撮合交易由北京电力交易中心统一组织，根据剩余通道输电能力确定滚动撮合交易上限，滚动撮合交易申报时间原则上不超过 1 个工作日。

月度挂牌交易由北京电力交易中心统一组织，根据剩余通道输电能力确定挂牌交易上限，挂牌交易申报时间原则上不超过 1 个工作日。

跨区跨省月度交易组织流程如图 5-2 所示。

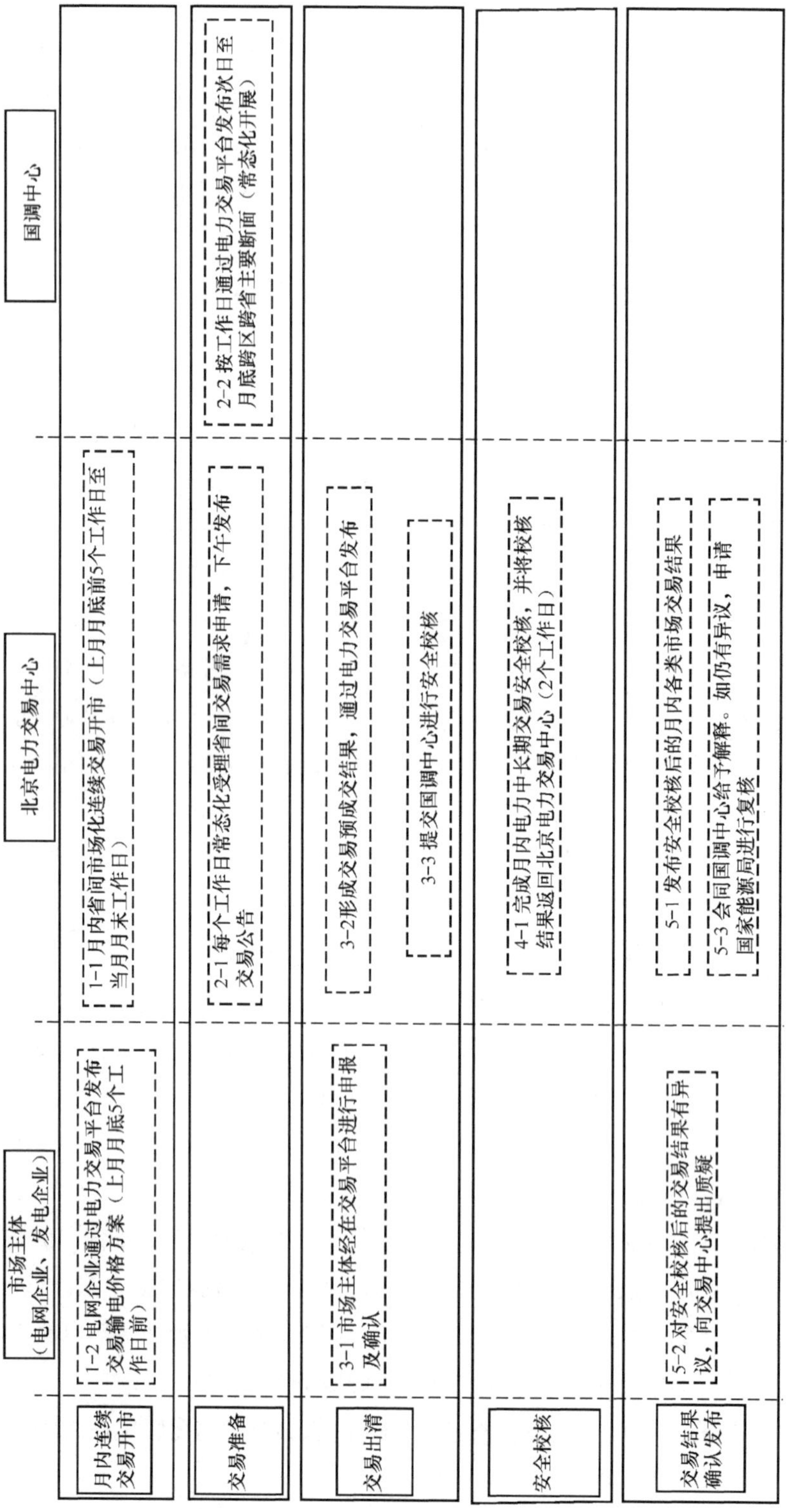

市场主体 （电网企业、发电企业）	北京电力交易中心	国调中心
月内连续交易开市	1-2 电网企业通过电力交易平台发布交易输电价格方案（上月月底前5个工作日前）	1-1 月内省间市场化连续交易开市（上月月底前5个工作日至当月月末工作日）	
交易准备		2-1 每个工作日常态化受理省间交易需求申请，下午发布交易公告	2-2 按工作日通过电力交易平台发布次日至月底跨区跨省主要断面（常态化开展）
交易出清	3-1 市场主体经在交易平台进行申报及确认	3-2形成交易预成成交结果，通过电力交易平台发布 3-3 提交国调中心进行安全校核	
安全校核		4-1 完成月内电力中长期交易安全校核，并将校核结果返回北京电力交易中心（2个工作日）	
交易结果确认发布	5-2 对安全校核后的交易结果有异议，向交易中心提出质疑	5-1 发布安全校核后的月内各类市场交易结果 5-3 会同国调中心给予解释。如仍有异议、申请国家能源局进行复核	

图5-2　跨区跨省月度交易组织流程图

3. 月内交易

月内市场交易方式主要为集中交易。原则上在未开展现货市场的跨区跨省交易中，根据市场运营实际和市场主体需求，可开展月内预挂牌交易。月内交易包括优先发电计划月内调整及确认、月内电能量交易和合同交易，交易组织方式主要有集中竞价、滚动撮合、挂牌等方式，相关交易机制和出清计算流程、争议处理等规定同月度交易。每笔交易申报时间原则上不超过 1 个工作日。跨区跨省月内交易组织流程如图 5-3 所示。

5.2　省内交易

5.2.1　交易品种

省内电力中长期交易现阶段主要开展电能量交易，灵活开展发电权交易、合同转让交易，根据市场发展需要开展输电权、容量等交易。

5.2.2　交易组织方式

省内中长期交易组织方式与跨区跨省交易组织方式相同，包括双边协商和集中交易。其中，集中交易包括集中竞价、滚动撮合和挂牌交易等。省内中长期交易依据各省交易细则开展，结合交易公告执行。原则上，每年 12 月中旬前应当完成次年年度省内交易，同步完成次年 1 月省内交易组织工作。

（1）挂牌交易：挂牌交易指市场主体通过电力交易平台，将需求电量或者可供电量的数量和价格等信息对外发布要约，由符合资格要求的另一方提出接受该要约的申请。

（2）集中竞价：集中竞价交易指设置交易报价提交截止时间，电力交易平台汇总市场主体提交的交易申报信息，按照市场规则进行统一的市场出清，发布市场出清结果。

（3）双边协商交易：市场主体自主协商交易电量、电力（或曲线形成方式）、价格，通过电力交易平台申报、确认、出清。

5.2.3　交易周期

根据交易标的物执行周期不同，中长期电能量交易包括年度（多年）电量交易（以某个或者多个年度的电量作为交易标的物，并分解到月）、月度电量交易（以某个月度的电量作为交易标的物）、月内（多日）电量交易（以月内剩余天数的电量或者特定天数的电量作为交易标的物）等针对不同交割周期的电量交易。

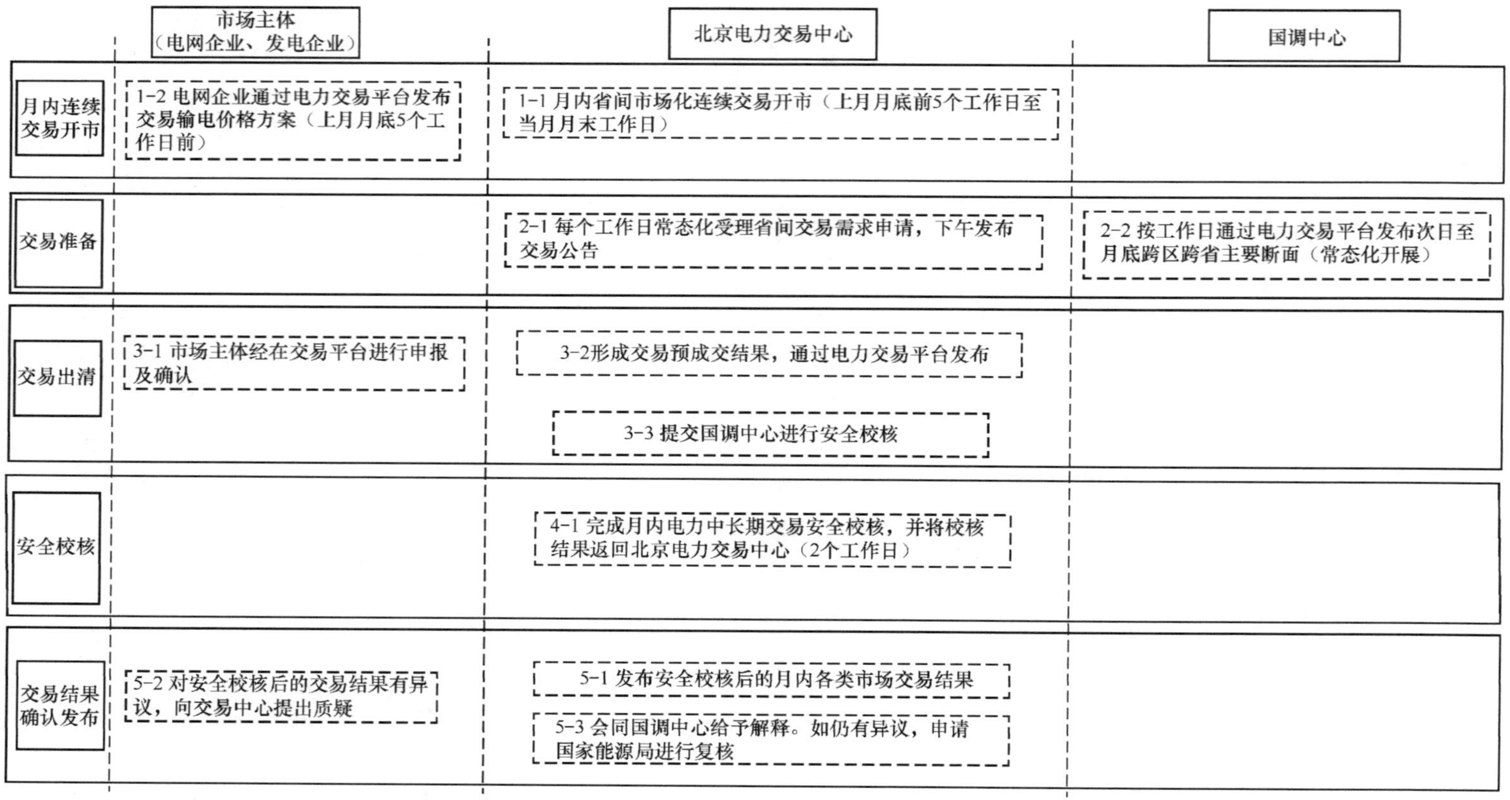
市场主体（电网企业、发电企业）
北京电力交易中心
国调中心
月内连续交易开市
1-2 电网企业通过电力交易平台发布交易输电价格方案（上月月底5个工作日前）
1-1 月内省间市场化连续交易开市（上月月底前5个工作日至当月月末工作日）
交易准备
2-1 每个工作日常态化受理省间交易需求申请，下午发布交易公告
2-2 按工作日通过电力交易平台发布次日至月底跨区跨省主要断面（常态化开展）
交易出清
3-1 市场主体经在交易平台进行申报及确认
3-2形成交易预成交结果，通过电力交易平台发布
3-3 提交国调中心进行安全校核
安全校核
4-1 完成月内电力中长期交易安全校核，并将校核结果返回北京电力交易中心（2个工作日）
交易结果确认发布
5-2 对安全校核后的交易结果有异议，向交易中心提出质疑
5-1 发布安全校核后的月内各类市场交易结果
5-3 会同国调中心给予解释。如仍有异议，申请国家能源局进行复核

图5-3　跨区跨省月内交易组织流程图

5.2.4　交易组织流程

1. 年度交易

年度（多年）交易的标的物为次年（多年）的电量（或者年度分时电量）。年度（多年）交易可通过双边协商或者集中交易的方式开展。年度交易原则上应当提前至少5个工作日发布交易公告。交易公告发布内容应当包括交易标的（含电力、电量和交易周期）、申报起止时间、交易出清方式、价格形成机制、关键输电通道可用输电容量情况。

市场主体经过双边协商形成的年度（多年）意向协议，需要在年度双边交易申报截止前，通过电力交易平台提交至电力交易机构。电力交易机构根据电力调度机构提供的关键通道年度可用输电容量，形成双边交易预成交结果。

采用集中交易方式开展年度（多年）交易时，发电企业、售电公司和电力用户在规定的报价时限内通过电力交易平台申报报价数据。电力交易机构根据电力调度机构提供的关键通道年度可用输电容量进行市场出清，形成集中交易预成交结果。

年度交易结束后，电力交易机构汇总每类交易的预成交结果，并提交电力调度机构统一进行安全校核。电力调度机构在5个工作日内返回安全校核结果，由电力交易机构发布。安全校核越限时，由相关电力交易机构根据市场规则协同进行交易削减和调整。

市场主体对交易结果有异议的，应当在结果发布1个工作日内向电力交易机构提出，由电力交易机构会同电力调度机构在1个工作日内给予解释。逾期未提出异议的，电力交易平台自动确认成交。

省内年度交易组织流程如图5-4所示。

2. 月度交易

月度交易的标的物为次月电量（或者月度分时电量），条件具备的地区可组织开展针对年度内剩余月份的月度电量（或者月度分时电量）交易。月度交易可通过双边协商或者集中交易的方式开展。

月度交易原则上应当提前至少1个工作日发布交易公告。交易公告发布内容应当包括交易标的（含电力、电量和交易周期）、申报起止时间、交易出清方式、价格形成机制、关键输电通道可用输电容量情况。

市场主体经过双边协商形成的意向协议，需要在月度双边交易申报截止前，通过电力交易平台提交至电力交易机构。电力交易机构根据电力调度机构提供的关键通道月度可用输电容量，形成双边交易预成交结果。

采用集中交易方式开展月度交易时，发电企业、售电公司和电力用户在规定的报价时限内通过电力交易平台申报报价数据。电力交易机构根据电力调度机构提供的关键通道月度可用输电容量进行市场出清，形成集中交易预成交结果。

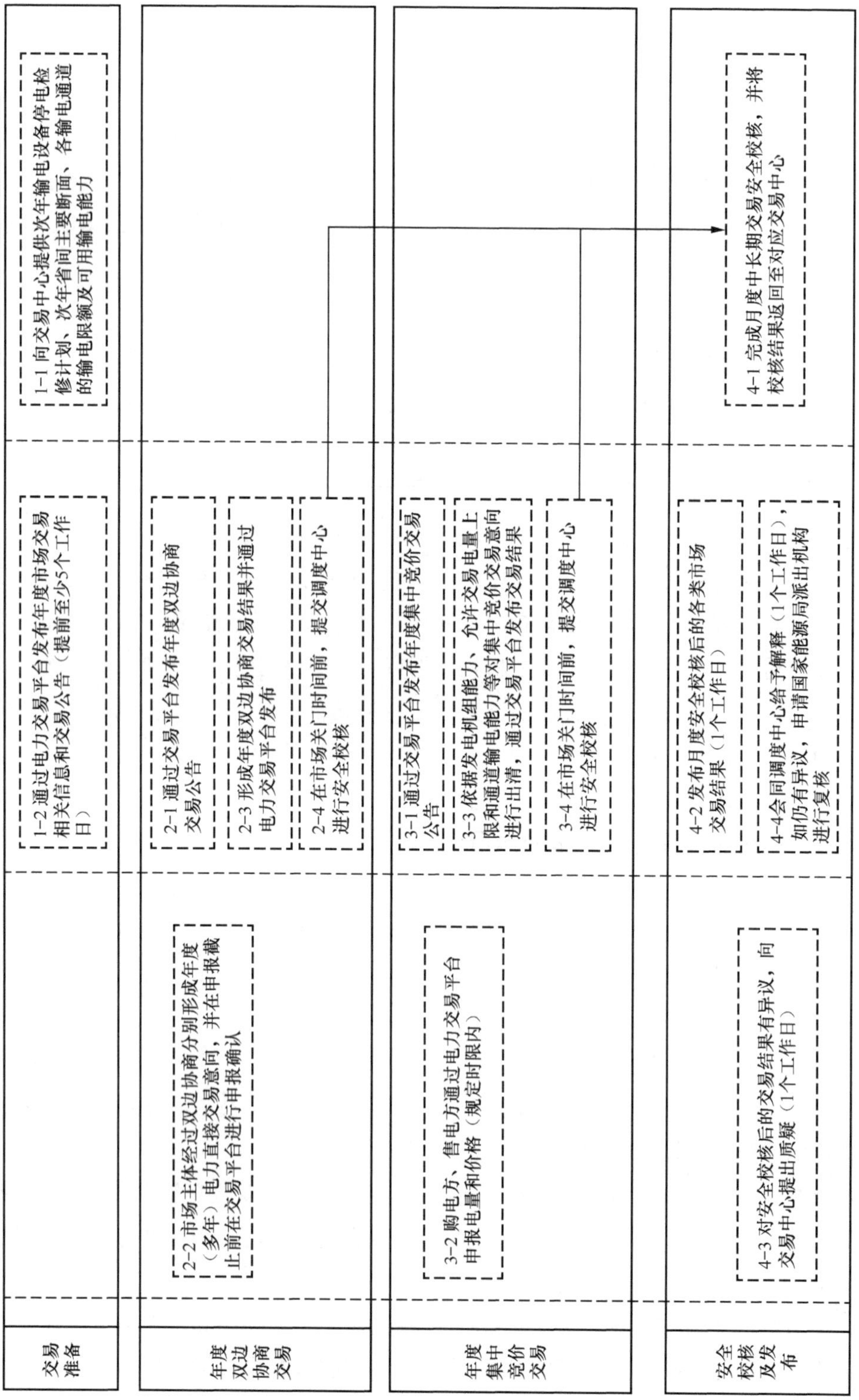

	市场主体 （发电企业、电力用户、售电公司）	省级电力交易中心	省级调度中心
交易准备		1-2 通过电力交易平台发布年度市场交易相关信息和交易公告（提前至少5个工作日）	1-1 向交易中心提供次年输电设备停电检修计划、次年省间主要断面、各输电通道的输电限额及可用输电能力
年度双边协商交易	2-2 市场主体经过双边协商分别形成年度（多年）电力直接交易意向，并在申报截止前在交易平台进行申报确认	2-1 通过交易平台发布年度双边协商交易公告 2-3 形成年度双边协商交易结果通过电力交易平台发布 2-4 在市场关门时间前，提交调度中心进行安全校核	
年度集中竞价交易	3-2 购电方、售电通过电力交易平台申报电量和价格（规定时限内）	3-1 通过交易平台发布年度集中竞价交易公告 3-3 依据发电机组能力，允许交易意向上限和通道输电能力等对集中竞价发布交易结果进行出清，通过交易平台发布结果 3-4 在市场关门时间前，提交调度中心进行安全校核	
安全校核及发布	4-3 对安全校核后的交易结果有异议，向交易中心提出质疑（1个工作日）	4-2 发布月度安全校核后的各类市场交易结果（1个工作日） 4-4 会同调度中心给予解释（1个工作日），如仍有异议，申请国家能源局派出机构进行复核	4-1 完成月度中长期交易安全校核，并将校核结果返回至对应交易中心

图5-4　省内年度交易组织流程图

月度交易结束后，电力交易机构汇总每类交易的预成交结果，并提交给电力调度机构统一进行安全校核。电力调度机构在 2 个工作日内返回安全校核结果，由电力交易机构发布。安全校核越限时，由相关电力交易机构根据市场规则协同进行交易削减和调整。

市场主体对交易结果有异议的，应当在结果发布 1 个工作日内向电力交易机构提出，由电力交易机构会同电力调度机构在 1 个工作日内给予解释。逾期未提出异议的，电力交易平台自动确认成交。

电力交易机构应当根据经安全校核后的交易结果，对年度交易分月结果和月度交易结果进行汇总，于每月月底前发布汇总后的交易结果。

省内月度交易组织流程如图 5-5 所示。

3. 月内交易

月内（多日）交易的标的物为月内剩余天数或者特定天数的电量（或者分时电量）。月内交易主要以集中交易方式开展。根据交易标的物不同，月内交易可定期开市或者连续开市。

月内（多日）交易原则上应当提前至少 1 个工作日发布交易公告。交易公告发布内容应当包括交易标的（含电力、电量和交易周期）、申报起止时间、交易出清方式、价格形成机制、关键输电通道可用输电容量情况。

月内集中交易中，发电企业、售电公司和电力用户在规定的报价时限内通过电力交易平台申报报价数据。电力交易机构根据电力调度机构提供的关键通道月内可用输电容量进行市场出清，形成集中交易预成交结果。

电力交易机构将月内集中交易的预成交结果提交给电力调度机构进行安全校核。电力调度机构应当在 1 个工作日内返回安全校核结果，由电力交易机构发布。市场主体对交易结果有异议的，应当在结果发布 1 个工作日内向电力交易机构提出，由电力交易机构会同电力调度机构在 1 个工作日内给予解释。

省内月内交易组织流程如图 5-6 所示。

5.2.5 我国主要省份中长期市场运营

全国各地中长期市场取得了以下成效：①省级电力市场规则体系基本建立；②市场在资源配置中的作用逐步凸显；③交易模式和交易品种日益丰富；④市场主体持续增长且逐步成熟；⑤新能源市场化消纳机制建设积极推进；⑥电力市场衔接机制稳步建立。

全国大部分省份均已开展中长期分时段交易，从交易时序上看，中长期市场覆盖多年、年度、多月、月度、月内交易，加快推进中长期市场连续运营，并进一步缩短交易周期，交易频次的提升更好地满足了市场主体灵活响应供需变化和清洁能源消纳的需求。中长期市场连续运营取得了以下成效：

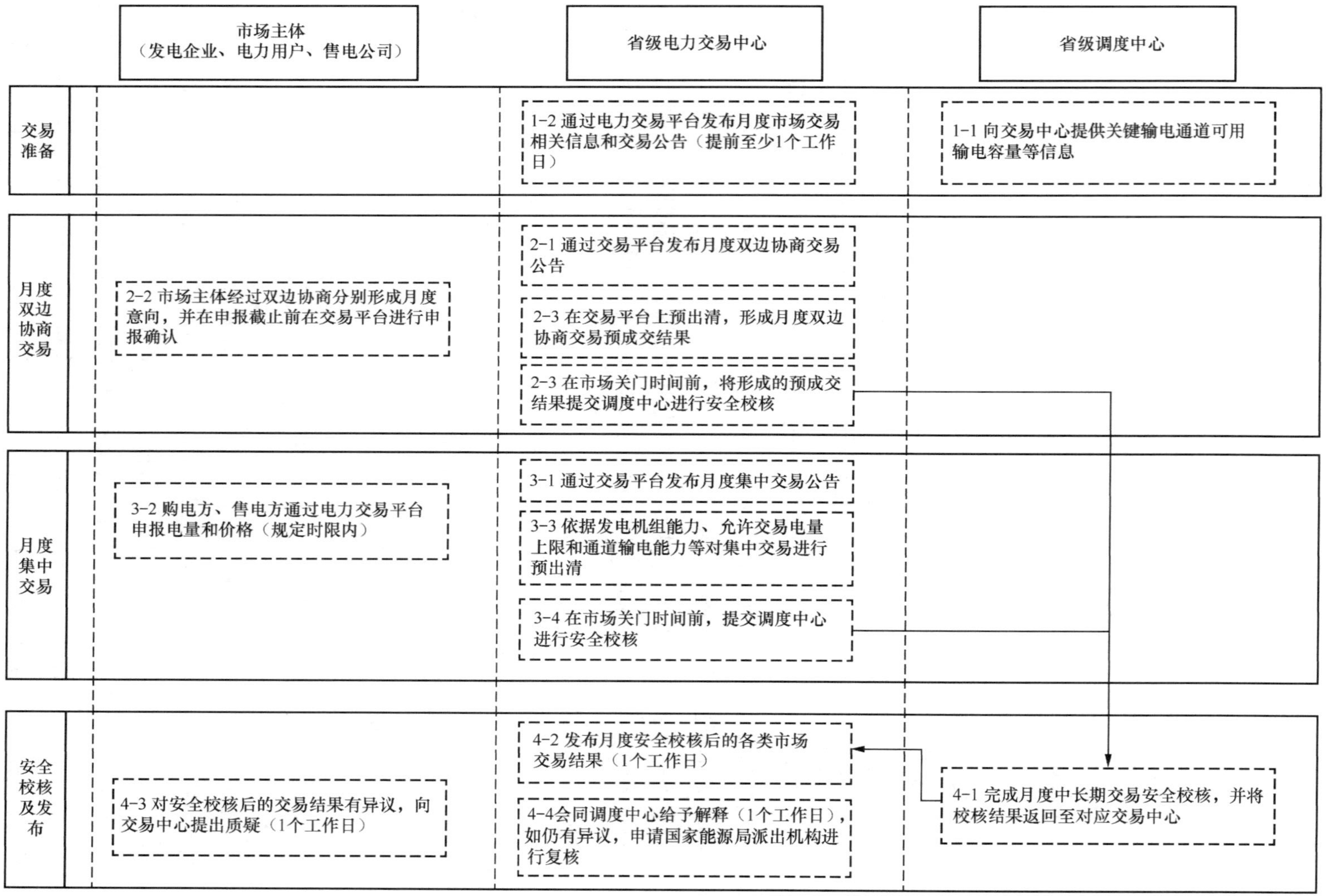

省级调度中心	省级电力交易中心	市场主体 （电力用户、售电公司）
交易准备		
1-1 向交易中心提供关键输电通道可用输电容量等信息	1-2 通过电力交易平台发布月度市场交易相关信息和交易公告（提前至少1个工作日）	
月度双边协商交易		
	2-1 通过交易平台发布月度双边协商交易公告	2-2 市场主体经过双边协商分别形成月度意向，并在申报截止前在交易平台进行申报确认
	2-3 在交易平台上预出清，形成月度双边协商交易预成交结果	
	2-3 在市场关门时间前，将形成的预成交结果提交调度中心进行安全校核	
月度集中交易		
	3-1 通过交易平台发布月度集中交易公告	3-2 购电方、售电方通过电力交易平台申报电量和价格（规定时限内）
	3-3 依据发电机组能力、允许交易电量上限和通道输电能力等对集中交易进行预出清	
	3-4 在市场关门时间前，提交调度中心进行安全校核	
安全校核及发布		
4-1 完成月度中长期交易安全校核，并将校核结果返回至月度对应交易中心	4-2 发布月度安全校核后的各类市场交易结果（1个工作日）	4-3 对安全校核后的交易结果有异议，向交易中心提出质疑
	4-4 会同调度中心给予解释（1个工作日），如仍有异议，申请国家能源局派出机构进行复核	

图5-5　省内月度交易组织流程图

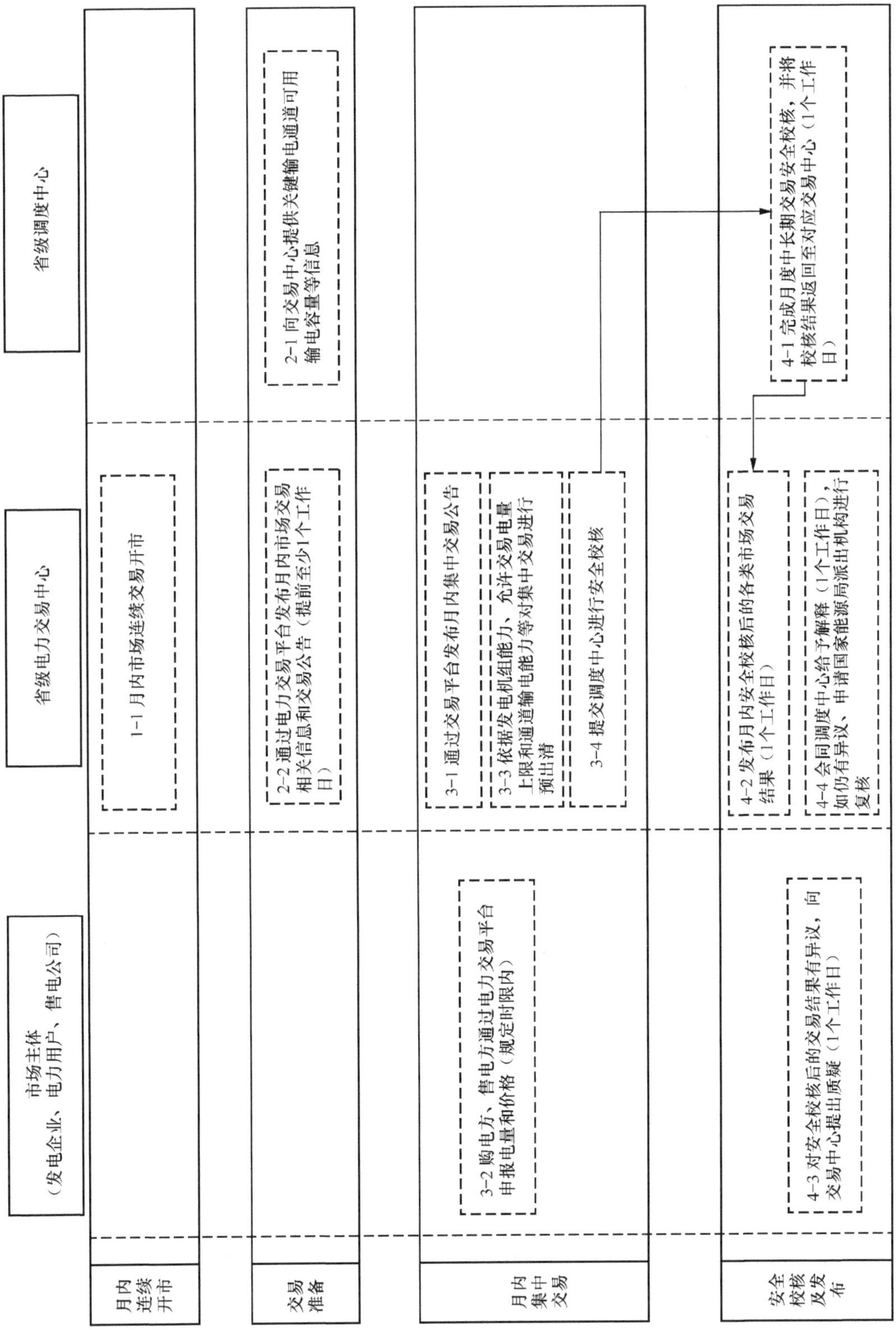

省级调度中心

- 2-1 向交易中心提供关键输电通道可用输电容量等信息
- 4-1 完成月度中长期交易安全校核，并将校核结果返回至对应交易中心（1个工作日）

省级电力交易中心

- 1-1 月内市场连续交易开市
- 2-2 通过电力交易平台发布月内市场交易相关信息和交易公告（提前至少1个工作日）
- 3-1 通过交易平台发布月内集中交易公告
- 3-3 依据发电机组能力、允许交易电量上限和通道输电能力等对集中交易进行预出清
- 3-4 提交交易调度中心进行安全校核
- 4-2 发布月内安全校核后的各类市场交易结果（1个工作日）
- 4-4 会同调度中心给予解释（1个工作日），申请国家能源局派出机构进行复核

市场主体（发电企业、电力用户、售电公司）

- 3-2 购电方、售电方通过电力交易平台申报电量和价格（规定时限内）
- 4-3 对安全校核后的交易结果有异议，向交易中心提出质疑（1个工作日）

月内连续开市 / 交易准备 / 月内集中交易 / 安全校核及发布

图5-6 省内月内交易组织流程图

1. 夯实保供稳价基本盘

《国家发展改革委关于进一步深化燃煤发电上网电价市场化改革的通知》（发改价格〔2021〕1439号）出台后，各省中长期交易电量同比持续增长，占总交易电量的比重维持在90%以上，成交价格基本稳定在基准电价上浮8%～20%之间，在保障电力供应、稳定价格方面充分发挥了"压舱石"和"稳定器"的作用。

通过开展中长期市场连续运营，中长期交易结果更加贴近实际运行，充分反映市场实际供需。以山西为例，中长期价格与现货价格走势呈现出一定趋同性，更有利于发挥中长期保供的作用。

2. 缩短交易周期，灵活响应市场主体需求

为适应市场主体合同调整需求和增量交易需求，更好与电力现货市场衔接，山西连续日滚动撮合交易开展至$D-2$日，山东连续撮合及挂牌交易开展至$D-2$日、集中竞价及双边协商开展至$D-3$日，江西每月1～20日连续开市，甘肃连续撮合交易开展至$D-3$日。

另一方面，各省灵活采用双边协商、集中竞价、连续挂牌等多种交易方式，并将中长期交易由电量交易向电力交易拓展，形成了分时段的交易机制和价格信号，引导市场主体发现电力的真实价格，有效提升了市场活跃度。

3. 促进新能源参与市场，服务能源低碳转型

甘肃推动新能源规模化、规范化参与中长期市场，新能源市场化交易电量均超过70%，有效提高新能源消纳水平，促进新能源发展和高效利用。江苏积极推动分布式光伏等新兴市场主体参与中长期市场，探索分布式交易市场机制。下一步，为适应新能源运行特性，中长期市场需进一步提高交易频次，真正实现分时段、带曲线交易，时段划分准确、真实、灵活，限价衔接。

全国主要省份的中长期市场在市场主体（市场化电源和市场化用户）、时段划分、新能源参与中长期市场等方面的梳理，在市场化发电方面，各省发电侧市场化程度不同，市场化电源类型及对应的准入要求也不尽相同，但从整体上看，燃煤火电以及风电、光伏等可再生能源机组仍是市场化电源的主要组成；在市场化用户方面，各省情况较为一致，参与市场的用户主要是10千伏及以上工商业用户（原则上直接参与市场化交易，暂无法直接参与市场的用户由电网企业代理购电参与市场）。具体见表5-1～表5-3。

表5-1　　全国主要省份中长期市场市场主体参与情况

省份	市场化电源	发电侧市场化占比（%）	市场化用户
甘肃	满足条件的火电、水电、新能源场站	80.2	工商业用户
山东	燃煤机组，集中式光伏、风电部分电量	62.38	
江苏	部分燃气机组、统调光伏、风电、核电燃煤机组、部分电量	70.3	

续表

省份	市场化电源	发电侧市场化占比（%）	市场化用户
江西	满足条件的燃煤机组和统调可再生能源机组	62.5	工商业用户
辽宁	燃煤火电机组(含自备电厂上网部分)，核电、带补贴集中式风电及光伏中除基数电量外的部分	72.3	
山西	火电、风电和光伏	75.1	
四川	燃煤火电、燃气发电、水电优先计划外的电量、风电和光伏在保障利用小时数外的电量	69.3	

表 5-2　　　　　全国主要省份中长期市场曲线分解和时段划分情况

省份	中长期最短交易尺度	中长期曲线分解方式	中长期签约时段划分
山西	D-2	通过中长期交易连续运营自动形成	中长期签约时段按小时划分为 24 段
山东	D-2	通过中长期交易连续运营自动形成	24 段
甘肃	D-2	通过中长期交易连续运营自动形成	首内交易分为 10 个电量时段
江苏	D-2	企业自行申报	原来是分 5 个时段，以后准备按 24 点
江西	D-3	企业自行申报	年度、月度 4 时段申报，D-3 日 24 时段申报
辽宁	D-2	由双方协商、典型曲线、分时段交易多种方式，总曲线是各类合同叠加	24 段
四川	D-2	企业自行申报	24 段

表 5-3　　　　　全国主要省份中长期市场新能源参与方式

省份	参与方式和相关规则
甘肃	与火电按相同模式参与省内中长期交易，分时段申报电量电价
山西	新能源参与市场化交易优先保障出清，交易方式以双边协商为主
四州	核定新能源年保障利用小时数，超出该小时数的电量参与中长期交易，与水电同台竞争
山东	自主参与中长期交易的新能源场站与省内火电机组平等参与中长期市场和现货市场；未自主参与中长期交易的新能源场站 90%电量保障性收购，10%电量参与现货市场
其余省份	电网企业保障收购

5.2.6　西北中长期市场运营情况

1. 陕西市场

（1）交易组织：建立批发侧与零售侧两级市场，不断丰富交易品种，推动新能源除保障居民农业电量外的其余电量全部进入市场参与交易，有效扩大了新能源市场化电量。落实中长期交易连续运营体系，以"年度+月度+月内"多种交易周期覆盖。双边协商+集中竞价+挂牌+滚动撮合多种交易模式相互配合，以及合同电量分月调整+转让+回购的方式连续开市。

（2）分时电价落实：实现中长期市场与现货市场的有效衔接，批发市场和零售市场分别组织交易，中长期批发交易分时段申报电量形成分段电力曲线，汇总后形成完整曲线。

中长期批发交易分时段开展，结合陕西电网现有峰平谷时段划分及新能源发电特性，2023年交易暂定按照每日6～8个时段划分，其中2～6月、9～11月等常规月份为6个时段，其他月份考虑尖峰负荷因素，1、12月为7个时段，7、8月为8个时段，后期，月度、月内交易时段划分根据现货市场运行需要设置，力争达到24个时段。

（3）运营成效：2022年，完成跨省区交易电量717亿kWh，其中：外送电量600亿kWh、外购电量117亿kWh。省内电力直接交易电量1270.27亿kWh，同比增长55.36%，其中：双边协商交易871.17亿kWh、集中竞价交易147.51亿kWh、滚动撮合交易21.13亿kWh、挂牌交易230.46亿kWh。

2. 甘肃市场

（1）交易组织：省内现阶段电力中长期交易主要开展电能量交易，主要包括电力用户与发电企业直接交易（以下简称"直接交易"）、合同交易（合同转让、回购）、自备电厂发电权置换交易、电网企业代理购电交易、绿色电力交易等。组织方式主要包括集中交易和双边协商交易两种，其中集中交易包括集中竞价交易、滚动撮合交易和挂牌交易三种形式。根据交易标的物执行周期不同，中长期交易包括年度（多年）电量交易（以某个或多个年度的年内逐月分时段电量作为交易标的物）、月度电量交易（以次月的分时段电量作为交易标的物）、月内（周）交易（以次周至月底的分时段电量作为交易标的物）、月内（日滚动）交易（交易日为D日，以D+3日至月底每日分时段电量作为交易标的物）等针对不同交割周期的分时段电量交易。

（2）分时电价落实：年度、月度、周等长周期交易品种采用10段组织交易，时段划分考虑能够区别新能源发电特性与省内用电负荷特性、兼顾政策性照顾清洁取暖负荷用电时段，日滚动交易采用24段组织交易，交易结果能够更加贴近实际执行的分时段曲线。省内年度、月度、周等长周期交易在交易申报阶段按10个电量时间段申报电量，将各时段组合为峰谷平三个时段申报电价，峰谷平三个时间段设置价差比例，引导用户削峰填谷。日滚动交易24段申报电量、电价；受新能源出力影响自然形成价差。

（3）运营成效：2022年，省内中长期交易共成交电量817.89亿kWh，其中省内直购电交易成交640.46亿kWh，自备电厂置换交易成交22.84亿kWh，电网公司代理购电成交154.59亿kWh。累计省间外送560.65亿kWh，省间购电86.42亿kWh。

3. 青海市场

（1）交易组织：目前电力市场组织开展的交易方式为挂牌、双边、集中竞价；交易品种包括省内市场化交易、跨区跨省交易、合同转让交易、合同回购交易；交易周期为年度、季度、月度、周。参与交易模式为输配电价模式，发电企业与电力用户申报电价为电厂侧电价。燃煤电厂上网电量采取挂牌交易模式，挂牌价格按照火电标杆电价上浮20%。外购电采取挂牌方式，挂牌价格按照中长期购电均价。水电、新能源电力采取双边协商、集中竞价模式，电价由市场化方式形成。

（2）分时电价落实：按照全月全量 24 点进行申报。谷电价不高于以平电价为基础的 65%价格基准，峰电价不低于以平电价为基础上浮 65%的价格基准。购售双方需进行分时分段申报，以发电侧曲线确定用电曲线，分为峰、平、谷三个时段。依据国家发展改革委关于峰谷价差调整幅度不低于现行目录电价的峰谷价差的工作要求，谷电价以平电价为基础下浮不小于 65%为基准，峰电价以平电价为基础上浮不低于 65%为基准。

（3）运营成效：2023 年，省内市场化交易总规模为 956.5 亿 kWh，其中直接交易规模 881.2 亿 kWh，电网公司代理购电交易 75.3 亿 kWh。省间外送 170.64 亿 kWh，省间购电 180.6 亿 kWh。

4. 宁夏市场

（1）交易组织：中长期市场机制主要包括省间、省内中长期交易机制，实现年+月+周电能量连续运营交易；省内中长期交易包括电力直接交易、绿电交易、日融合交易、关停发电权交易。交易方式主要为双边协商交易、集中竞价交易、挂牌交易。2023 年，宁夏在 2022 年"年+月+周"连续运营的基础上，继续缩短交易周期、增加交易频次，实现"年+月+日滚动"交易时序全覆盖，创新开展日融合交易，继续深化电力中长期市场连续运营。同时，进一步推进分时段交易。通过合理划分交易时段，完善分时段交易价格机制，实现分时段组织、分时段计量、分时段结算，以时段交易价格引导用户主动削峰填谷，充分发挥市场作用，促进电力安全稳定供应。

（2）分时电价落实：中长期交易按日划分24h时段，各市场主体根据自身发电特性和用电需求合理参与分时段交易。根据四大行业用户现行峰谷时段，结合宁夏电力供需形势，将24h时段归为峰、谷、平三类，其中，铁合金、碳化硅、水泥、煤炭开采为四大行业用户，平段交易申报价格不超过基准电价，峰段不低于平段价格的120%，谷段不超过平段价格的80%。

（3）运营成效：2022 年，区内市场化交易总规模为 721.38 亿 kWh，其中电力直接交易成交电量 607.83 亿 kWh，电网公司代理购电交易 57.92 亿 kWh，自备替代交易电量 19 亿 kWh，关停发电权交易电量 4.22 亿 kWh，区内绿色电力交易电量 32.41 亿 kWh。累计省间外送 770.75 亿 kWh，省间购电 57.82 亿 kWh。

5. 新疆市场

（1）交易组织：中长期市场开展的交易品种主要包括电力用户与发电企业直接交易、关停机组发电权替代交易、新能源替代自备电厂交易、电采暖交易、合同电量转让交易、电网代理购电交易、绿电交易。按交易周期主要包括年度、月度及月内交易。交易价格均执行输配电价。保障农业、居民的优先保障电量仍执行目录电价的模式。交易组织方式主要包括双边方式、集中方式、挂牌方式及滚动撮合交易方式。

（2）分时电价落实：2023年新疆电力市场发用两侧均按照峰平谷时段报价，具体按照高峰时段、尖峰时段、平时段、低谷时段和深谷时段进行报价。发电企业申报的平时段报价为20%浮动比例。年度、月度分时段交易，先申报平时段电价，平台根据各时段电价系数，自动生成峰（尖峰）时段和谷时段（深谷）的报价范围，其中峰谷时段价格申报浮动比例为75%。尖峰时段浮动比例为100%，深谷时段浮动比例为90%。

（3）运营成效：2022年全年，疆内成交电量1305.44亿kWh，同比增长50.94%。其中直接交易成交电量1038.36亿kWh（含电网代理）；电采暖成交电量57.88亿kWh（执行期为2022年度的电量）；新能源替代自备电厂交易成交电量10.20亿kWh；关停机组发电权替代交易成交电量64.42亿kWh；合同电量转让交易成交电量134.46亿kWh；绿电交易成交电量0.12亿kWh。

5.3　中长期市场

5.3.1　新疆中长期月内合同交易

新疆开展月内合同交易所有发电企业和电力用户（售电公司）均可参与。月内合同交易以月度为周期，按周开市，发电企业和电力用户（售电公司）以买方或者卖方的身份参与交易。月内合同交易仅作为市场主体调整合同偏差的手段，不统计可再生能源消纳权重。

原则上交易组织时间为每月26日前（含26日）的每周周三，按此计算当月最后一次可组织交易时间在23日之前（含23日）的，该次交易调整为26日前最后一个工作日（含26日）组织。月内合同交易按分时段组织，组织方式为滚动撮合方式。在各时段的月内合同交易中，市场主体只能以购方或者售方身份参加交易，在申报时间内，实时申报电量、电价，系统根据价格优先、时间优先的原则即时匹配出清。滚动撮合交易购方申报价格大于等于售方申报价格即时出清，成交价格为报价双方的算数平均价。

5.3.2　甘肃中长期分时段连续运营

甘肃中长期分时连续运营，采用"粗细结合"的方式制定了"10+24"的分时段交易体系。年度、月度交易以促进中长期高比例签约、实现合同粗略调整为主要目标，交易方式主要为双边协商、集中竞价和挂牌，采用10个最小时段划分组织交易。月内日滚动交易以中长期合同的高效调整为目标，采用24时段交易。各类中长期合同分解为24段电量后在日滚动交易中无障碍转让。

5.3.3　宁夏中长期日融合交易

宁夏日融合交易首先明确优先发用电计划，明确市场基准。根据优先发电计划，按日平均分解至每小时，与市场化交易电量一并接受偏差结算。光伏、风电优先发电计划电量分别按照上年全网光伏、风电典型曲线分解至每日24h时段。日融合交易每日9:00～18:00点组织开展交易日（T日）后第3天（T+3）至第7天（T+7）的分时段融合交易，同一市场主体可根据自身需求参与交易，同一交易日的同一时段，市场主体仅可作为购方或售方参与交易。日融合交易采用滚动撮合方式开展，每5min集中出清一次。充分满足新能源、可调负荷短期交易需求，提升市场活跃度。

第6章

电力现货市场

6.1 电力现货市场概述

6.1.1 现货市场基本概念及特征

电力现货市场泛指日前及更短时间内的电能量交易市场。它是相对于电力中长期市场的一个概念，从时间维度一般可分为日前市场、日内市场、实时市场/平衡市场。

电力现货市场特征显著，一是竞争性市场，交易双方按照交易规则，集中在特定的交易平台达成交易，即采取集中竞价的方式确定电能交易数量和价格。二是具有实物交割属性，交易双方均有完成实物交割的意图。三是交易周期要尽可能短，一般是日或者更短的周期。四是交易与交割是分别完成的，电力现货市场不需要市场主体的交易与交割一一对应。

1. 日前市场

日前市场是指在电能量交前一天开展的针对次日24h的电力交易市场，市场主体申报次日各时段发电或购电的量和价，采取竞价的原则集中出清。交易时段的时长一般选择原有的调度发电计划安排周期，保持了电力生产组织的连贯性。在我国已开展的电力现货试点中，日前市场多选择15min为一个交易时段（每天划分为96个时段），部分试点也选择5min、1h等为一个交易时段（每天交易时段划分相应改变）。日前市场有日前电能量市场、日前辅助服务市场及其他电力产品日前市场之分，通常所称的日前市场，专指电力现货的日前市场。

交易时序上，日前市场是介于中长期市场和实时市场的一种市场形态，执行方式上，日前市场交易结果的执行有两种典型方式：一种是实物交割方式，即同时用于交割与结算，后续的日内、实时市场以其作为运行边界条件，属于实物交割的日前市场；另一种是金融交割方式，即只用于财务结算，与实时市场可以相对独立运行，属于金融交割的日前市场。

组织运营上，我国主要由电网调度机构负责，日前市场出清需考虑系统安全约束，以确定次日机组组合方案与日前计划，与电网调度机构负责的调度运行业务紧密联系，交由同一机构运营有利于提高电网运行安全稳定性、降低交易成本、提高市场效率。

定价机制上，日前市场普遍采用的定价机制包括系统边际电价、分区边际电价、节点边际电价。

2．日内市场

日内市场一般是指在日前市场闭市后至实时市场/平衡市场开启前的某（些）时段的电力交易市场，通常每个交易时段为15～60min。在日内市场中，所有市场主体既可以买电，也可以卖电，市场主体申报实际交割前的各时段买电或卖电的量和价，通常采取先到先得、价格优先的原则进行滚动连续出清。日内市场常见于分散式市场中，通过连续交易和滚动出清，为市场主体灵活调整实物交割的电力合约提供交易平台。

3．实时市场/平衡市场

实时市场和平衡市场是指相对交割时点前一段时间（一般为1h或15min）的电能交易市场。前者兼有市场竞价交易与系统平衡调度的功能，发电上网电量都必须在实时市场报价和中标，为集中式电力现货市场所采用；后者仅以系统平衡调度为目的，前序市场交易结果与实际运行的偏差量可通过这类市场获得平衡。二者在运行机制方面有很大的差异。

6.1.2　电力现货市场交易流程

为保障电网运行的安全性，国内外电力现货市场普遍采用"日前市场+（日内市场）+实时市场（平衡市场）"的交易流程，各交易流程间紧密结合且存在大量数据交互，以保障电力现货市场运营的平稳有序。由于市场模式的差异，电力现货市场典型交易流程在集中式市场和分散式市场中也相应存在一定的差异，下面针对两种典型市场的交易流程分别加以介绍。

1．集中式电力市场下电力现货市场典型交易流程

集中式电力市场下，电力现货市场通常与调频、备用等辅助服务市场联合开展，市场主体同时参与电力现货市场和辅助服务市场申报，并由电网调度机构对电力现货市场和辅助服务市场开展联合优化出清。一般而言，集中式电力市场下电力现货市场的典型交易流程按时序可以分为15个典型环节（如图6-1所示）。

（1）市场注册。符合电力现货市场准入要求的市场主体按照市场注册管理制度，在规定时间节点前向注册机构（我国规定为电力交易机构）提出注册申请并完成注册。

（2）市场准备。竞价日，电网调度机构根据电力现货市场运营需要进行必要的市场运营组织准备。

（3）发布市场交易公告。竞价日，完成市场准备环节后，电力交易机构按照电力现货市场信息披露的相关规定，通过电力交易平台发布电力现货市场日前市场事前信息。

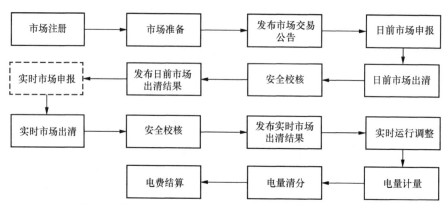

图6-1　集中式电力市场下电力现货市场的典型交易流程

（4）日前市场申报。竞价日，电力交易机构发布市场交易公告后，市场主体根据电力现货市场规则，在规定时间内，于电力交易平台提交电力现货市场日前市场申报信息（申报内容根据各省规则），迟报或漏报者根据市场运营规则相应处理。

（5）日前市场出清。竞价日，市场主体完成日前市场申报后，电网调度机构基于市场成员申报信息以及运行日的电网运行边界条件，采用安全约束机组组合（SCUC）、安全约束经济调度（SCED）程序进行优化计算，得到电力现货市场日前电能量市场交易出清结果。

（6）安全校核。竞价日，电网调度机构完成日前市场出清后，电网调度机构对电力现货市场日前市场出清结果进行安全校核，包括但不限于电力平衡校核、安全稳定校核等。若未通过安全校核，电网调度机构可根据市场规则采取调整运行边界、调整机组组合、组织有序用电以及其他有效手段，重新按照环节的优化计算程序，得到满足安全约束的交易出清结果。

（7）发布日前市场出清结果。竞价日，电网调度机构完成安全校核后，出具运行日的电力现货市场日前市场交易出清结果，按照有关规定通过电力交易平台予以发布。电网调度机构以经过安全校核的日前市场出清结果为依据，编制运行日发电调度计划。

（8）实时市场申报。运行日，各市场主体根据市场规则在实时市场报价，实时市场报价通常采用日前市场封存的申报信息，新能源场站可根据超短期负荷预测结果重新申报预测功率曲线。

（9）实时市场出清。运行日，电网调度机构以5～15min（时段可灵活设置）为周期，基于最新的电网运行状态与超短期负荷预测信息，以购电成本最小为目标，在日前市场与日内机组组合调整确定的开机组合基础上，采用安全约束经济调度（SCED）程序进行优化计算，优化未来15min～2h（时段可灵活设置）的机组出力，形成实时市场分时段出清电量、电价等结果。

（10）安全校核。运行日，电网调度机构完成每个周期的实时市场出清后，开展实时市场安全校核。实时市场安全校核包括但不限于电力平衡校核、安全稳定校核等，若未通过安全校核，电网调度机构审慎评估后，可立即采取市场干预、需求响应以及其他有效手段保证电网安全运行，不再重新开展实时市场出清。

（11）发布实时市场出清结果。运行日，电网调度机构完成实时安全校核后，以通过安全校核的实时市场出清结果为依据，编制发电机组的实时发电调度计划，并下发。

（12）实时运行调整。电网实时运行中，当系统发生异常或紧急情况时，电网调度机构应按照安全第一的原则，根据《电网调度规程》酌情处置，无需考虑经济性。处置结束后，受影响的发电机组以当前的出力点为基准，恢复参与实时市场出清计算，电网调度机构应记录事件经过、计划调整情况等，并通过电力交易平台向市场成员发布。

（13）电量计量。电量计量由电网企业根据国家相关规定执行。

（14）电量清分。电力交易机构按照市场运营规则，根据日前市场和实时市场出清电量及电价，结合电网企业提供的分时计量数据，在运行日后的若干工作日内，向各市场主体发布临时结算结果。如有异议按照市场运营规则处理。

（15）电费结算。电力交易机构按照市场运营规则，在每月的约定时间，根据上月清算结果、零售市场结算结果以及历史月份的退补结算结果，出具上月月度结算临时结果并发布给市场主体确认。经市场主体确认后，电力交易机构在每月的约定时间，出具上月月度结算正式依据，发布至电网企业和市场主体。电网企业在每月的约定时间，形成上月结算通知单并将电费信息通知市场主体，按照合同约定或法律法规的规定完成电费收支。

2. 分散式电力市场下电力现货市场典型交易流程

分散式电力市场模式下，电力现货市场与辅助服务市场一般独立开展，电力现货市场的典型交易流程按照时序可分为16个环节（如图6-2所示），部分环节与集中式电力市场模式基本一致。

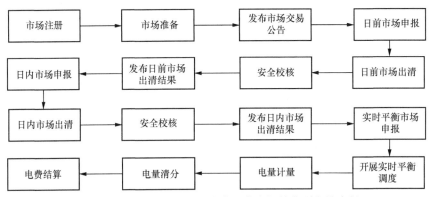

图6-2　分散式电力市场下电力现货市场的典型交易流程

（1）市场注册。与集中式电力市场模式一致。

（2）市场准备。市场运营机构（根据市场运营规则确定的电力交易机构或电网调度机构，或二者协同）根据电力现货市场组织运营需要进行必要的市场运营准备。

（3）发布市场交易公告。竞价日，完成市场准备环节后，市场运营机构按照电力现货市场信息披露的相关规定，通过电力交易平台发布电力现货市场日前市场事前信息。

（4）日前市场申报。竞价日，市场交易公告发布后，市场主体根据电力现货市场运营规则在电力交易平台申报电力现货市场日前市场量价信息。

（5）日前市场出清。竞价日，市场主体完成日前市场申报后，市场运营机构基于市场成员申报信息以及运行日的电网运行边界条件，以社会福利最大化为优化目标，采用基于可用输电能力的优化出清算法开展集中优化出清，得到电力现货市场日前电量市场交易出清结果。

（6）安全校核。竞价日，完成日前市场出清后，电网调度机构对中长期交易结果和日前市场出清结果进行整体安全校核，根据交易结果重新计算确定主要输电通道和关键断面的可用输电容量。

（7）发布日前市场出清结果。竞价日，电网调度机构完成安全校核后，按照信息披露要求，通过电力交易平台发布日前市场出清结果。

（8）日内市场申报。运行日，各市场主体根据市场运营规则参与日内市场连续交易，日内市场连续交易规则与日前市场基本保持协调统一，各市场主体根据自身发用电计划调整需求，按照日内市场的申报规则参与日内市场交易。

（9）日内市场出清。运行日，市场运营机构基于市场成员申报信息以及运行日电网运行边界条件，采用基于可用输电能力的优化出清算法开展集中优化出清或连续撮合交易出清，得到日内市场交易出清结果。

（10）安全校核。运行日，完成日内市场出清后，电网调度机构对中长期交易结果、日前市场和日内市场出清结果进行整体安全校核，根据交易结果重新计算确定主要输电通道和关键断面的可用输电容量。

（11）发布日内市场出清结果。运行日，电网调度机构完成安全校核后，按照信息披露要求，通过电力交易平台发布日内市场出清结果。

（12）实时平衡市场申报。运行日，市场主体根据中长期、日前、日内市场的交易结果，结合自身发用电计划调整需求和调整意愿，按照市场运营规则参与实时平衡市场申报，申报信息包括但不限于上调/下调容量、上调/下调报价等。

（13）开展实时平衡调度。运行日，电网调度机构根据电网运行约束、发用电实时偏差和电力电量平衡需求，基于市场主体参与平衡市场的报价信息，按需开展实时平衡调度，保障系统安全稳定运行。

（14）电量计量。与集中式电力市场模式一致。

（15）电量清分。与集中式电力市场模式一致。

（16）电费结算。与集中式电力市场模式一致。

6.1.3 电力现货市场价格机制

1. 市场主体报价方式

电力现货市场中常见的报价方式包括单边报价和双边报价。

（1）单边报价。由发电侧进行报价、实时滚动出清的电力库模组织方式。负荷侧不参与报价，市场运营机构预测用电负荷和辅助服务需求进行出清。

（2）双边报价。在日前和日内市场中，由发用电两侧市场主体形成平衡责任单元，根据短期供需平衡需要，向电力交易机构提交日前、日内市场的申报信息。

（3）单边报价和双边报价共存。日前市场接受供需双侧报价；实时电力市场中只考虑发电企业报价，负荷需求采用PJM超短期负荷预测结果。

我国局部地区发电侧市场集中度较高，为避免发电侧市场操纵现象，更好地反映供需双侧需求、提高市场效率，建议日前市场采用双边报价模式。对于实时市场，为确保系统安全运行，可采用发电侧单边报价模式，按照调度超短期负荷预测结果进行出清。

发电侧报价方式主要有报量不报价、报量报价两种形式。报量不报价形式是指市场成员申报出力曲线、不申报价格。报量报价形式是指市场成员申报量价曲线，是常规机组的申报形式，根据市场规则要求，可以是单调递增的多段量价曲线，也可以是阶梯形式或者斜率形式（见图6-3所示），还可以是全天一组量价对报价或者分时段多组量价对报价。

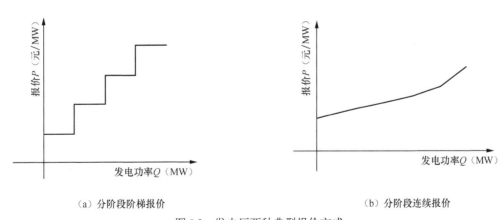

（a）分阶段阶梯报价　　　　　　　　　　　　（b）分阶段连续报价

图6-3　发电厂两种典型报价方式

2. 出清价格形成机制

国内外的主要电力现货出清价格形成采用边际出清价格机制，主要包括系统边际电价

（SMP）、分区边际电价（ZMP）和节点边际电价（LMP）。

系统边际电价（SMP）是指在现货电能交易中，按照报价从低到高的顺序逐一成交电力，使成交的电力满足负荷需求的最后一个电能供应者（称之为边际机组）的报价。系统边际电价是反映电力市场中电力商品短期供求关系的重要指标之一，是联系市场各方成员的经济纽带，适用于电网阻塞较少、阻塞程度较轻、阻塞成本低的地区。

分区边际电价（ZMP）。在实际运行中，电网不同区域之间可能发生输电阻塞，而在区域内部输电阻塞发生的概率较小或情况比较轻微。此时，可采用分区边际电价，按阻塞断面将市场分成几个不同的区域（即价区），区域内的所有机组用同一个价格，即分区边际电价。分区边际电价模式使用于阻塞频繁发生的部分输电断面的地区。

节点边际电价（LMP）模式适用于电网阻塞程度较为严重、输电能力经常受阻的地区。节点边际电价也称为节点电价，LMP计算特定节点上新增单位负荷（一般为1MW）所产生的新能发电边际成本、输电阻塞成本和损耗。LMP提供了一个开放、透明、非歧视的机制来处理在电网开放条件下的电网阻塞问题，可以将因阻塞导致的成本信息反映给市场成员，是有安全约束的经济调度的优化结果。在网络约束不起作用时，节点边际电价等价于系统边际电价。

电力市场出清价格形成机制比较见表6-1。

表6-1　　　　　　　　　　　电力市场出清价格形成机制比较

价格机制	优点	缺点	适用性
系统边际电价	模型简单，易于理解；出清价格透明度高，不必事先披露输电线路约束	未考虑输电线路和运行状态；存在阻塞区间的交叉补贴；价格信号激励性不足	没有或偶有输电阻塞发生，而且阻塞程度不严重、阻塞成本较少的电力市场
分区边际电价	易于理解，出清价格透明度高；有分区的价格信号	分区方案是前提和关键	电网发展成熟、网络阻塞界面清晰的地区
节点边际电价	出清结果满足电网运行要求；明确的价格信号，自动实现阻塞成本分摊；为分配阻塞盈余的FTR市场提供了结算价格	相对复杂，调度过程的清晰性欠佳；对信息披露的要求较高；对金融市场成熟度的要求较高	电力市场基础环境较好、市场主体较为成熟、网络结构经常发生变化、阻塞较多的地区

3. 现货市场节点电价算例

国内现货市场可接受阻塞价格（一般为500～1000元/MWh）和能量价格量纲差异较小，当出现断面阻塞时，消除断面越限付出的发电成本远超阻塞成本，导致大量断面越限。为保证现货市场出清结果物理可执行，提出了两阶段节点价格计算技术，下面以算例进行说明。算例中系统潮流及现货市场报价如图6-4、图6-5所示。

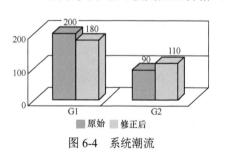

图6-4　系统潮流

原始潮流：$200 \times 0.85 + 90 \times 0.8 = 242$（MW）

修正潮流：$180 \times 0.85 + 110 \times 0.8 = 241$（MW）

潮流降低1MW成本升高：$20 \times (550-350) = 4000$（元）

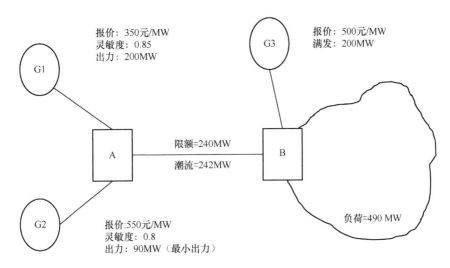

图 6-5 现货市场报价

可以看出，潮流越限降低1MW，需付出4000元，远超市场可接受阻塞价格（500～1000元/MW）。

6.1.4 集中式现货市场与中长期市场的关系

由于发电燃料价格、电力供需关系、突发事件等影响，现货价格存在较大的波动风险。为规避现货价格风险，市场主体可通过中长期合同提前锁定大部分电量的交易价格。

通过中长期市场满足较为确定的发用电需求后，需要通过现货市场来满足发用电需求的偏差和波动，在满足电网安全运行的前提下集中优化调配全网发电资源，形成可执行的交易计划，同时发现电力商品时空价格。日偏差和执行偏差结算如图 6-6、图 6-7 所示。

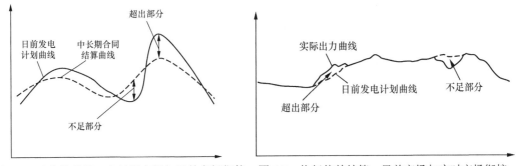

图 6-6 日偏差结算—中长期市场与日前市场衔接 图 6-7 执行偏差结算—日前市场与实时市场衔接

差价合同是中长期市场与集中式现货市场间的重要衔接机制，是其作为市场主体规避风险、锁定利润的一种中长期合同形式，不进行物理交割，只进行金融结算。

结算方式一：现货全电量结算+中长期差价结算［现货电量×现货电价+中长期合约电量×（中长期合约电价−现货电价）］

结算方式二：中长期合同结算+现货偏差电量结算［中长期合约电量×中长期合约电价+（现货电量−中长期合约电量）×现货电价］

中长期市场与现货市场衔接的示意图如6-8所示。

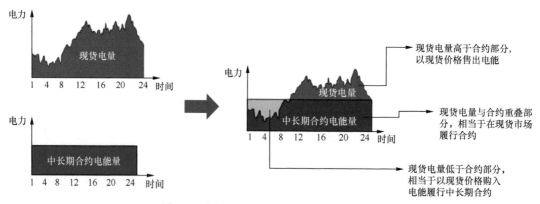

图6-8　中长期市场与现货市场衔接示意图

6.2　省间现货市场

省间电力现货交易的目的是在落实省间国家计划和中长期交易基础上，充分发挥市场作用，对富余电能资源进行大范围优化配置，促进绿色清洁发电和省间电能余缺互济。省间现货启动运行，标志着"统一市场、两级运作"的市场框架雏形基本建立。

6.2.1　交易范围及参与机制

省间电力现货交易支持各省符合准入条件的所有市场主体开展跨区跨省电力现货交易。通过扩大市场配置范围，可进一步提高资源优化配置效率，增加社会福利，降低用电成本，有效缓解区域内清洁能源消纳压力，促进全网电力余缺互济。

市场成员包括发电企业、电网企业、售电公司、电力用户及市场运营机构。可再生能源发电企业、火电企业及核电企业可作为卖方参与市场交易。电力用户及售电公司作为买方参与市场交易。电网企业按照地方政府的要求，代理暂未直接参与市场交易的工商业用户和居民、农业用户参与省间电力现货交易。

在机制设计中，允许各省根据省内电力供需形势，在保证清洁能源消纳的前提下，灵活确定省内市场主体在各交易时间点的购售角色。即在同一交易时间点，省内可再生能源富余时，交易角色为卖方，省内市场主体不得在省间电力现货交易中买入电能；省内平衡紧张时，省内市场主体不得在省间电力现货交易中卖出电能；其他情况下，省内市场主体可以按规则申报买入或卖出电能。

6.2.2　市场组织机制

省间电力现货交易涉及市场主体分布广、类型多，电网安全管控难度高，需要各级电网调度机构及电力交易机构按照以下职责协同组织市场运营。

（1）国调中心、网调负责省间电力现货交易的组织运行，并按调管范围开展日前跨区跨省发输电预计划编制、断面限额维护、安全校核等工作。

（2）网调负责省间辅助服务市场的组织运行，负责区域电网的安全校核。

（3）省调负责省内电力现货市场及省内辅助服务市场的组织运行。

（4）电力交易机构主要负责市场注册、交易申报、出具结算依据、信息发布等环节。

国调中心、网调和省调三级调度在两级市场运作过程中按调管范围开展安全校核，分层次、分阶段协同配合，共同保障电网安全稳定运行。

考虑到电网安全以区域交流同步电网为控制大区的现状，在所有市场组织完成后，由网调负责区域电网安全校核。区域电网安全校核基于全网完整模型进行计算，可避免非完整模型下的独立出清结果在实际执行时出现越限。

6.2.3　市场衔接机制

省间、省内市场采取"分层申报、协调出清"模式。首先省内依据省间送受电预计划以及本网运行实际，形成省内开机方式和发电计划的预安排，在此基础上组织省间现货交易。省间交易形成的量、价等结果作为省内交易的边界，省内交易在此基础上开展。为保证市场在时序上的良好衔接，建议省间现货市场开展日前、日内交易，省内现货市场开展日前实时交易。

6.2.4　交易品种及交易周期

省间电力现货交易包括日前交易和日内交易，交易品种为电能量交易。电力最小申报单位为1MW；最低申报限价为0元/MWh，最高限价为3000元/MWh。

日前市场：以15min为1个点，按日开展次日全天96个点的省间日前现货交易。

日内市场：以2h为一个固定交易周期，在日前交易基础上开展未来12个点的省间内现货交易（分别为0:15～2:00、2:15～4:00、4:15～6:00、6:15～8:00、8:15～10:00、10:15～12:00、

12:15～14:00、14:15～16:00、16:15～18:00、18:15～20:00、20:15～22:00、22:15～24:00）。

若日内交易周期内仍有新增富余电力外送和购电需求，可组织临时交易进一步增加交易频次，需保证 $T=60\text{min}$ 前将出清结果下发至省调（交易时段起始时刻为 T）。

6.2.5 交易流程

1. 日前市场交易组织流程

（1）预计划下发。D-2日14:00～15:30，国调中心基于跨区中长期交易结果，考虑电网安全运行需要，编制并下发跨区通道及直调机组 D 日96时段预计划。

D-2日15:30～17:00，网调基于跨区通道、直调机组预计划和省间中长期交易结果，考虑电网安全运行需要，编制并下发省间联络线及直调机组 D 日96时段预计划。

（2）交易前信息公告。D-1日8:45前，电力交易机构向市场主体发布检修计划、网安全约束等日前现货交易所需相关信息。

（3）省内预出清（预计划）。D-1日8:45～9:45，市场主体申报参加省内市场（电力现货市场运营期间）的分时"电力—价格"曲线。

D-1日9:45～10:30，省内电力现货市场运营期间，省调相应开展省内日前电力现货市场预出清；省内电力现货市场未运行时，省调相应开展省内预计划编制。各单位根据预出清或预计划结果将机组预计划、负荷预测等七大类数据上报至国调中心、网调。

D-1日11:00前，省调将省内预出清或预计划结果、省内电力平衡裕度和可再生能源富余程度提交至电力交易机构，并向相关市场主体发布。

（4）交易申报。D-1日11:00～11:30，市场主体申报省间电力现货交易分时"电力—价格"曲线。

D-1日11:30～11:45，省调对省内市场主体申报数据进行合理性校验，保证节点内部电能申报量可送出或受入。省调将省内各市场主体报价曲线上报至国调中心。

国调中心、网调对直调发电企业的申报量进行预校核，保证电能申报量可执行。

（5）省间现货交易出清及跨区发输电计划编制。D-1日11:45～12:30，国调中心和网调组织省间日前现货交易集中出清，形成考虑安全约束的省间日前现货交易出清结果经安全校核通过后，将包含省间日前现货交易结果的跨区发输电日前计划下发至相关电网调度机构和市场主体。

（6）省间联络线计划编制。D-1日12:30～14:30，网调组织开展区域内省间辅助服务交易，并将交易结果和省间联络线计划下发至相关省调和发电企业。

（7）省内发电计划编制。D-1日14:30～17:30，省调根据上级电网调度机构下发的联络线计划，编制省内日前发电计划或组织省内日前电力现货市场及辅助服务市场（省间交易卖方成交结果作为送端关口负荷增量,买方成交结果作为受端关口电源)出清。电力交易机构向市场成员发布市场出清结果。

日前市场交易组织流程如图6-9所示。

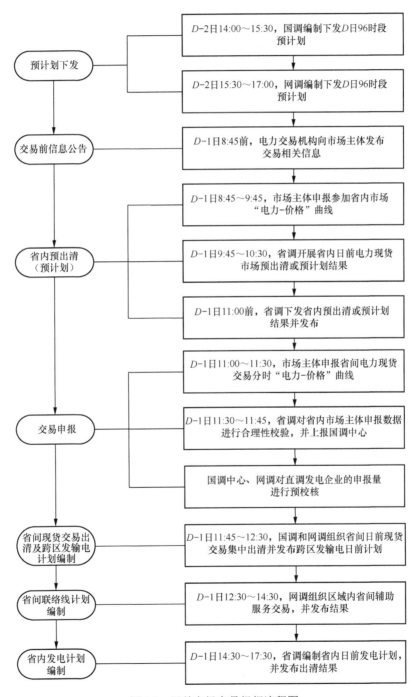

预计划下发	D-2日14:00~15:30,国调编制下发D日96时段预计划
	D-2日15:30~17:00,网调编制下发D日96时段预计划
交易前信息公告	D-1日8:45前,电力交易机构向市场主体发布交易相关信息
省内预出清(预计划)	D-1日8:45~9:45,市场主体申报参加省内市场"电力-价格"曲线
	D-1日9:45~10:30,省调开展省内日前电力现货市场预出清或预计划结果
	D-1日11:00前,省调下发省内预出清或预计划结果并发布
交易申报	D-1日11:00~11:30,市场主体申报省间电力现货交易分时"电力-价格"曲线
	D-1日11:30~11:45,省调对省内市场主体申报数据进行合理性校验,并上报国调中心
	国调中心、网调对直调发电企业的申报量进行预校核
省间现货交易出清及跨区发输电计划编制	D-1日11:45~12:30,国调和网调组织省间日前现货交易集中出清并发布跨区发输电日前计划
省间联络线计划编制	D-1日12:30~14:30,网调组织区域内省间辅助服务交易,并发布结果
省内发电计划编制	D-1日14:30~17:30,省调编制省内日前发电计划,并发布出清结果

图6-9 日前市场交易组织流程图

2. 日内市场交易组织流程

（1）交易前信息公告。

T-120min前，按照56号文相关要求，根据电网调度机构向国家能源局及其派出机构报备的信息披露内容，向市场主体发布省间日内现货交易所需相关信息。

（2）交易申报。

T-120min～T-110min，市场主体申报日内交易时段内的"电力-价格"曲线。

T-110min～T-90min，省调对省内市场主体申报数据进行合理性校验，保证节点内部电能申报量可送出或受入。省调将各市场主体报价曲线上报至国调中心。

国调中心、网调对直调发电企业的申报量进行预校核，保证电能申报量可执行。

（3）省间交易出清及跨区发输电计划下发。

T-90min～T-60min，国调中心、网调组织省间日内现货交易集中出清，形成考虑安全约束的省间日内现货交易出清结果，将出清结果纳入联络线日内计划，经安全校核后，将包含省间日内现货交易出清结果的跨区发输电计划下发至相关省调及直调发电企业。

（4）省间联络线计划下发。

T-60min～T-30min，网调组织开展区域内辅助服务市场，并将交易结果和省间联络线计划下发至相关电网调度机构和发电企业。

（5）结果发布。

T-30min～T-15min，省调根据上级电网调度机构下发的联络线计划，编制省内实时发电计划或组织省内时市场及辅助服务市场出清。电力交易机构向市场成员发布市场出清结果。

日内市场交易组织流程如图6-10所示。

6.2.6 出清及定价机制

省间电力现货交易采用考虑多级联通道动态ATC、网损和输电的集中出清机制。根据买卖双方申报的分时"电力电价"曲线，按双方可行交易路径计及交易路径输电成本，确定买卖双方价差，形成交易组合。按交易组合价差由大到小依次成交，在考虑电网安全约束后，依序使用交易路径中各省间通道的输电资源达成交易。

通过在交易出清过程中引入输电权的隐式拍卖，解决了省间输电资源优化分配的难题。在该机制下，相同买卖方间优先使用输电成本低的路径达成交易，不同买卖方间根据报价高低确定省间通道的优先使用权。

省间现货交易采用边际电价结算机制。卖方节点最后一笔成交交易对的买卖双方价格算术平均值为该卖方节点竞价出清的边际价格，以此作为该卖方节点所有成交交易的结算价格。将此边际价格按交易路径输电价格和输电网损反向折算到买方节点的价格作为该买方节点与对应卖方节点成交交易的结算价格。

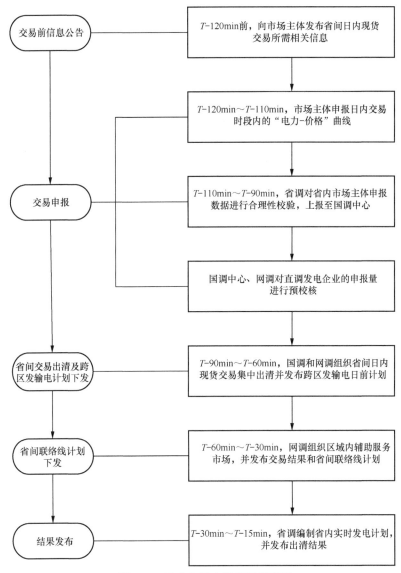

图 6-10　日内市场交易组织流程图

6.2.7　交易执行与偏差处理

电网调度机构按照以下优先级安排跨省区联络线计划：跨省区中长期交易、省间日前现货交易、省间日内现货交易。

省间电力现货交易结果纳入跨省区联络线计划，作为省内市场的运行边界，原则上不跟随市场主体的实际发用电而变化。

当跨省区联络线因电网故障、设备异常、自然灾害、外力破坏及其他原因导致输电能力下降时，电网调度机构依据调度规程，按照"安全第一"的原则，及时调减或取消省间电力交易。跨省区交流联络线输电功率波动、输电网损误差等因素造成实际执行值与所有交易的偏差，按照相关交易规则处理。

6.2.8 结算原则

省间电力现货交易结算采用日清月结方式，$D+5$ 日进行市场化交易结果清分，生成日清算结果，由电力交易机构出具结算依据，并向市场主体发布。电网调度机构 $D+1$ 日将运行日市场交易结果和实际执行情况等信息提供给电力交易机构。

省间电力现货交易执行结果作为省间电力现货交易结算依据。跨省区联络线实际计量电量与下达指令执行电量的偏差部分按照相关规则进行结算。北京电力交易中心会同相关省级电力交易机构向市场成员提供省间电力现货交易结算依据。

6.3 省内现货市场（以甘肃为例）

6.3.1 市场建设基础

1. 电源结构及装机情况

甘肃电网电源类型丰富，新能源占比较高，出力不确定性较强，同时外送负荷占比较高，为典型外送型电网。截至2022年底，甘肃全省发电装机容量6780.76万kW，其中，水电971.82万kW，火电2312.57万kW，风电2072.96万kW，太阳能1417.41万kW，储能6.00万kW。

2. 电量结构分析

2022年，甘肃全省完成发电量1970.07亿kWh，其中，水电374.65亿kWh，占总发电量比重为19.02%；火电1067.20亿kWh，占比54.17%；风电348.11亿kWh，占比17.67%；光电180.10亿kWh，占比9.14%。

3. 网架结构特点

甘肃电网位于西北电网中心，是西北电力输送和交换的中心，与宁夏、陕西、青海新疆电网联网运行，发挥着水火互济、各省（区）互补的作用。甘肃电网通过19回750kV线路与新疆、陕西、青海、宁夏连接，发挥着水火互济、清洁能源消纳与互为备用的作用。

6.3.2 市场建设概况

2017年11月，甘肃发布了《关于启动甘肃电力现货市场建设试点的通知》。2018年11月，电力现货市场技术支持系统具备模拟运行条件。2018年12月,甘肃电力现货市场启动试运行。2019年9月,开展第一次连续7天结算试运行,11月开展第二次连续7天试运行,2020年3月18日~4月30日开展第三次长达43天的长周期连续不间断试运行和4月整月结算试运行。2020年4月,整月结算试运行结束后,依据结算试运行中发现的问题以及市场主体反馈,完成了电力现货市场运营规则修订,并于2020年8月~2021年1月8日再次进行了超过5个月、160天的长周期结算试运行。自2021年5月起,甘肃电力现货市场再次开始长周期结算试运行,截至目前,甘肃电力现货市场已连续不间断运行超过一年时间并将继续开展,期间电力现货市场运营平稳,技术支持系统运转正常,价格波动符合市场供需规律。

甘肃现货市场建设历程如图6-11所示。

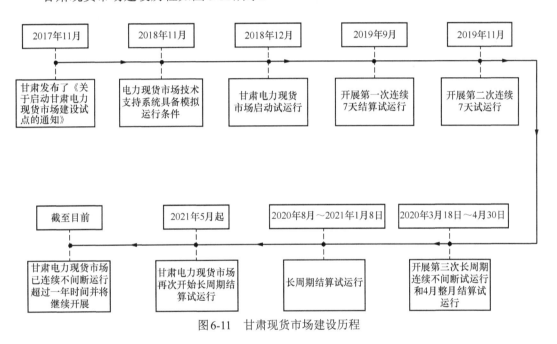

图6-11　甘肃现货市场建设历程

6.3.3　双边现货市场运营规则

6.3.3.1　日前现货市场

日前现货市场交易按日组织,每个交易日组织次日96个时段(00:00~24:00,15min为一个时段)日前交易。采用"发用双侧分段报价、集中优化出清"的方式开展。发电企业在日前现货市场中申报运行日的量价信息、售电公司和批发用户在日前现货市场中申报运行日每小时分段量价曲线、电网企业预测其代理用户的用电需求曲线、调度机构预测未参与现货市场用户的用电需求曲线等,在日前阶段开展日前现货市场出清和调度计划编制。

调度机构根据系统负荷预测、母线负荷预测、外送电力曲线、机组出力曲线、机组检修计划、输变电设备检修计划、机组运行约束条件、电网安全运行约束等边界条件，以社会福利最大化为优化目标，依次采用安全约束机组组合（SCUC）和安全约束经济调度（SCED）算法进行集中优化计算，出清得到日前现货市场交易结果，包括运行日（D）的机组（交易单元）启停计划、发用侧中标曲线、发电侧分时节点电价以及用户侧分时分区节点加权平均电价。其中，发电侧采用节点电价模式，用户侧采用分区节点加权平均电价模式。

当发电企业报价相同时，按照机组类型，综合考虑环保指标、能耗水平、机组容量等信息确定的顺序表（由政府相关部门核定）安排机组中标的执行顺序。对同一顺序机组，若报价相同时，按照该交易时段中长期结算电量比例，确定机组中标电量。当用户报价相同时，按照报价对应用户申报电量比例，确定用户中标电量。市场主体需严格按照交易流程申报数据，超过申报时间则不再受理市场主体的申报数据，未申报电能量价格则按其默认报价处理；新能源企业未按时上报运行日短期发电预测，则按发电预测为 0 处理。

在日前现货市场出清结果基础上，省内发电企业剩余发电能力可参加省间现货市场。

日前现货市场交易流程见图 6-12。

1. 事前信息发布

竞价日前一日（$D-2$）20:00 前，市场运营机构按照《甘肃电力市场信息披露实施细则》的要求，向相关市场成员发布运行日的边界条件信息。主要信息包括但不限于：

96 点统调负荷预测曲线；联络线外送电计划；发电机组检修总容量；备用要求；输变电设备检修计划；电网关键断面约束情况；必开必停机组（群）；市场限价等交易参数。相关信息分为公众信息、公开信息以及私有信息。

2. 交易申报

日前现货市场为每日均运行的市场，各市场主体需每日向市场运营机构提交申报信息，用于日前现货市场在运行日的机组组合优化和集中竞价出清。迟报、漏报或不报者均默认采用缺省值作为申报信息。

发电机组申报交易信息包括：

（1）发电机组（交易单元）电能量报价曲线，单位为元/MWh。电能量报价表示交易单元运行在不同出力区间时机组微增电能量的价格。从交易单元最小发电能力到机组最大技术出力之间可最多申报 10 段，电力的最小单位是 0.01MW，申报电价的最小单位是 10 元/MWh，每段需申报出力区间起点（MW）、出力区间终点（MW）以及该区间报价（元/MWh）。最小发电能力不为零的发电机组，第一段出力区间为 0~最小技术出力，最后一段出力区间终点为机组的最大技术出力。首段报价不可低于申报价格的下限值，后续每段报价均不得低于前一段申报价格，报价曲线必须为出力区间和价格单调非递减。

（2）火电机组启动费用，单位为元/次。申报的启动费用不得超过火电机组启动费

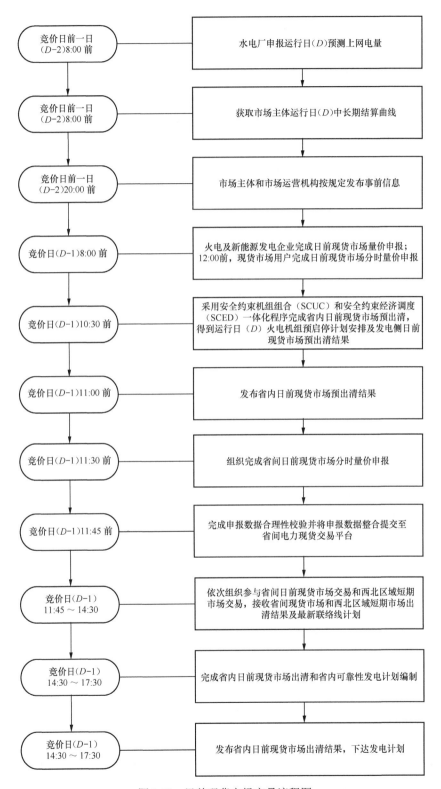

图 6-12　日前现货市场交易流程图

用上限。启动费用包括热态启动费用、温态启动费用、冷态启动费用，代表发电机组从不同状态启动时所需要的费用，三者之间的大小关系为：冷态启动费用＞温态启动费用＞热态启动费用。若未填报则读取该机组默认启动费用。

（3）火电机组出力限额，单位为 MW。火电机组考虑自身实际情况和低负荷运行能力，申报运行日 96 点最大、最小发电能力，用于日前/实时现货市场出、调频市场等出清约束。

用户与售电公司申报交易信息包括：

（1）售电公司在电力市场交易系统中申报其代理的直接参与现货市场用户、聚合后参与现货市场用户在运行日（D）对应到电价节点的每小时分段量价曲线；允许代理聚合用户的售电公司申报统一量价曲线，依据节点负荷分配比例（依据历史用电量确定），将申报量价等比例分解至各节点。售电公司代理的直接参与现货市场用户、聚合后参与现货市场用户，其申报的每个时段最大电力需求，不得超过相关用户报装容量的 1.2 倍。

（2）直接参与现货市场的电力用户，在电力市场交易系统中申报运行日对应到电价节点的每小时分段量价曲线，用户申报电力的最小单位是 0.01MW，申报的每个时段最大电力需求，不得超过该用户报装容量的 1.2 倍。

涉及对应不同电价节点的主、子户电力用户，允许聚合为单一用户后参与现货市场，其申报的单一量价曲线，依据其对应节点负荷分配比例（依据历史用电量确定），将申报量价等比例分解至各节点。

（3）售电公司和电力用户申报的每小时分段价格曲线作为日前现货市场出清计算的依据，其申报曲线需满足如下要求：

1）第一段起始负荷为 0，每一段报价的起始负荷应等于上一段报价的结束负荷，相邻出力区间衔接点对应报价属于前一出力区间报价，最后一段报价终点对应的电力为用户的最大用电需求。

2）随着电力负荷增加，每一段报价必须单调非递增。

3）报价段数不超过 5 段。

4）各段报价不可超过申报价格上限、下限限制。

5）用户申报电价的最小单位是 10 元/MWh。

6）分布在不同 330/220kV 供电节点的电力用户以及涉及主、子户的电力用户，可聚合为一个交易单元参与申报，其所有供电电源节点必须在同一价格分区，主户和各子户聚合作为一个交易单元参与申报；供电电源节点不在同一个价格分区的，必须在每个价格分区设置单独交易单元参与申报。

7）采用多节点聚合申报的市场主体，需提前确定不同节点的电量分配比例。

日前现货市场申报运营规则如图 6-13 所示。

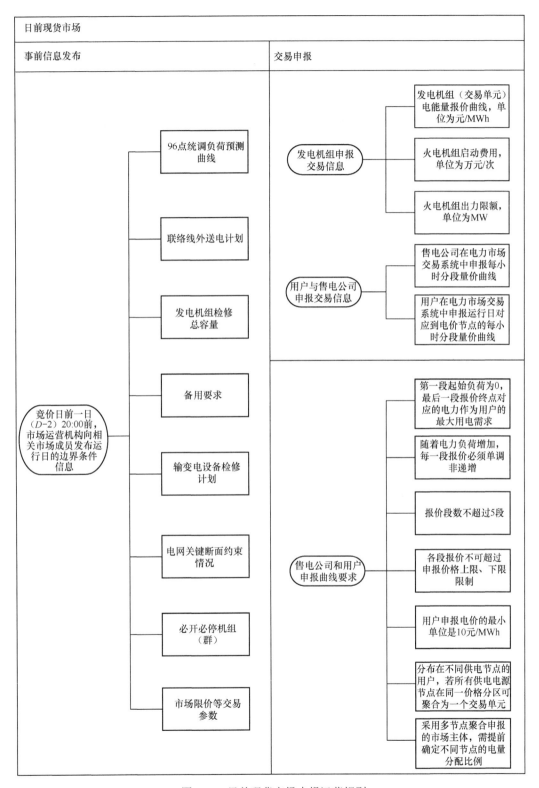

图6-13 日前现货市场申报运营规则

6.3.3.2　实时现货市场

实时现货市场以15min为间隔滚动出清未来15min～2h的电价和出力曲线。实时现货市场采用"集中优化出清"的方式开展。实时现货市场中，发电企业采用日前现货市场封存的电能量报价信息进行出清。

市场运营机构以15min为间隔，根据最新电网运行信息，综合考虑负荷平衡、机组运行约束、网络安全约束、火电最小发电能力，采用安全约束经济调度（SCED）算法进行集中优化计算，滚动出清未来15min～2h的发电计划和现货价格。

实时现货市场交易流程如图6-14所示。

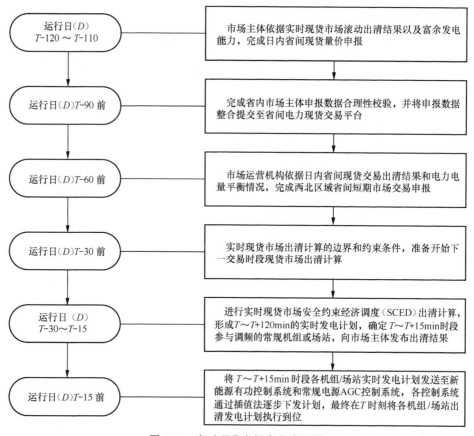

图6-14　实时现货市场交易流程图

6.3.3.3　价格机制

甘肃电力现货市场的价格机制主要包括能量价格机制和市场限价两方面。

（1）能量价格机制：甘肃电力现货市场采用节点边际出清机制，形成96点分时、节点边际电价。发电侧按所在节点的节点电价结算，用户侧结算电价分为两个发展阶段，第一阶段根据甘肃电网阻塞程度分为河东和河西两个价区，采用分区节点加权平均电价结算，即分区内所有发电侧节点电价与出清发电计划的加权平均值；第二阶段（目前）已调整为用户侧按照统一结算点现货价格结算。

（2）市场限价：甘肃电力现货市场初期为保障市场平稳运行，避免价格大幅波动和市场利益过度调整，设置市场申报价格的上限与下限。基于具体市场环境，2022年甘肃电力现货市场申报价格下限为40元/MWh，结算价格上限为650元/MWh，后期根据实际情况考虑进一步拉大价差。

6.3.4　双边现货市场结算原则

1. 结算模式

甘肃电力现货市场采用"日清月结"的结算模式，电费计算周期为日，以每15min为基本计算时段，出具日清算临时结算结果，以月度为周期发布正式结算依据，开展电费结算。电能量市场按照中长期交易、日前现货市场、实时现货市场的顺序进行结算。

电能量市场采取双偏差结算模式：中长期合同电量按中长期合同价格结算，并结算所在节点与中长期结算参考点的现货价格差值。日前出清电量与中长期合同电量的偏差按日前现货市场出清价格结算。实际电量与日前出清电量的偏差按实时现货市场出清价格结算。

2. 电能量电费结算

（1）火电、新能源等同时参与日前、实时市场结算的经营主体，电能量电费等于中长期费用（中长期费用等于中长期合同电费与中长期合同阻塞电费之和）、日前电能量电费和实时电能量电费之和。计算公式如下：

$$R_{火电、新能源} = R_{中长期} + R_{日前} + R_{实时}$$

$$R_{中长期} = R_{中长期合同电费} + R_{中长期合同阻塞电费}$$

其中，$R_{火电、新能源}$ 为同时参与日前、实时市场结算的经营主体电能量电费收入；$R_{中长期}$ 为经营主体的中长期费用，等于中长期合同电费与中长期合同阻塞电费之和；$R_{日前}$ 为经营主体的日前现货电能量电费；$R_{实时}$ 为经营主体的实时现货电能量电费。

（2）水电等仅参与实时市场结算的经营主体：电能量电费等于中长期合同电费与实时电能量电费之和。

$$R_{水电} = R_{中长期} + R_{实时}$$

其中，$R_{水电}$ 为仅参与实时市场结算的经营主体电能量电费收入；$R_{中长期}$ 为经营主体中长期费用（中长期费用等于中长期合同电费与中长期合同阻塞电费之和）；$R_{实时}$ 为经营主体实时现货电能量电费。

（3）电网侧储能电网侧储能根据是否参与日前市场参照（1）（2）规定开展结算。

（4）不参与日前、实时市场结算的市场化经营主体：电能量电费等于中长期合同电费与月度偏差电量电费之和。

$$R_{其他经营主体} = R_{中长期合同电费} + R_{月度偏差}$$

其中，$R_{其他经营主体}$为不参与日前、实时结算的经营主体电能量电费；$R_{中长期合同电费}$为经营主体中长期合同电费；$R_{月度偏差}$为经营主体的月度偏差电量电费。

（5）中长期合同阻塞电费按以下原则进行结算：

$$R_{中长期合同阻塞电费,i,t} = \sum_{i=1}^{n} \sum_{t=1}^{T} \left[Q_{中长期合同,i,t} \times \left(P_{日前,i,t} - P_{日前结算点,t} \right) \right]$$

其中，$R_{中长期合同阻塞电费,i,t}$为经营主体 i 在 t 时刻中长期合同阻塞电费；$Q_{中长期合同,i,t}$为经营主体 i 在 t 时刻中长期合同电量。$P_{日前结算点,t}$指中长期合同约定的结算参考点对应的日前市场价格。

（6）日前现货电能量电费按如下公式进行计算：

$$R_{日前,i,t} = \sum_{i=1}^{n} \sum_{t=1}^{T} \left[\left(Q_{日前,i,t} - Q_{中长期合同,i,t} \right) \times P_{日前,i,t} \right]$$

其中，$Q_{日前,i,t}$为经营主体 i 在 t 时刻的日前出清电量；$P_{实时,i,t}$为经营主体 i 在 t 时刻日前市场结算价格。

（7）实时现货电能量电费按如下公式进行计算：

$$R_{实时,i,t} = \sum_{i=1}^{n} \sum_{t=1}^{T} \left[\left(Q_{实时上网,i,t} - Q_{日前,i,t} \right) \times P_{实时,i,t} \right]$$

其中，$Q_{实时上网,i,t}$为经营主体 i 在 t 时段的实际上网电量；$P_{实时,i,t}$为经营主体 i 在 t 时刻实时市场结算价格。

（8）不参与日前、实时结算的市场化经营主体月度偏差电量电费按如下公式计算：

$$R_{月度偏差} = \left(Q_{实际上网,i} - Q_{计划,i} \right) \times P_{实时价格}$$

其中，$Q_{实际上网,i}$为经营主体 i 的月度实际上网电量；$Q_{计划,i}$为经营主体 i 的月度中长期合同电量；$P_{实时均价}$为发电侧实时市场月度均价，计算方式如下：

$$P_{实时均价} = \frac{\sum_{d=1}^{D} \sum_{i=1}^{n} \sum_{t=1}^{T} \left(Q_{实际上网,i,t,d} \times P_{实时,i,t,d} \right)}{\sum_{d=1}^{D} \sum_{i=1}^{n} \sum_{t=1}^{T} Q_{实际上网,i,t,d}}$$

$Q_{实际上网,i,t,d}$为参与现货市场发电机组（场站）和电网侧储能 i 在 d 日 t 时刻的实际上网电量。

（9）用户电能量电费包含用户中长期费用（等于中长期合同电费与中长期合同阻塞电费之和）、日前电能量电费、实时电能量电费、输配电费和各类政府性基金。电网企业每日计算用户 96 点用电信息，每月按照结算例日进行电能量电费结算。计算公式如下：

$$C_{参与日前实时} = C_{中长期} + C_{日前} + C_{实时}$$

$$C_{中长期} = C_{中长期合同阻塞} + C_{中长期合同阻塞电费}$$

其中，$C_{参与日前实时}$ 为经营主体电能量电费支出；$C_{中长期}$ 为经营主体中长期费用（中长期费用等于中长期合同电费与中长期合同阻塞电费之和）；$C_{日前}$ 为经营主体日前现货电能量电费；$C_{实时}$ 为经营主体实时现货电能量电费。

6.3.5 不平衡资金计算及分摊方式

甘肃省级现货市场的不平衡资金仅包括省间双轨制不平衡资金。

由于月内开展的各类省间短期外送交易，在省内按现货市场价格结算，但省外按省间交易价格结算，两者产生的费用偏差即为省间双轨制不平衡资金。

（1）按照省间短期交易结算价格与参与省间短期交易结算的发电企业月度正偏差均价计算省间双轨制不平衡资金：

$$R_{省间双轨制} = Q_{省间外送} \times \left(P_{省间结算} - P_{实时均价} \right)$$

其中，$Q_{省间外送}$ 为省间外送电量，$P_{省间结算}$ 为省间外送交易结算价。

（2）省间双轨制不平衡资金由火电机组及新能源场站按照月度实际上网电量比例分摊，分摊方式如下：

$$R_{省间双轨制,i} = R_{省间双轨制} \times \frac{Q_{月度实际上网,i}}{\sum_{i}^{n} Q_{月度实时上网,i}}$$

其中，$R_{省间双轨制,i}$ 为经营主体 i 分摊的省间双轨制不平衡资金；$Q_{月度实时上网,i}$ 为经营主体 i 月度实际上网电量。

6.3.6 现货市场运营费用及分摊方式

现货市场运营费用由火电正常开机补偿、火电紧急调用开机补偿、调频能量补偿、用户侧偏差收益回收资金、用户侧中长期合同履约不足回收资金、上月差错追补资金组成。

1. 火电正常开机补偿费用

对依据日前可靠性机组组合优化结果正常开/停机的火电机组，若该机组系停机 72h 内再次并网，则按此次停机持续时长与 72h 的差值等比例计算补偿费用，若连续停机时间超过 72h，则不再补偿。计算公式如下：

$$R_{启动} = \sum \left\{ P_{启动,i} \times \mathrm{MAX} \left[0, \left(\frac{72 - H_{停机,i}}{72} \right) \right] \right\}$$

火电正常开机补偿费用按月度现货电量比例在发用双侧进行分摊，并按月进行分摊，分摊方式如下：

$$R_{启动,i} = R_{启动} \times \frac{\left|Q_{负现货电量,i}\right| + Q_{正现货电量,i}}{\sum\left(\left|Q_{负现货电量,i}\right| + Q_{正现货电量,i}\right)}$$

2. 火电紧急调用开机补偿费用

电网安全约束或事故处理等突发异常情况，由市场运营机构紧急调用开机的火电机组，需要计算事故调用机组启动补偿费用，并计作补偿资金。

电网安全约束及事故调用机组指由于电网安全约束或运行机组故障跳闸等突发情况，为保证电网安全稳定运行，由调度机构紧急调用机组开机的情况。

紧急调用开机的火电机组，需要计算事故调用机组启动补偿费用，调用时段该机组产生的上网电量按以下方式处理：

3. 调频能量补偿费用

调频辅助服务市场中在每个交易时段中标的常规能源机组，以及参与调频的新能源场站，因参与实时调频导致实际发电量与实时现货市场出清计划电量的偏差，按照每个交易时段分别统计，计入补偿资金。

4. 阻塞风险对冲费用

（1）市场初期，在结算环节设置阻塞风险对冲费用机制，对参与现货市场日清分的发电企业合理中长期合同产生的中长期阻塞费用进行回收或补偿，具体如下：

1）当某电源企业节点边际电价大于等于中长期合同结算参考点现货电价时，回收中长期合同阻塞费用，即阻塞风险对冲费用为负值。

$$R_{阻塞风险对冲费用} = \sum_{i}^{n}\sum_{t}^{T} Q_{中长期合同,i,t} \times \left(P_{结算参考点,i,t} - P_{日前节点,i,t}\right)$$

2）当某电源企业节点边际电价小于中长期合同结算参考点现货电价时，补偿中长期合同阻塞费用，即阻塞风险对冲费用为正值。

对于水电：

$$R_{阻塞风险对冲费用} = \sum_{i}^{n}\sum_{t}^{T} Q_{中长期合同,i,t} \times \left(P_{结算参考点,i,t} - P_{日前节点,i,t}\right)$$

对于新能源：

$$R_{阻塞对冲费用} = \sum_{i}^{n}\sum_{t}^{T}\left[\min\left(Q_{实际上网,i,t}, Q_{中长期合同,i,t}\right) \times \left(P_{结算参考点,i,t} - P_{日前节点,i,t}\right)\right]$$

对于火电：

$$R_{阻塞风险对冲费用} = \sum_{i}^{n}\sum_{t}^{T}\left\{\min\left[\max\left(Q_{50\%}, Q_{实际上网,i,t}\right), Q_{中长期合同,i,t}\right] \times \left(P_{结算参考点,i,t} - P_{日前节点,i,t}\right)\right\}$$

其中，$Q_{50\%}$ 为火电企业带 50% 额定容量出力工况下对应的上网电量。

（2）所有阻塞风险对冲费用净值由参与现货市场日清分的发电企业按照月度上网电量比例分摊：

$$R_{阻塞风险对冲费用,i} = R_{阻塞风险对冲费用} \times \frac{Q_{月度上网,i}}{\sum_{i}^{n} Q_{月度上网,i}}$$

其中，$R_{阻塞风险对冲费用,i}$ 表示经营主体 i 分摊的阻塞风险对冲费用，$Q_{月度上网,i}$ 表示表示发电侧经营主体 i 月度上网电量，$\sum_{i}^{n} Q_{月度上网,i}$ 表示所有参与分摊的经营主体月度总上网电量。

5. 上月差错追补资金

在上一运行月结算结果发布后，因各种原因产生的需额外追补或收缴的费用，计入上月差错追补资金，并在当月现货市场结算中予以兑现。

差错追补资金按其产生原因，依据本细则中"不平衡资金"或"市场运营费用"相应规则计算分摊，其中由于现货偏差电量、电费计算中产生的差错追补资金，按照省内双规制不平衡资金分摊规则在市场主体间分摊。

第7章

电力辅助服务市场

7.1 电力辅助服务市场的概念与定义

依据2021年12月21日国家能源局下发的《电力并网运行管理规定》（国能发监管规〔2021〕60号）、《电力辅助服务管理办法》（国能发监管规〔2021〕61号），辅助服务包括有功平衡服务、无功平衡服务和事故应急及恢复服务。其中，有功平衡服务包括调频、调峰、备用、转动惯量、爬坡等电力辅助服务；无功平衡服务即电压控制服务；事故应急及恢复服务包括稳定切机服务、稳定切负荷服务和黑启动服务。同时，上述文件规定了各辅助服务品种的定义、补偿方式和补偿参考因素，是辅助服务管理的基本框架。全国各区域能源监管机构分别根据本区域电网情况，牵头制定具体的《区域发电厂并网运行管理及辅助服务管理实施细则》（以下简称"两个细则"）执行标准。也就是说，各区域"两个细则"管理框架基本相同，但在执行标准上有所差异。

随着电力系统新能源高占比特性凸显，"调峰"和"备用"越来越成为资源最稀缺的两个品种。其中"调峰"品种指火电机组针对新能源涨发过程，逐渐降低出力到深度调峰区的行为，立足于新能源消纳；"备用"品种指火电机组针对新能源落发过程，逐渐增加出力进行顶峰支援的行为，立足于系统电力保供。

辅助服务市场系指电力市场中针对保证系统安全稳定运行所需的辅助服务进行交易的市场。随着全网新能源占比不断提高带来消纳任务持续加重，系统调峰资源匮乏，火电机组常规调节能力已不能满足新能源消纳需求，同时"两个细则"定额补偿标准较低，不足以调动火电主体开展深度调峰的积极性，"调峰"辅助服务品种迫切需要迈向市场化运作来提升主体能动性和疏导成本。2017年以来，为解决新能源快速发展带来的调峰困难，用市场化手段推动新能源消纳，在西北能监局的指导下，国网西北分部协同五省（区）公司开展区域调峰辅助服务市场建设。2019年，随着最后一家省内调峰市场（陕西）进入试运行，西北区域调峰辅助服务市场全面建成。

2020年以来，为适应电力市场化改革要求，着力解决新能源反调峰带来的电力保供问题，国网西北分部继续协同五省（区）公司拓展"备用"辅助服务品种迈向市场化运作，开展省间备用辅助服务市场建设，目前已开展了三轮结算试运行。

7.2 调峰辅助服务市场

7.2.1 构建西北调峰辅助服务市场的背景文件

（1）《中共中央 国务院关于进一步深化电力体制改革的若干意见》要求：以市场化原则"建立辅助服务分摊共享新机制"以及"完善并网发电企业辅助服务考核机制和补偿机制"。

（2）国家发展改革委《关于推进电力市场建设的实施意见》：建立辅助服务交易机制，并按照"谁受益、谁承担"的原则，积极开展跨区跨省辅助服务交易。

7.2.2 西北调峰辅助服务市场的构建历程

2017年4月，国家能源局发布《完善电力辅助服务补偿（市场）机制工作方案》（国能发监管〔2017〕67号），西北电网按照"求大同，存小异"原则启动调峰辅助服务市场建设工作。

2018年4～10月，甘肃、宁夏、新疆三省（区）省内调峰辅助服务市场先后进入试运行。2019年6～11月，青海、陕西省内辅助服务市场先后正式运行，标志着西北区域调峰辅助服务市场体系全面建成。

特别需要提出的是，2018年11月28日，西北区域省间调峰辅助服务市场进入试运行，将辅助服务市场推向了新的里程碑。2019年，国家能源局西北监管局下发了《关于印发西北区域省间调峰辅助服务市场运营规则（试行）的通知》（西北监能市场〔2019〕1号），建立了西北省间调峰市场，设计了水火电有偿调峰、火电机组启停调峰、自备企业虚拟储能的交易品种，明确了上述调峰的申报价格范围。2020年国家能源局西北监管局下发了《国家能源局西北监管局关于印发西北区域省间调峰辅助服务市场运营规则的通知》（西北监能市场〔2020〕8号），该规则在2019年规则的基础上，创新建立了用户侧调峰的交易补偿机制，明确了特高压直流配套电源参与西北省间调峰市场交易机制。

7.2.3 西北区域调峰辅助服务市场主体及运作原理

1. 调峰辅助服务市场品种

西北区域调峰辅助服务市场遵循"创新、协调、绿色、开放、共享"的新发展理念，在火电机组有偿调峰、启停调峰的基础上，创新开发了自备企业虚拟储能、用户有偿调峰、共享储能以及水电机组有偿调峰等品种，市场主体的多样性、品种的丰富性在国内首屈一指。

（1）水火电有偿调峰品种：水、火电机组利用富余能力参与市场提供调峰服务。

（2）火电启停调峰品种：火电机组通过短时启停提供的调峰服务。

（3）虚拟储能品种（VSS）：是指运用市场手段，灵活转换虚拟储能服务提供商（自备企业）用电、发电两种角色，实现自备企业双向大范围调节，发挥类似储能设备的存取能力，利用储存电量的能力提供的调峰服务，为新能源消纳挖潜创效。

（4）用户调峰品种：用户侧可调节负荷主动参与市场，向调峰资源不足省（区）提供的调峰服务。针对西北电网高载能企业多且具有高电价敏感性的情况，初期用户调峰以高载能企业为主，在新能源受限时增加自身用电负荷，释放新能源发电空间。

（5）共享储能品种：储能电站利用储存电量的能力提供的调峰服务。通过创新共享储能的市场调峰模式，引导储能电站主动为新能源提供调峰服务，在青海鲁能多能互补储能电站开展试点，目前已规模化推广。

调峰辅助服务市场中，提供服务的主体（火电、水电、用户、储能）获取辅助服务费用，由风电、光伏及未达调峰基准的火电机组向提供调峰服务的主体支付辅助服务费用。

2. 调峰辅助服务市场分类

西北区域调峰辅助服务市场按照地理维度，可分为省内调峰辅助服务市场和省间辅助服务市场。

（1）省内调峰辅助服务市场需求为考虑省内常规电源正常调节（火电机组最小50%技术出力）后存在的富余新能源消纳需求。通过火电深调分档报量报价、电化学储能不分档报量报价、用户侧调峰报量报价以及自备企业报量报价，开展集中优化出清，满足富余新能源消纳需求。省内调峰市场由所在省（区）调控中心负责建设运营，西北网调直调机组全部纳入地理所在省（区）的省内调峰辅助服务市场运作。

（2）省间调峰辅助服务市场需求主要考虑在省内调峰资源用尽后，还需进一步通过省间调峰市场机制解决省间富余新能源消纳需求，由西北网调负责建设维护运转。新能源富裕省（区）调代理本省的富裕新能源申报省间调峰需求，由其他省（区）的火电企业分档报量报价、电力用户及自备企业报量报价参与西北省间调峰市场，提供调峰辅助服务，通过集中竞价确定调峰辅助服务收益。目前运作初期仅西北网调直调火电机组（60万kW及以上）纳入省间市场，后期将逐步扩大到全网全部30万kW以上火电机组。

省间调峰市场卖方是西北直调火电、水电，以日前计划为基准分档报价；买方由省调代理，报量不报价，日前计划和50%负荷率之间的有偿调峰电量予以追补，以月度为单位进行滚动平衡；50%负荷率以下产生的调峰电量不予追补，作为替发电量从当月发电计划中予以核减。调峰费用原则上由买方（风电、光伏、水电和出力未降至省内调峰基准的火电机组，各省视自身情况确定买方主体）按调峰时段的电量比例进行分摊。

3. 省内省间调峰辅助服务市场的衔接

"省内+省间"调峰辅助服务市场并行建设,二者之间按照"先省内、后省间"的原则进行衔接。

出清流程:在省间辅助服务市场开展前,省内辅助服务市场先行开展预出清。在省内预出清的基础上,各市场主体再参与到省间辅助服务市场申报出清。在省间辅助服务市场出清后,根据交易结果更新各省地理联络线,省内辅助服务市场在最终的各省地理联络线基础上形成正式出清结果。

执行考核与成本分摊:省内市场叠加省间市场出清结果执行,按省内市场规则进行考核。调峰市场成本分摊方面,各省(区)新能源接受的调峰辅助服务成本,按各省(区)内调峰辅助服务市场的分摊规则进行分摊,一般参与分摊的主体有接受调峰服务的新能源、在调峰市场执行时段未减至最小技术出力的火电机组等。

对于某一市场主体而言,在其所在省自身有调峰需求(新能源消纳弃电)时,优先参与省内市场竞价出清。若本省无调峰需求或满足本省调节需求后还有余量调节能力时,可再参与对省间市场的竞价出清。对于某一个调峰需求省份而言,出清顺序依次为:本省机组浅调、本省机组深调,省间机组浅调、省间机组深调。对于省间调峰市场的浅调行为产生的交易电量在月内通过滚动返还的形式,尽量不发生结算。而深调行为产生的交易电量在月内直接结算,不做滚动返还。

4. 辅助服务市场的拓展

西北区域调峰辅助服务市场在火电机组"有偿调峰""启停调峰"的基础上,创新开发了水电机组有偿调峰、自备企业虚拟储能、用户有偿调峰以及共享储能等品种。发布可调节负荷参与西北省间调峰市场准入、退出规则,规范荷侧资源参与省间调峰市场工作。

建立"三层级"的特高压直流配套电源参与市场机制。2020年起,吉泉、昭沂、灵绍直流配套电源先后正式参与西北区域调峰市场,用市场化手段实现直流配套电源的常态化调峰。

7.2.4　西北区域调峰辅助服务市场主体及参与方式

1. 西北区域调峰辅助服务市场主体

西北区域调峰辅助服务市场的市场主体包括提供服务方、接受服务方和输电方三类,具体规定如下。

(1)提供服务方:现阶段,西北电力调控分中心直调火电机组(含国调委托调管机组)、水电机组,西北区域内的虚拟储能服务提供商及具备一定调节能力的用户或负荷集成商可参与市场。条件成熟后,各省(区)调直调机组及天中、吉泉等西北区域内特高压直流配套电源可参与市场。

（2）接受服务方：参与西北电网外送的直流配套新能源企业，西北区域内其他风电、光伏、水电等清洁能源企业，出力未降至调峰基准的火电机组（含热电机组），具体在各省（区）分摊细则中确定。市场初期清洁能源企业由所属调控机构代理参与市场。

（3）输电方：电网企业。

2. 各类市场主体参与方式

当前西北区域省间调峰辅助服务市场包括有偿调峰、启停调峰、虚拟储能、用户侧调峰。其中有偿调峰可分为火电有偿调峰和水电有偿调峰。

火电机组通过参与火电有偿调峰（深度调峰）和启停调峰（机组72h内短时启停）提供调峰辅助服务。

水电机组主动以"群"模式参与水电有偿调峰，向调峰资源不足省区提供调峰服务。

虚拟储能服务提供商利用储存电能的能力，通过参与虚拟储能调峰交易，向调峰资源不足省区提供调峰服务。

用户侧可调节负荷主动参与用户侧调峰交易，向调峰资源不足省区提供调峰服务。

7.2.5 西北区域调峰辅助服务市场组织流程

1. 日前市场组织

每个工作日组织次日96个时段（00:00～24:00，15min为一个时段）的日前辅助服务。节假日前，可集中组织节日期间的多日交易，具体时序如下：

（1）工作日9:00前五省（区）调控中心通过跨省调峰辅助服务市场平台向分中心上报次日系统负荷预测、清洁能源预测等信息，分中心在平台上进行发布。

（2）工作日9:30前，火电机组完成次日96点跨省有偿调峰电力曲线、电价信息及启停调峰电价申报；虚拟储能服务提供商完成次日96点储能能力申报；用户完成次日可调节负荷量、可调节时长申报；五省（区）调控中心完成次日水电有偿调峰电价申报。

（3）工作日10:00前完成省间调峰辅助服务市场中电源、用户报价的集中排序工作，做好省间调峰市场出清准备。五省（区）调控中心完成省间短期交易。

（4）工作日10:30前，五省（区）调控中心完成跨区现货相关报送工作。

（5）工作日15:00前，分中心按照国调下发跨区联络线计划，向五省（区）调控中心下发次日跨省联络线计划。

（6）工作日15:30前，五省（区）调控中心完成次日96点跨省调峰需求曲线申报，申报前需进行合理性校验并通过初步安全校核；同时，对本省水、火电机组、虚拟储能服务提供商、用户申报的次日跨省调峰能力进行校核。分中心完成对直流配套火电申报的次日跨省调峰能力的校核。

（7）工作日16:30前，分中心完成次日跨省调峰服务市场出清、调用工作，下发最终的次日跨省联络线计划。

（8）工作日17:00前，分中心及五省（区）调控中心完成次日电能计划编制。

2. 日内市场组织

日内省间调峰辅助服务市场允许接受服务方随时申报调峰需求，调度机构视情况安排调峰服务，具体时序如下：

（1）$T-30min$前（交易时段起始时刻为 T，下同），接受服务方完成本时段内省间调峰需求曲线申报，最长可申报 T 时刻至 $T+3.5h$ 之间的调峰需求，申报前需进行合理性校验并通过初步安全校核。同时，对本省水、火电机组及虚拟储能服务提供商申报的省间调峰能力进行校核。

（2）$T-25min$前，分中心完成本时段内跨省调峰服务市场出清，形成满足安全约束的出清结果。

（3）$T-15min$前，分中心下发提供服务方机组发电计划、用户用电计划（$T+1h\sim T+3.5h$）。

7.2.6 调峰市场费用计算、执行考核和分摊机制

1. 调峰市场费用计算及对电量计划的影响

（1）火电有偿调峰品种：市场费用按照各档有偿调峰电量及对应市场出清价格结算。其中有偿调峰电量分为三档：第一档系指火电机组负荷率高于50%的部分所形成的积分电量；第二档系指火电机组负荷率高于40%、低于50%的部分所形成的积分电量；第三档系指火电机组负荷率高于30%、低于40%的部分所形成的积分电量；第四档系指火电机组负荷率高于20%、低于30%的部分所形成的积分电量；第五档系指火电机组负荷率高于0%、低于20%的部分所形成的积分电量。市场出清价格是指机组所在省被实际调用的最后一台调峰机组报价。计算公式如下：

火电有偿调峰市场费用=第一档调峰电量×第一档出清价格+第二档调峰电量×第二档出清价格+第三档调峰电量×第三档出清价格+第四档调峰电量×第四档出清价格+第五档调峰电量×第五档出清价格

火电有偿调峰第一档调峰电量予以追补，以月度为单位滚动平衡。第二、三、四、五档调峰电量均不予追补，作为替发电量在当月发电计划中核减。

（2）火电启停调峰品种：市场费用根据出清结果结算。市场出清价格是指当日实际调用到最后一台启停的同容量级别机组报价。启停调峰产生的调峰电量予以追补，以月度为单位滚动平衡。

（3）水电有偿调峰品种：市场费用根据出清结果结算。有偿调峰电量是指水电机组出

力低于水电计划形成的未发电量，出清价格为接受服务方日前申报的最高价格。水电有偿调峰电量采用"日平衡、月收口"的模式在月内平衡，确保不影响水库计划。

（4）储能设施及自备电厂（虚拟储能）：目前市场初期采取定价模式，市场费用根据出清情况计算，原则上储能设施及自备电厂虚拟储能在储能过程中产生的调峰电量不影响其月度电量计划。

（5）用户侧调峰：目前市场初期采取定价模式，市场费用根据出清结果结算。

2. 执行考核

（1）火电机组因缺陷等自身原因导致实际调峰电量低于出清电量时，对调峰电量缺额部分进行考核，考核罚金将按比例补偿参与偏差调整的其他火电机组。计算公式如下：

$$考核罚金=缺额电量×出清电价×1.3$$

$$缺额电量=\sum_{i=1}^{n}（机组出清电力-实际调峰电力）$$

其中：n 为出清时长。

当火电机组因缺陷等自身原因导致实际调峰电量高于出清电量时，多调整部分不予补偿。

（2）储能设施及自备电厂因缺陷等自身原因导致调峰电量低于出清调峰电量的90%时，对调峰电量缺额部分进行考核，考核罚金由所在省内参与偏差调整的其他市场主体获得。

$$考核罚金=max（0，出清储能调峰电量×90\%-实际储能调峰电量）×出清电价×1.3$$

（3）当储能设施及自备电厂因缺陷等自身原因导致实际调峰电量高于出清电量时，多调整部分不予补偿。

由于用户实际调峰电量缺额带来的辅助服务费用偏差，由所在省（区）参与偏差调整的其他主体获得。

3. 分摊机制

火电启停调峰、水电有偿调峰、储能设施及自备电厂、用户侧调峰中省内分摊细则由五省（区）电力公司制定，向所在省（区）能源监管派出机构报备后执行。直流配套新能源分摊细则由所在省电力公司制定，向所属能源监管派出机构报备后执行，其中昭沂直流配套新能源分摊细则向西北能源监管局报备后执行。

7.2.7　西北调峰辅助服务市场运营效益

自2018年4月西北第一家省内调峰辅助服务市场启动，截至2022年年底西北区域调峰辅助服务市场整体运行平稳、有序，累计116366笔，调峰电量366.86亿kWh，调峰费用92.92亿元。

其中，西北省内调峰辅助服务市场累计调峰33022笔，调峰电量180.43亿kWh，调峰费用67.88亿元。新疆、甘肃省内市场调峰电量较大，与本省新能源资源、消纳空间、市场运营时长等情况相匹配。

西北省间调峰辅助服务市场自2018年11月28日启动，截至2022年年底省间市场累计调峰83344笔，调峰电量186.43亿kWh，调峰费用25.04亿元。其中，火电、水电调峰电量占比约为99%，是主要的服务提供者；虚拟储能、用户调峰处于起步阶段，未来发展空间广阔。

7.2.8 西北调峰辅助服务市场实施效果

1. 有效提升西北新能源高效利用水平

西北区域调峰市场有效激发市场主体动力和潜力，新能源企业实现减弃增发，累计增发全网新能源电量366.86亿kWh，提升全网新能源利用率4.10个百分点，节约煤炭消费1014.13万t，减排二氧化碳2503.02万t、二氧化硫5.03万t、氮氧化物5.21万t，有效实现碳减排，服务新能源助力"双碳"目标。

2. 体现市场主体调峰价值

西北网内共有125家市场主体通过区域调峰市场提供了服务，累计调峰收益93.49亿元，扩展了盈利模式，提升了盈利水平。

3. 形成良好的市场激励机制

在市场的引导和激励下，各市场主体主动开展机组灵活性改造工作，进一步提升机组调峰性能，以获取更高的调峰收益。西北电网8858万kW火电机组主动开展灵活性改造，公网火电机组平均已可深调至34%额定容量，累计释放深调能力1800万kW。其中秦岭电厂（66万kW机组）可深调至10%，同类型机组中达到国内领先水平。

4. 有力推动"降低企业用电成本"

提升源网荷储协同互动水平。积极引导62家用户、自备企业和储能电站主动参与电网调峰，为多元并网主体共享资源、分担责任、互利共赢提供了市场平台，实现绿色、高效、协调发展。用户侧通过参与调峰辅助服务市场，2022年累计赚取调峰收益2381万元。随着用户规模不断增大，预计2023年赚取调峰收益可望达到5000万元以上，显著降低了企业用电成本。

7.3 备用辅助服务市场

7.3.1 西北区域拓展备用辅助服务市场的必要性

（1）通过西北省间交易体系组织备用方式存在提升空间。目前双边交易采用省与省签订的中长期框架价格，电价灵活性不足，难以充分体现电能的时空价值，各省参与意愿不高；目前备用互济主要采取置换的方式，置换本质上还是属于指令性质，在现有大的市场环境下无偿置换模式不具备可持续性。同时置换须在月内滚平，调度操作复杂工作量激增。

（2）发电企业提供备用后的贡献未得到充分兑现，备用服务亟需由行政化手段向市场化手段过渡。目前，备用组织以省为单位，备用的电能价值未能一一兑现至各发电企业，企业在经营中出于逐利心理，更加关注可直接获利的深调能力，个别企业甚至忽略了机组的上调能力，导致可能在电网高峰上备用紧张时无法提供额定容量的备用，影响大电网安全稳定运行水平。

综上所述，亟需建立西北区域备用辅助服务的市场化补偿机制，引导实现区域内资源优化配置，提高各省网省间互济能力，提升大电网运行的安全性、经济性。

7.3.2　西北区域备用辅助服务市场建设的背景文件

（1）《关于进一步深化电力体制改革的若干意见》（中发〔2015〕9号）。

（2）《中共中央　国务院关于新时代推进西北大开发形成新格局的指导意见》。

（3）《关于建立健全清洁能源消纳长效机制的指导意见》。

7.3.3　西北区域备用辅助服务市场构建历程

2020年起，为进一步适应电力市场化改革要求，着力解决电力保供问题，激活市场竞争力，体现备用时空价值，国网西北分部协同五省区公司启动省间备用辅助服务市场建设。当年8月开展西北省间备用辅助服务市场建设及模拟运行工作，并于2021~2022年开展了西北省间备用辅助服务市场三轮结算试运行，取得了以下三方面的成效：

（1）实现了备用价格的市场化形成，反映了更短时间尺度的备用时空价值。

（2）提升了西北各省余缺互济水平，平衡紧张省份实现购电1.96亿kWh，保障了电力可靠供应，新能源富裕省份送出0.42亿kWh，有效补充了调峰辅助服务市场。

（3）培育了市场主体参与意识，32家市场主体积极参与市场、优化报价，市场活力持续提升。

在总结以上三轮结算试运行的基础上，根据运行结果完善市场规则，2022年9月起西北电网开始长周期试结算运行。

7.3.4　备用辅助服务市场的功用

西北省间备用辅助服务市场主要满足西北省间备用互济需求，由西北网调运营。发电企业直接或通过省调代理参与市场报量报价申报备用能力,电网企业代理本省用户参与市场报量报价申报备用需求,采取"双边竞价-保障性匹配-紧急支援"的出清匹配机制。其主要功用如下:

（1）建立市场化的省间备用交易机制,替代指令性的置换类互济。

（2）形成"正常出清-保障性匹配-紧急支援"的阶梯价格机制,在省间备用双边竞价交易外,建立对电力保供、新能源消纳的保障及紧急支援机制。

7.3.5　西北区域备用辅助服务市场主体及参与方式

西北区域备用辅助服务市场只有"省间备用辅助服务市场"一种类型。售电方包括电力富裕省电力公司、直流配套电源、网调直调电厂（区内内供电源）,采取"报量报价"形式参与市场。各售电主体按照光伏大发时段（9:00～17:00）、晚高峰时段（17:00～22:00）和其余时段三个时段申报不同的量价曲线,申报价格上限参考西北各省（区）标杆价格设置。

购电方包括电力短缺省电力公司、直流配套电源、部分自备企业,待市场成熟后,适时引入大用户或售电公司。购电主体评估自身备用缺口,根据需求在市场中提交购电申请,采用询价或竞价方式参与。

各省电力公司的主体参与方式如下:

（1）根据联络线计划、负荷、发电能力预测情况,确定本省（区）预平衡的余缺情况。

（2）选择作为购电方或售电方的身份进入市场。

（3）作为售电方申报信息时按照"报量报价"形式,剔除网调直调电厂发电能力后进行申报。作为购电方申报信息时可按照"报量报价"或者"报量不报价"形式参与市场,作为价格的接受者。

网调直调电厂的主体参与方式如下:

（1）优先参与省（区）内预平衡,接收发电预计划,根据发电预计划及自身发电能力确定富余发电能力。

（2）确定是否参与市场,若参与仅能作为售电方。

（3）由于只能作为售电方,所以申报信息时须按照"报量报价"形式。

自备企业的主体参与方式如下:

（1）平衡自身用电需求后上、下网能力。

（2）确定是否参与市场,若参与仅能作为购电方。

（3）申报信息时可按照"报量报价"形式,也可按照"报量不报价"形式作为价格接受者。

直流配套电源的主体参与方式如下：

（1）直流配套电源单独控制区内预平衡。以"配套火电+配套新能源=直流配套成分"为边界，按照配套新能源预测、配套火电发电计划及自身最大、最小发电能力，确定配套电源的电力余缺情况。

（2）确定直流配套电源的购、售身份。配套火电机组自主申报，选择作为售电方或购电方进入市场；配套新能源由所在省（区）调代理，选择作为售电方或购电方进入市场。

（3）申报信息。当配套火电总+配套新能源＜直流配套成分，配套火电或新能源根据缺额需求申报备用需求；由过错方"报量报价"（即发电权卖出）。当配套火电总+配套新能源＞直流配套成分，配套火电和新能源根据自身富余发电能力"报量报价"申报售电能力。

7.3.6　西北区域备用辅助服务市场运作机制

1. 集中竞价、边际出清机制

在购售双方报价基础上，考虑输电价格和网损，将购电方申报价格和电力折算到售电方，再采用"高低匹配"的方式进行集中竞价、边际出清。

存在价差相同的多个交易对时，购售方的成交电力按照交易申报电力比例进行分配。

最后一笔成交电量购售双方报价的平均值为系统边际电价，成交电量按照系统边际电价结算。

2. 结算机制

市场结算执行日清月结，与当月电费结算同步完成。输配电价及网损按当前政策执行。

3. 缺省保底机制

（1）电力供应不足的情况：

1）对于市场主体备用不足但未申报的情况，采取强制高价出清，出清价格为省间强迫价格；

2）对于市场主体申报备用需求未全额匹配的情况，未匹配部分可采取强制出清，出清价格取某中间。

（2）新能源消纳不足的情况：

1）对于市场主体有富余备用能力但未申报的情况，采取强制低价出清，出清价格为省间强迫价格；

2）对于市场主体所申报富余备用能力未全额匹配的情况，未匹配能力自动转入西北跨省调峰辅助服务市场进行二次出清，若出清后仍无法全额匹配，省间短期竞价市场可强制出清，出清价格取某中间价。

7.3.7　西北区域备用辅助服务市场组织流程

西北区域辅助服务市场备用交易可在日前和日内组织。其中：日前组织是每个工作日组织次日96个时段（15min为一个时段）的日前交易。节假日前可集中组织多日交易；日内组织是按照至少提前30min组织下个15min～4h的交易。

1. 西北区域日前备用辅助服务市场组织流程

（1）每日8:45前，网调及各省调发布日前预计划/预出清。

（2）每日9:00前，各市场主体确定各自的发用电余缺，上报信息至西北备用辅助服务市场平台。

（3）每日9:30前，网调组织日前出清，下发市场出清结果及西北省间联络线计划。

（4）每日10:00前，各市场主体根据平台下发的出清结果，进行跨区现货申报。

（5）每日12:00前，国调开展跨区现货出清，下发日前现货市场出清结果及跨区联络线。

（6）每日14:30前，网调更新和下发西北省间联络线计划。

（7）每日16:00前，网调完成次日西北跨省备用辅助服务市场出清、调用工作，下发最终的次日跨省联络线计划。

（8）每日16:30前，允许市场主体根据日前出清结果对日内备用交易进行二次报价，报价将封存直至运行日。

2. 西北区域日内备用辅助服务市场组织流程

（1）$T-30$min前，各市场主体确定并上报日内 $T-T+4$h新增发用电余缺至西北备用辅助服务平台。

（2）$T-25$min前，网调组织西北备用辅助服务市场，价格取日前封存报价，日内出清后下发西北省间联络线计划、配套电源、分中心直调机组以及自备企业的出清结果。

（3）$T-20$min前，各省调根据分中心下发的省间联络线计划，开展省内实时现货市场出清或省内实时发电计划编制，并下发执行。

（4）$T-15$min前，配套电源、分中心直调机组以及自备企业根据出清结果执行。

7.3.8　西北区域备用辅助服务市场与各类市场交易的衔接

（1）与省间中长期交易的衔接：中长期交易保持物理执行，并作为省间备用交易的边界。

（2）与跨区现货市场的衔接：先开展西北省间备用交易，再开展跨区现货市场。

（3）与省内现货市场的衔接：省间备用交易结果作为省内现货市场的边界。

（4）与调峰辅助服务市场的衔接：先开展备用辅助服务市场，再开展调峰辅助服务市场。

7.3.9　西北区域备用辅助服务市场实施效果

1. 保障电力安全可靠供应和水库运行

省间备用辅助服务市场逐步成为西北区域短期省间互济的主要手段。自运转以来截至2022年年底，累计支援西北五省（区）高峰用电量9.21亿kWh，有力地支撑了全网电力保供。其中青海通过备用市场补齐电量缺口15.29亿kW，保障了水库运行和冬季防凌安全。

2. 体现备用时空价值

打破长久以来短期交易相对固化的框架价格体系，将价格形成周期缩短至分钟级，试运行期间，备用市场全天成交价格呈现明显的"中间低、两头高"特征，变化范围达到0.322~0.632元/kWh，更加真实有效地反映了供需形势，形成了有效的价格信号。

3. 构建更加完备的区域辅助服务市场体系

省间备用辅助服务市场与调峰辅助服务市场互为补充，与省间省内现货市场有序衔接，实现电能量市场与辅助服务市场协同促进，形成更加完备的区域辅助服务市场体系。

4. 强化电网安全和促进资源更大范围优化配置

实现电网安全运行和市场有序运作的协调统一，保障电力安全可靠供应。充分发挥市场机制作用，提升省间互济能力，有效促进西北区域内备用共享。

省间备用市场的运营为全网共享资源、分担责任、互利共赢提供了市场平台，挖掘低成本发电资源价格优势，彰显顶峰资源保供价值，形成良性竞争环境，提升资源的优化配置水平。

7.4　灵活调节容量市场

为推进落实中央"碳达峰、碳中和"战略，打造西北区域清洁低碳、安全高效的能源体系，充分挖掘西北区域常规电源、储能以及可调节负荷灵活调节资源潜力，提升风电、光伏等新能源消纳能力，保障西北区域安全稳定运行，国网西北分部开展了西北区域灵活调节资源容量市场建设。

市场交易品种包括调峰容量、顶峰容量、调频容量、爬坡容量、转动惯量市场交易。现阶段仅开展调峰容量、顶峰容量市场交易，后续依据西北区域电力市场开展情况逐步建设调频容量、爬坡容量、转动惯量市场。

西北区域灵活调节资源容量市场的成员包括市场主体、市场运营机构以及电网企业，根据交易品种的不同市场主体有所不同。调峰容量交易中，调峰容量提供方包括西北区域内火电机组、新型储能、可调节负荷（包括独立用户和负荷聚合商）、电锅炉；调峰容量费用分摊方包括西北区域内风电、光伏等新能源企业，未参与或未中标西北调峰容量交易的火电机组（含热电机组）、工商业电力用户。顶峰容量交易中，顶峰容量提供方包括西北区域内新型储能、可调节负荷；顶峰容量费用分摊方包括西北区域内最大发电能力无法达到并网调度协议约定的额定容量或无法达到监管机构（政府相关部门）核定的最大发电能力的火电机组、用电高峰时段存在预测负偏差的新能源企业、未参与或未中标西北区域顶峰容量交易的工商业电力用户。

市场组织方面，调峰容量交易按"季度为主、月度补充"的方式开展组织，顶峰容量交易按月组织。出清机制统一按"单边竞价，边际出清"执行。

调峰容量交易补偿费用计算中，为降低调峰容量分摊方分摊成本、鼓励火电开展增量改造，在调峰容量市场运行后新增的火电厂（企业）机组深调能力，第一个年度时段内，新增的深调能力优先出清，并按新增深调能力对应档位价格上限的2倍进行补偿。一年后该部分新增深调能力正常参与调峰容量市场，新增深调能力在调峰容量市场累积收益超过平均深调改造成本时，该部分新增深调能力对应的调峰容量收益在结算时不再补偿。在调峰容量市场运行前已具备的深调能力，在调峰容量市场运行前获得的调峰市场收益与在容量市场的累积收益已超过平均深调改造成本时，该部分深调能力对应的调峰容量收益在结算时不再补偿。对于新型储能、可调节负荷、电锅炉，进入灵活调节资源容量市场满8年后按正常调峰容量补偿计算得到的补偿费用减半补偿。容量补偿费用按照调峰容量市场出清价格和出清容量计算，并扣除调峰容量提供市场主体收到的各省（区）租赁费用等其他容量补偿收益，扣除后容量市场补偿费用不小于零。

顶峰容量市场交易补偿费用计算中，新型储能、可调节负荷顶峰容量补偿费用根据出清结果计算，日清月结。新型储能及可调节负荷在顶峰容量市场获得补偿的顶峰容量，不能重复参与其他容量类补偿，已获得的其他容量类补偿费用应在顶峰容量费用中予以扣除，降低容量需求方主体的分摊成本。

7.5 调频辅助服务市场

甘肃调频辅助服务市场在现货市场试点时配套运行，采用"日前报价、日内按需调用"方式。发电企业在日前申报调频价格，调频辅助服务市场按照机组调频性能和申报价格进行排序。实时运行中在实时现货市场出清结果的基础上，根据调频容量需求和机组实际调节能力按需调用，并在事后按照市场出清和实际执行结果对参与调频的机组进行"调频里程"补偿。同时为保障调频机组权益，在现货市场中增加了"调频能量补偿"费用，用于调频机组偏离现货市场出清计划后产生的电能量损失补偿。

2022年调频市场随现货市场全年运行，参与调频的市场主体累计贡献调频里程1067万MW，调频里程收益1.45亿元，其中火电企业调频收益8519.7万元，占调频里程收益58.5%；水电调频收益0.47万元，不足调频总收益1%；储能调频收益6024.2万元，占调频里程收益41%。

7.6 调峰容量补偿机制

为适应新能源高占比新型电力系统调峰需求，2022年年底甘肃能源监管办公室印发《甘肃省电力辅助服务市场运行规则（试行）》（甘监能市场〔2022〕238号），这也是全国首个允许储能参与的调峰容量市场规则，将发电侧由"调峰效果付费"改为"调峰能力付费"，激励火电进一步提高灵活性，推动电化学储能建设，促进常规电源和新型主体健康发展。

按照要求，甘肃调峰容量市场自2023年1月30日正式开市运行。交易组织流程如下：

（1）每个自然月开始前，由调度机构依据月度系统负荷预测、新能源发电预测、联络线外送计划、水电和火电月度计划、运行方式等因素，在满足电网安全和电力电量平衡的前提下，以最大能力保障新能源消纳为原则，计算调峰容量需求，并在市场交易公告中向各市场主体发布。

（2）调峰容量需求发布后，发电企业考虑自身情况进行调峰容量市场申报。

（3）申报结束后，调度机构依据市场主体申报量价信息，采用"边际出清"模式进行市场出清并确定各档位出清价格。相关交易结果向市场主体发布。

（4）月内实际运行过程中，发电企业每日需提前申报机组最大发电能力和调峰能力；独立储能每日提前申报储能设施最大充放电能力；日内实时运行中根据电网运行情况，通过实时现货市场集中优化出清实现自动调用。

1月30日调峰容量市场开市当天，共收到14家单位申报数据，其中火电13家21台、独立储能1家。7家火电因供热无深调能力未申报，分别是酒泉热电、八〇三、兰州热电、甘谷电厂、白银热电、西固三厂、武威热电。根据如下公式计算调峰容量：

光伏总装机×同时率×合理利用率+风电总装机×同时率×合理利用率（暂取0.9）+火电典型开机下50%额定出力+水电最小出力−午间系统负荷预测−午间中长期联络线外送计划

从市场运行效果看，2月甘肃调峰容量需求7860MW，申报容量710.5MW，出清容量710.5MW，边际价格500元/（MW·日）；3月调峰容量需求8678MW，总申报容量1111MW，边际价格 1200 元/（MW·日）；4 月调峰容量需求 5770MW，总申报容量 1467.8MW，边际价格 600 元/（MW·日）；5 月调峰容量需求 6627MW，总申报容量 1546.3MW，边际价格 600 元/（MW·日）；6 月调峰容量需求 8673MW，总申报容量 1531.3MW，边际价格 600 元/（MW·日）；7 月调峰容量需求 8198MW，总申报容量 1623.8MW，边际价格 600 元/（MW·日）；8 月调峰容量需求 6235MW，总申报容量 1588.8MW，边际价格 600 元/（MW·日）；9 月调峰容量需求 10888MW，总申报容量 1564.8MW，边际价格 600 元/（MW·日）；10 月调峰容量需求 11872MW，总申报容量 1641.8MW，边际价格 600 元/（kW·日）。

第8章

计 量 与 结 算

8.1 计量

电网企业应当根据市场运行需要为市场主体安装符合技术规范的计量装置。

8.1.1 计量点设置

不具备分表计量条件的市场成员，计量点设置需能够明确计算发电企业、电力用户、省间联络线关口电量。

1. 省间联络线

电网企业应当在产权分界点安装符合技术规范的计量装置，跨区跨省交易均应当明确其结算对应的计量点。

2. 直购电厂及电力用户

计量装置原则上安装在产权分界点，产权分界点无法安装计量装置的，考虑相应的变（线）损。

电能计量装置安装点的设置应满足以下要求：

（1）贸易结算用电能计量点设置在购售电设施产权分界处，出现穿越功率引起计量不确定或产权分界处不适宜安装等情况的，由购售电双方或多方协商。

（2）当用电用户采用2个及以上电源供电时，每个电源受电点分别设置电能计量装置。

（3）分电能计量点按不同电价类别分别设置，电能计量装置安装在执行不同电价受电装置出线处，采用总表加分表的计量方式。

（4）考核用电能计量点，根据需要设置在电网企业或发、供电企业内部用于经济技术指标考核的各电压等级的变压器侧、输电和配电线路端以及无功补偿设备处。

8.1.2 计量装置及数据采集要求

发电企业、电力用户、省间联络线关口计量点应当安装符合计量工作标准的主、副电能表各一套，主、副电能表应当有明确标志，以主电能表计量数据作为结算依据。当主电能表故障时，副电能表计量数据替代主电能表计量数据作为电量结算依据。

1. 符合电压等级要求

发电企业、电力用户安装的计量装置需满足接入负荷电压等级需要，具体需根据电网企业计量中心相关要求执行。

2. 符合结算考核周期采集要求

根据各级交易中心结算规则要求，计量装置数据采集周期及抄表时间应当保证最小交易、结算周期需要，同时需保证计量数据采集准确、完整。

3. 符合结算时间节点数据传递要求

电网企业应当按照电力市场结算要求定期抄录各市场成员电能计量装置数据，并根据时限要求将数据提交电力交易机构。

8.1.3 计量数据确认及争议处理

结算窗口期内，各方市场主体依据自身掌握计量数据确认。

1. 联络线数据确认

各省交易中心根据电网公司计量中心表计电量确认总部、分部下发联络线数据。

2. 上、下网数据确认

发电企业登录交易平台确认月度、分时段上网电量；电力用户登录交易平台确认月度、分时段用电量。

3. 争议反馈及处理方式

市场成员对计量数据存在疑义时，由具有相应资质的电能计量检测机构确认并出具报告，由电网企业组织相关市场成员协商解决。

8.2 结算科目设置

北京电力交易中心于2021年7月下发《北京电力交易中心有限公司关于规范交易结算科目设置和使用的通知》（京电交结〔2021〕41号），根据国网辖区内各级交易中心交易结算内容和市场统计要求，设计制定了电力交易结算科目体系。2022年5月下发《北京电力交易中心有限公司关于统一交易结算单式样应用的通知》（京电交结〔2022〕30号），经广泛征求各交易中心意见后，编制了规范统一的交易结算单式样，进一步推进电力交易结算专业标准化建设，提升交易结算服务质量。电力交易结算科目体系及统一交易结算单式样于2022年8月同步应用，全面实现交易结算科目通行、通用，结算单规范、统一。

8.2.1　结算科目

结算科目采取统一管理、分级编码、分层组合的方式实现，是交易结算的基础，通过唯一编码确定科目名称。结算科目前四级由北京电力交易中心负责管理，如表 8-1 所示，各单位可根据业务需要增设五至六级科目。

表 8-1　　　　　　　　　　　　　交易结算科目

一级科目		二级科目		三级科目		四级科目		组合编码
电能交易	01	中长期交易	01	优先发购电交易	01	低价保障电量	01	01010101
						必开电量	02	01010102
						其他优先发电	03	01010103
				电力直接交易	02	绿色电力直接交易	01	01010201
						电网公司购电交易	02	01010202
						其他电力直接交易	03	01010203
				抽水招标交易	03			
				省间送受电交易	04	配套电源省间送受	01	01010401
						省间绿色电力交易	02	01010402
						其他省间交易	03	01010403
				合同转让交易	05	优先发电转让交易	01	01010501
						其他转让交易	02	01010502
				合同回购交易	06			
				调试及试运行电量	07		00	01010701
							00	
				预挂牌交易	08	上调电量	01	01010801
						下调电量	02	01010802
				超合同电量	09	超发电量	01	01010901
						超用电量	02	01010902
				少合同电量	10	少发电量	01	01011001
						少用电量	02	01011002
		现货交易	02	省间现货交易	01	日前交易	01	01020101
						日内交易	02	01020102
						实时交易	03	01020103
				省内现货交易	02	日前交易	01	01020201
						日内交易	02	01020202
						实时交易	03	01020203
		应急调度交易	03	日前交易	01			
				日内交易	02			
				实时交易	03			

一级科目		二级科目		三级科目		四级科目		组合编码
权益和凭证交易	02	可再生能源超额消纳量交易	01	水电超额消纳量交易	01			
				非水可再生能源超额消纳量交易	02			
		输电权交易	02					
容量市场交易	03							
辅助服务交易	04	调频服务交易	01					
		备用服务交易	02					
		深度调峰服务交易	03		00		00	04030000
		无功调节服务交易	04					
		黑启动服务交易	05					
		启停调峰服务交易	06		00		00	04060000
		其他辅助服务交易	07					
偏差考核费用	05	责任偏差费用（省间）	01					
		偏差结算费用（省内）	02					
		其他偏差考核费用	03					
市场补偿和分摊费用	06	成本补偿	01	启动费用	01			
				运行成本	02			
				燃气机组	03			
				其他	04		00	06010400
		资金余缺费用	02	阻塞费用	01			
				结构不平衡费用	02		00	06020200
				优购损益费用	03			
				其他	04			
两个细则考核费用	07							
超低排放	08							
输电费/输配电费	09	电量输电/输配电费	01					
		容量输电/输配电费	02					
退补及清算	10	退补	01		00		00	10010000
		清算	02					
服务费	11	交易手续费	01					
		管理服务费	02					

北京交易中心同步发布交易结算科目名词解释，对各科目列示内容及列示方式进行了明确的定义及要求，确保列示内容准确、统一。

8.2.2　交易结算单式样

交易结算单是结算结果的具体体现，主要分为省间、发电企业、批发用户、售电公司、零售用户及电网代理购电等类型。交易结算单展示交易结算科目的汇总数据，同一科目涉及多笔交易或多个时段，其明细数据可在交易结算附表中展示。交易中心按月向市场主体出具盖章结算单，附表作为交易结算单附件，具备在线浏览或导出下载功能，不提供盖章版 PDF 格式。

8.3　结算流程

电力交易结算起始于上、下网电量采集，全业务流程主要包括电量采集、合同和计划抽取、补偿分摊考核费用确认、结算规则及偏差价格确认、结算计算、结算结果校核和结算单发布等七个环节，必要时，可进行再次清算。根据结算主体不同，结算业务分为省间联络线结算、发电企业结算、售电公司结算、批发用户结算、零售用户结算和电网企业结算，不同主体结算流程大体相近。

1. 电量采集

电量是电力交易结算的基础，电网企业计量中心采集发电企业、电力用户、省间联络线关口表计数据，并将数据传递至各级交易机构，交易机构每日或每月依据电网企业提供的电量数据开展清分及结算。当市场主体对表计电量存在争议时，应于争议反馈期内与电网企业协商处理。

2. 合同、计划抽取

合同由交易产生，计划由相关部门或单位下达，是各方市场主体参与市场交易的凭据，是交易结算的重要依据。

日清分或月结算时，各级交易中心抽取联络线、发电企业、电力用户、售电公司结算周期内优发、优购、市场化合同电量、电价，汇总后形成月度结算计划，作为月度结算依据。市场主体需要根据自身参与交易的出清结果及下达的各项计划对月度结算合同数据进行确认，确保双方无遗漏数据。

3. 补偿分摊考核费用确认

交易中心根据政府部门、能源监管机构、各级调度机构、各级交易机构及市场管理委员会出具的各类补偿分摊考核费用依据，按照结算市场主体颗粒度进行拆分或合并后，于月度结算时予以兑现。

4．结算规则、偏差价格确认

结算规则是政策、文件精神落地的最终体现，偏差价格确认既是交易结算规则准确执行的体现，又是各方市场主体结算工作正确开展的重要保证。

因电力市场正处于飞速发展并不断探索新型市场体系的阶段，电力市场交易、结算规则亦需随市场发展不断变化、完善。月度结算或日清算时，交易中心需及时确认当前结算周期应执行结算规则、政策，并对系统配置算法、各类偏差价格进行确认，确保政策规则正确执行。

5．结算计算

结算计算是交易结算业务的核心环节，是市场主体参与交易的最终结果体现。交易中心基于电网公司采集的电量数据，根据结算及偏差处理规则，依据市场主体合同、计划及各项补偿分摊考核费用，计算市场主体合同电量、电费。

6．结算结果校核

结算结果校核是交易结算业务的事后自查关键步骤。交易中心在结算计算过程完成后，对结算结果数据进行二次校核，确保结果数据准确、完整。

7．结算单发布

交易结算业务完成后，各级交易中心按照北交统一模板生成结算单，向市场主体发布。结算单是市场主体结算结果的唯一、有效依据，交易机构向市场主体出具结算单后，市场主体应及时确认结算单列示的各项目电量、电价、电费数据。当市场主体确认结算单无误后，经交易机构加盖电子签章，作为电费收支有效凭据使用。当市场主体对结算结果存在争议且暂时无法解决时，各级交易中心可暂不计算或以临时价格结算，待各方达成一致意见或申请主管部门、单位协调一致后进行清算。

8.4 偏差责任及处理

偏差责任是指交易合同电量与电力曲线执行所产生的偏差，针对不同维度可分为省内责任偏差和省间责任偏差两部分。省间责任偏差由北京电量交易中心认定售电方或购电方责任后开展偏差结算，偏差考核电费兑现至总分部直接调管电厂或送出、受入省电网公司，省内责任偏差由各省根据实际情况确定考核规则。

8.4.1 省间责任偏差

根据《北京电力交易中心跨区跨省电力中长期交易实施细则（修订稿）》（京电交市

〔2022〕26号），省间偏差为售电方责任时，由售房按照交易最终合同曲线与执行曲线结果之差依据合同电价比例支付偏差费用给购电方；省间偏差为购电方责任时，由购方按照交易最终合同曲线与执行曲线结果之差依据合同电价比例支付偏差费用给售电方。当购电方或售电方为省级电网公司时，偏差结算费用按照"谁受益、谁担责"的原则，由省级交易中心分摊至各市场主体。

8.4.2　省内偏差考核

目前，全国电力市场建设整体步调一致，但各省交易、结算规则不尽相同，偏差电量处理方式亦各有差别。西北五省均采取"照付不议、偏差结算"方式，按月向市场主体出具结算单。新疆虽仍采取中长期交易为主的交易模式，但已按峰、平、谷周期开展分时段结算；甘肃已开展省内现货市场、宁夏分时段开展日融合交易，偏差结算周期与其他三省有所差异。具体情况见表8-2。

表8-2　　　　　　　　　　　各省偏差电量处理方式

内容	陕西	甘肃	青海	宁夏	新疆
结算周期	月度				
合同结算方式	照付不议，偏差结算				
交易模式	中长期	现货	中长期	日融合	中长期
偏差计算周期	每月	每15分钟	每月	每小时	峰平谷三段

8.5　日清分结算

为配合甘肃、宁夏电力市场短周期运行及市场主体需要，两省均已开展日清分并按固定周期向市场主体发布结算结果，见表8-3。

表8-3　　　　　　　　　　甘肃、宁夏日清分结算方式

内容	甘肃	宁夏
交易模式	现货	日融合
偏差计算周期	每15分钟	每小时
日清分结果发布周期	3日后	2日后
日清分数据内容	现货清分结果及偏差	全量合同结果及偏差

因偏差计算周期及清分结果发布时间均大幅缩短，日清分结算模式给计量采集、合同分解、成分清分及电费计算等全流程的每项工作及各环节工作的相互衔接都带来了前所未有的挑战，市场主体通过日清分，对交易结算工作有了全新的体验和感受。

以宁夏发布发电企业全量日清分结果为例，交易中心按小时依据全量合同计算偏差电

量、交易电费数据，交易规则执行落实颗粒度更细，市场主体对交易规则理解更深、更透彻；每小时结算结果发布至合同颗粒度且价格结构明确，更有助于市场主体高效获取市场价格走向。分小时数据直观展现不同时间维度合同与发电能力的匹配程度，发电企业可以更及时地调整合同偏差，更精细地开展分时段交易计划争取，全面提升发电企业计划管理水平。

同时，为配合短周期计量、运行要求，发电企业对设备运行的可靠性、生产数据采集、数据传输效率和质量等都提出更高要求，生产运行管理水平同步提升，发电企业也在分时段交易工作的驱策下进入各专业协同工作模式，各方高效衔接，从而达到运营收益最大化。

第9章

信 息 披 露 管 理

9.1 电力市场信息披露规范概况

2005年12月8日，原国家电力监管委员会发布了《电力企业信息披露规定》（国家电力监管委员会令〔2005〕第14号），首次对电力企业、电力调度交易机构有关电力建设、生产、经营、价格和服务等方面的披露信息进行规范。2015年3月15日，中共中央、国务院下发了《关于进一步深化电力体制改革的若干意见》（即"中发9号文件"）及六个相关配套文件，新一轮电力改革正式拉开序幕。

2017年8月28日，国家发展改革委与国家能源局发布了《关于开展电力现货市场建设试点工作的通知》，标志着建设统一开放、竞争有序的电力市场化体系，成为新一轮电力体制改革的主要目标。随着电力体制改革的不断深入，全国电力市场体系日臻完善，市场化交易规模不断扩大，现货市场建设全面推进，电力市场主体将更多，需求更加多样，对市场配置资源的效率和效益提出了更高的要求。2020年11月6日，国家能源局印发了《电力现货市场信息披露办法（暂行）》（国能发监管〔2020〕56号），明确了电力现货市场信息披露原则和方式；明确电力现货市场信息披露应遵循的原则；明确信息披露内容；强调了信息保密与封存；明确国家能源局派出机构对市场成员相关信息披露行为进行监管，组织专业机构对信息披露总体情况进行评价并公布。指导和规范电力现货市场信息披露工作，通过建立标准化、流程化的信息披露机制，不断提高信息披露的透明度，提升市场主体的满意度，推动信息披露机制的转变。

9.2 电力市场信息披露管理职能构架

信息披露主体是指在电力交易平台注册的市场成员，包括发电企业、售电公司、电力用户、新型市场主体（独立储能等）、电网企业和市场运营机构，市场运营机构包括电力交易机构和电力调度机构。信息披露主体对其提供信息的真实性、准确性、完整性负责。

电力交易机构负责电力市场信息披露的实施,以电力交易平台为基础设立信息披露平台,制定信息披露标准数据格式,在保障信息安全的前提下提供数据接口服务。信息披露主体按照标准数据格式在信息披露平台披露信息。

国家能源局派出机构对市场成员按照本办法开展的信息披露行为进行监管,并根据履行监管职责的需要采取信息报送、现场检查、行政执法等监管措施,定期对信息披露总体情况作出评价。

9.3 电力市场信息披露内容

电力市场信息分为社会公众信息、市场公开信息、市场私有信息和依申请披露信息四类。社会公众信息,是指向社会公众公布的数据和信息;市场公开信息,是指向所有市场成员公开的数据和信息;市场私有信息,是指向特定的市场成员发布的数据和信息;依申请披露信息,是指仅在履行申请、审核程序后向申请人公布的数据和信息。

9.3.1 社会公众信息

1. 市场运营机构应披露的公众信息

主要包括以下内容:

(1)机构全称、机构性质、机构工商注册时间、股权结构、营业执照、信用代码、法人、组织机构、业务流程、服务指南、联系方式、办公地址、网站网址等。

(2)电力市场适用的法律法规、政策文件。

(3)电力市场规则类信息,包括交易规则、交易相关收费标准,制定、修订市场规则过程中涉及的解释性文档,对市场主体问询的答复等。

(4)信用评价类信息,包括市场主体电力交易信用信息、售电公司违约情况等。

(5)其他政策法规要求向社会公众公开的信息。

(6)市场暂停、中止、重新启动等情况。

2. 电网企业应披露的公众信息

主要包括以下内容:

(1)企业全称、企业性质、工商注册时间、营业执照、信用代码、法人、联系人、联系方式、供电区域、政府核定的输配电线损率等。

(2)与其他市场主体之间的关联关系信息。

(3)政府定价类信息,包括输配电价、各类政府性基金及其他市场相关收费标准等。

(4)电网主要网络通道示意图。

（5）其他政策法规要求向社会公众公开的信息。

3. 发电企业应披露的公众信息

主要包括以下内容：

（1）企业全称、企业性质、所属发电集团、工商注册时间、营业执照、统一社会信用代码（以下简称"信用代码"）、法定代表人（以下简称"法人"）、联系方式、电源类型、装机容量、所在地区等。

（2）企业变更情况，包括企业减资、合并、分立、解散及申请破产的决定；或者依法进入破产程序、被责令关闭等重大经营信息。

（3）与其他市场主体之间的关联企业信息。

（4）其他政策法规要求向社会公众公开的信息。

4. 电力用户应披露的公众信息

主要包括以下内容：

（1）企业全称、企业性质、行业分类、用户类别、工商注册时间、营业执照、信用代码、法人、联系方式、主营业务、所属行业等。

（2）企业变更情况，包括企业减资、合并、分立、解散及申请破产的决定；或者依法进入破产程序、被责令关闭等重大经营信息。

（3）与其他市场主体之间的关联关系信息。

（4）其他政策法规要求向社会公众公开的信息。

5. 售电公司应披露的公众信息

主要包括以下内容：

（1）企业全称、企业性质、售电公司类型、工商注册时间、注册资本金、营业执照、信用代码、法人、联系方式、信用承诺书、资产总额、股权结构、年最大售电量等。

（2）企业资产证明、从业人员相关证明材料、资产总额验资报告等。

（3）企业变更情况，企业减资、合并、分立、解散及申请破产的决定；或者依法进入破产程序、被责令关闭等重大经营信息。

（4）与其他市场主体之间的关联关系信息。

（5）其他政策法规要求向社会公众公开的信息。

9.3.2　市场公开信息

1. 市场运营机构应披露的公开信息

主要包括以下内容：

（1）公告类信息，包括电力交易机构财务审计报告、信息披露报告等定期报告，以及经国家能源局派出机构或者地方政府电力管理部门认定的违规行为通报、市场干预情况、第三方校验报告等。

（2）交易公告，包括交易品种、交易主体、交易规模、交易方式、交易准入条件、交易开始时间及终止时间、交易参数、出清方式、交易约束信息、交易操作说明、其他准备信息等。

（3）交易计划及其实际执行情况等。

（4）市场主体申报信息和交易结果，包括参与交易的主体数量、交易总申报电量、成交的主体数量、最终成交电量、成交均价等。

（5）市场边界信息，包括电网安全运行的主要约束条件、输电通道可用容量、关键输电断面及线路传输限额、必开必停机组组合及原因、非市场机组出力曲线、备用及调频等辅助服务需求、抽蓄电站蓄水水位、参与市场新能源总出力预测等。

（6）市场参数信息，包括市场出清模块算法及运行参数、价格限值、约束松弛惩罚因子、节点分配因子及其确定方法、节点及分区划分依据和详细数据等。

（7）预测信息，包括系统负荷预测、外来（外送）电交易计划、可再生能源出力预测，水电发电计划预测等，任何预测类信息都应当在实际运行后一日内发布对应的实际值。

（8）运行信息，包括实际负荷、实时频率、系统备用信息，重要通道实际输电情况、实际运行输电断面约束情况及其影子价格情况、联络线潮流，输变电设备检修计划执行情况、发电机组检修计划执行情况，非市场机组实际出力曲线等。

（9）参与现货市场机组分电源类型中长期合约占比、合约平均价格、总上网电量等。

（10）市场干预情况原始日志，包括干预时间、干预人员、干预操作、干预原因，涉及《电力安全事故应急处置和调查处理条例》（中华人民共和国国务院令第 599 号）规定电力安全事故等级的事故处理情形除外。

（11）市场出清类信息，包括各时段出清电价（节点边际电价市场应当披露所有节点的节点边际电价以及各节点边际电价的电能量、阻塞和网损等各分量价格）、出清电量，调频容量价格和调频里程价格，备用总量、备用价格，输电断面约束及阻塞情况，各电压等级计算网损等。

（12）每个交易时段的分类结算情况，以及不平衡资金明细与每项不平衡资金的分摊方式等。

2. 电网企业应当披露的公开信息

主要包括以下内容：

（1）电力业务许可证（输电类）、电力业务许可证（供电类）编号。

（2）市场结算收付费总体情况及市场主体欠费情况。

（3）电网企业代理非市场用户每个交易时段的总购电量、总售电量、平均购电价格、平均售电价格等，含事前预测和事后实际执行。

（4）各类型发电机组装机总体情况，各类型发用电负荷总体情况等。

（5）电网设备信息，包括线路、变电站等输变电设备投产、退出和检修情况等。

（6）全社会用电量、重点行业用电量等。

3. 发电企业应当披露的公开信息

主要包括以下内容：

（1）电厂机组信息，包括电厂调度名称、电力业务许可证（发电类）编号、机组调度管辖关系、投运机组台数及编号、单机容量及类型、投运日期、接入电压等级；单机最大出力、核定最低技术出力、核定深调极限出力；机组出力受限的技术类型，如流化床、高背压供热等。

（2）机组出力受限情况、机组检修及设备改造计划等。

4. 电力用户应当披露的公开信息

主要包括企业用电类别、接入地区、年用电量、用电电压等级、供电方式、自备电源（如有）、变压器报装容量以及最大需量等。

5. 售电公司应当披露的公开信息

主要包括以下内容：

（1）拥有配电网运营权的售电公司应当披露电力业务许可证（供电类）编号、配电网电压等级、配电区域、配电价格等信息。

（2）履约保函缴纳信息（如有）。

9.3.3　企业私有信息

1. 市场运营机构应当向特定市场主体披露其私有信息

主要包括以下内容：

（1）中长期结算曲线、分时段中长期交易结算电量及结算电价，日前中标出力及日前节点边际电价，实时中标出力及实时节点边际电价。

（2）结算类信息，包括日清算单、月结算单、电费结算依据等。

2. 发电企业私有信息

主要包括以下内容：

（1）中长期交易结算曲线、电力市场申报电能量价曲线、上下调报价、机组启动费用、机组空载费用、辅助服务报价信息等。

（2）机组爬坡速率、机组边际能耗曲线、机组最小开停机时间、机组预计并网和解列时间、机组启停出力曲线、机组调试计划曲线、调频、调压、日内允许启停次数、厂用电率、热电联产机组供热信息等机组性能参数。

（3）机组运行情况，包括出力及发电量等。

（4）各新能源发电企业日前、实时发电预测。

（5）发电企业燃料、燃气供应情况、存储情况、燃料供应风险等。

（6）非国际河流水电企业来水情况、水库运行情况等。

3. 电力用户私有信息

主要包括以下内容：

（1）电力用户用电信息，包括用电户号、用电户名、结算户号、计量点信息、用户电量信息、用户用电曲线等。

（2）中长期交易结算曲线、批发用户电力市场申报电能量价曲线、可参与系统调节的响应能力和响应方式等。

4. 售电公司私有信息

主要包括中长期交易结算曲线、电力市场申报电能量价曲线、与代理电力用户签订的相关合同或者协议信息、与发电企业签订的交易合同信息等。

9.3.4 依申请披露信息

市场成员应报送的依申请披露信息包括以下内容：

（1）发电企业报送国际河流水电企业相关数据。

（2）电网企业报送各非市场用户的类型、购售电电量和电价等。

（3）电网企业报送市场用户进入市场前的用电信息。

（4）电网企业报送能够准确复现完整市场出清结果的电力系统市场模型及相关参数（采用节点边际电价、分区边际电价的电力现货市场地区），包括220kV及以上输电设备（输电线路和变压器）联结关系，输电断面包含的输电设备及其系数、潮流方向、潮流上下限额等。

9.4 其他

市场成员可申请扩增或变更信息，申请人应当将申请发送至电力交易机构，内容应包括扩增或变更信息内容、披露范围、披露周期、必要性描述、申请主体名称、联系方式等。电力交易机构收到扩增或变更信息披露申请后，应收集所有受影响的市场成员意见，形成初步建议并报国家能源局或其派出机构审核，审核结果应通过信息披露平台公示。申请审核通过后，电力交易机构组织相关信息披露主体开展披露工作。

信息披露主体在披露、查阅信息之前应在信息披露平台签订信息披露承诺书。信息披露承诺书中应明确信息安全保密责任与义务等条款。任何市场成员不得违规获取或者泄露未经授权披露的信息。

国家能源局及其派出机构对市场成员开展的信息披露行为进行监管。电力交易机构配合国家能源局及其派出机构开展信息披露监管工作。

第 10 章

合 规 管 理

10.1 合规管理的概念

10.1.1 合规管理的定义及意义

1. 合规管理的定义

国务院国资委在《中央企业合规管理指引（试行）》中明确定义：合规管理是指以有效防控合规风险为目的，以企业和员工经营管理行为为对象，开展包括制度制定、风险识别、合规审查、风险应对、责任追究、考核评价、合规培训等有组织、有计划的管理活动。

2. 合规管理的意义

巴塞尔银行监督委员会是国际上最早定义合规的机构，其将合规定义为"遵循法律、监管规定、规则、自律性组织制定的有关准则，以及适用于银行业务活动的行为准则"。2018 年 7 月 1 日正式实施的中国国家标准《合规管理体系指南》（GB/T 35770—2018）中，将合规定义为：对强制义务和自愿合规承诺的遵守。借鉴普遍公认的合规标准指南定义，合规要求和自愿承诺是合规遵守的两大范畴。

合规管理指的是实现合规目标，在制定合规管理制度的基础上，通过建立合规管理体系，完善合规管理机制，防范和应对合规风险的活动。合规管理实际上是企业内部一项核心的风险控制活动，合规义务的遵循是为了控制最底线限度的风险。合规不是判断有无风险的问题，而是判断"做还是不做""能不能这样做""要不要这样做"的问题。合规管理的边界，是风险提示也是业务判断，是合规价值判断的分水岭；在关键的合规风险前，做出独立的业务进退判断，是合规管理真正的价值追求。

10.1.2 企业开展合规管理的必要性

合规风险管理重要的是判断企业经营过程是守法还是违法，但通过近年来曝光一些合规案件，恰恰说明合规文化在企业中的不深入及缺失，合规管理理念还远远未浸润企业的日常管理和决策,有效的合规风险控制机制就是完成从不敢违到不能违再到不愿违的三阶层的合规文化建设过程。

同时,合规管理是落实法治央企建设的客观要求,是合规管理作为法治央企建设的重要组成部分。2014年11月,国务院国资委召开了中央企业法治工作会议,确定中央企业五年的发展总体目标,其中明确提出进一步提升合规管理能力,开展合规管理工作和进行合规管理是遵从外部监管的必然要求。

合规管理作为企业内部风险有效管控的机制和文化,将主动避免或降低违规事件发生概率,主动发现并采取适当措施纠正已发生的违规事件等,其制度流程、岗位手册也是一个相关制度和相应做法持续修订的周而复始的循环过程。这样的持续风险管理的过程,是构建有效的内部控制机制的基础和核心。

10.1.3　合规管理的原则

依据《中央企业合规管理指引(试行)》的规定,合规管理应当遵循全面性、有效性、独立性、权责一致性的四大原则,以作为企业合规管理的工作主线。

1. 全面性

合规的全面性是指企业合规管理应覆盖所有业务领域、部门和员工,贯穿决策、执行、监督、反馈等各个环节,体现于决策机制、内部控制、业务流程等各个方面。因此,企业在建设合规管理体系时应全面覆盖各业务领域、各部门、各岗位、全体员工,并贯穿决策、执行、监督全流程。

2. 有效性

合规的有效性是指合规管理能得到贯彻落实。企业的合规管理并不独立于企业的运营管理,还需要把合规管理视为企业发展的一个方面,把合规管理与企业运营、业务开展进行统筹,推动合规管理与法律风险防范、监察、审计、内控、风险管理等工作相统筹、相衔接,确保合规管理体系有效运行。

3. 独立性

合规管理的独立性是指企业合规管理应在制度设计、机构设置、岗位安排以及汇报路径等方面保证独立性。合规管理机构及人员承担的其他职责不应与合规职责产生利益冲突,须严格依照法律法规等规定对企业和员工行为进行客观评价和处理。合规管理牵头部门独立履行职责,不受其他部门和人员的干涉。

4. 一致性

合规的权责分明是在合规有效性和独立性上的进一步延伸。企业的管理由人来完成,只有流程清晰、权责分明、公正公开的合规体系,才具有较好的可操作性、引导性。因此,要把合规管理作为企业主要负责人履行职责的一项重要内容，建立全员合规责任制，明确管理人员和各岗位员工的合规责任并督促有效落实。

10.2　电力市场合规管理体系构建

10.2.1　电力市场合规管理体系的建设原则

1. 全面覆盖，突出重点

坚持将合规要求覆盖各级组织、各业务领域、全体员工，贯彻决策、执行、回顾全流程，突出重点领域、重点环节、重点人员。

2. 业为主体，全力融合

电力交易机构合规管理坚持融入规划、融入业务、融入文化，推动合规管理与内控、法律、审计、纪检等工作相统筹、相衔接。

3. 紧抓核心，三位一体

以合规管理委员会为核心，建立业务部门、合规管理部门、合规管理委员会"三位一体"的合规管理模式，设立合规管理三道防线。

4. 客观处理，独立履职

严格依照法律法规等规定对公司相关行为进行客观评价和处理。合规管理部门在合规管理委员会的领导下独立履行职责，不受其他部门和人员干涉。

10.2.2　电力市场合规管理体系的工作架构

1. 一个核心

以合规管理为核心，推动合规管理与内控、法律、审计、基建等工作相统筹、相衔接，与风险管理体系衔接协同，做到以点串线、以线带面，实现合规管理一手抓。

2. 两个全覆盖

一是合规管理人员全覆盖。合规管理体系覆盖全体人员，在对高级管理人员、重点岗位人员进行重点关注的同时，实现公司人员合规管理全覆盖，要求公司高级管理人员带头依法依规开展公司经营管理活动，认真履行合规管理职责，强化考核与监督问责；公司工作人员认真履行各业务领域合规管理职责，明确合规义务，提出管控要求，加强监督检查和违规行为追责。

二是合规管理业务全覆盖。合规管理体系强调合规领域全覆盖，覆盖市场业务（市场成员注册、交易组织、结算统计、信息发布）和公司运营领域，尤其加强对经营决策、制度制定、项目管理和市场运营等重点领域的合规管理。

3. 构建合规管理"三道防线"

电力交易机构可以以"三位一体、三道防线"具体落实合规风险管控。"三道防线"协同联动、信息共享、共同发力，发挥合规管理效能。其中，业务部门是公司合规管理的第一责任人，是合规风险的第一道防线，负责本业务领域的日常合规管理工作。合规管理部门是公司的合规管理归口部门，是合规管理的第二道防线。公司合规管理委员会是合规管理的第三道防线。

10.2.3　电力市场合规管理体系的主要内容

1. 合规风险识别与评估

健全合规管理组织体系的关键就是对合规风险进行识别和评估。

一般来说，电力市场合规风险领域包括反腐败、采购招标、网络安全、数据保护、电子商务、税务、劳动用工、内幕交易、知识产权、国有资产等几类。

电力交易机构应根据这些类别一一对照自身业务，对合规风险进行识别。在此过程中，基于管理和业务流程建立有效的合规风险识别与评估管理办法，形成各层级合规风险评估清单，为合规风险防控工作提供依据。在实际评估工作开展时，成立评估工作小组，了解和掌握合规义务识别、合规风险识别的工作开展过程和结果，在此基础上开展合规风险的模拟评估，取得使用经验后再根据合规风险识别结果开展合规风险评估工作。

2. 合规风险的管控与预警

合规管理的核心是根据风险识别和评估结果，但为了避免发生违规情况，在合规风险管控体系设计上，应做到将全面防控与重点防控相结合。

针对全面防控，应当结合管理和业务实际工作制定风险防控措施，修订完善流程环节和岗位的工作内容，确保流程环节和岗位能够有效避免发生合规风险。除此之外，对于重点业务领域、重点岗位和重大风险，要根据电力交易机构的工作、业务实际，将专业防控与分级防控相结合。

专业防控就是把合规风险识别与评估结果当作依据，由职能部门制定合规风险防控措施并落实到工作中，确保合规风险总体可控。

分级防控即在落实职能部门制定的合规义务的基础上，针对工作中存在的短板和薄弱环节，有针对性地制定合规风险防控及预警措施。风险预警响应措施，需要确定在发生风险预警情况时，人员、设备、物资、舆情、服务等方面都能有相对应的准备和工作方案。

3. 合规性审查

合规性审查是合规管理的重要内容，是指对企业经营和市场运营活动（合规审查对象）

是否符合合规规范、合规义务进行审核检查。

电力交易机构的合规审查，需要弄清楚依据什么审查、审查什么、谁来审查、如何审查、可以借用什么工具审查等问题，开展合规审查可以从源头上发现存在的违规倾向和行为，从而避免在执行中发生违规风险。

4. 合规报告

建立合规报告制度，是为了发生合规风险事件时，合规管理部门和相关职能部门能够在第一时间向本单位合规管理负责人和分管领导报告，并将处置过程中采取的处置方案、处理过程、进度及结果向上级合规管理层报告，同时合规报告应遵循及时、全面、完整、真实、准确等原则。最后事件处置完毕，还需将事件发生的原因、过程、处理结果、应汲取的教训及采取的改进措施向上级合规管理办公室提交报告。

5. 合规培训

建立公司合规培训管理机制，编写合规管理员工手册，将合规培训作为公司教育培训的一部分，并根据岗位内容的不同开展合规培训、新员工培训、合规被追责人员合规培训等相关培训工作，确保各项合规工作有效开展。

6. 合规举报与合规调查

为保障合规管理机制的有效运行，电力交易机构可以建立完善的举报体系。公司设立电话、信箱或其他渠道接受合规举报信息，鼓励全体员工、用户及第三方对公司不合规行为进行举报。经合规管理委员会批准后启动合规调查工作，并以调查的事实和证据为基础编制合规调查报告。合规管理委员会依据合规调查报告和相关规定作出对被举报人员的责任追究处理决定。通过合规举报与合规调查，实现有规必遵、违规必究的管理要求。

7. 合规文化建设

合规文化是企业文化的有机组成部分，是以风险控制为指导思想，依靠先进的管理手段，确保各项活动合乎内外部规定的行为准则，旨在最大限度地防范经营风险。合规文化建设要与公司企业文化建设紧密结合，并将合规文化逐步融入公司企业文化中，持续宣传合规文化的重要性。

8. 合规管理的评价与改进

建立合规评价与改进管理办法，每年开展一次合规评价工作。通过合规评价对合规管理作出全面总结，归纳工作亮点，找出短板和问题，并根据合规评价结果，制订相对应的改进计划，实现合规管理的持续改进。

10.2.4　电力市场合规管理体系的运营经验

根据合规体系构建要突出重点领域、重点环节和重点人员的要求，电力市场的合规义务清单分为两个板块：市场业务条线（市场管理、交易、结算、信息技术）、公司运营领域。

在开展电力市场合规义务清单编制时，强调与业务深入融合、与业务环节相结合，对业务动作进行分解，以业务动作为最小颗粒度，将制度体系和法律政策服务体系的内容作为内部、外部合规义务的来源，相互结合形成多内容、多义务来源、颗粒度小、可联动的合规义务清单。

1.　实现合规义务清单的工具化管理

将合规义务清单作为指引业务工作的基础工具，通过清单编制和应用，明确具体环节和具体业务的合规边界，形成了企业的风险图谱，明确了合规风险、审计风险、法律风险的主要来源和处理方式，将事中、事后的应对措施提前到事前来发现和处理，形成了清晰的业务边界。

2.　实现构建多源融合、灵活联动的合规管理体系

合规管理体系的关键在于合规义务清单。通过与制度体系、法律政策服务体系联动，使合规义务清单可以及时、联动更新，来源更广泛、更明确，作为合规管理工作的基础工具，充分借助这一工具，快速说明合规管理的必要性和及时性，识别合规风险，了解不合规的后果，以合规义务清单的灵活、多源为抓手带动整个体系的运转，提升管理质效。

3.　实现内部风险控制的一体化和集约化

不论是合规管理还是内控管理、制度管理，核心都在于公司经营管理风险控制。因此，在开展合规管理建设时，应以合规管理作为主线，一体化开展企业制度管理、合规管理、内控审计、法律服务、内部风险控制、知识产权保护相关工作，做到一项管理动作、多项管理效果。在国有企业管理要求不断提升的情况下，以合规管理体系为核心不断对接外部管理要求，包括但不限于内控机制、纪察机制，实现一体化和综合化，具备良好的兼容性。

10.3　信用评价管理

10.3.1　信用评价的目的

建立科学、适用的电力市场信用评价体系，规范电力企业的市场行为，降低电力市场交易风险，维护社会公共利益和市场主体合法权益，为电力市场交易的规范运作和良好发展提供保障。

10.3.2　信用评价的基本原则

信用评价的基本原则为公平公正、科学合理、全面反映、实用有效。

1. 公平公正

采用的评价程序、评价方法应与公开的程序和方法一致，评价结果应以事实为依据。

2. 科学合理

交易信用评价体系的各项指标应有机结合，能准确反映市场主体的信用状况，各项指标之间既相互独立，又不重复，也不矛盾。交易信用评价体系既单独形成一个整体，又是电力行业社会信用评价体的有机组成部分。

3. 全面反映

交易信用评价指标体系应包括影响市场主体交易信用的主要因素等方面内容，反映在电力交易过程中对市场主体的整体信用要求。

4. 实用有效

交易信用评价体系及奖惩机制建设工作遵循稳妥有序、先易后难、先简后全、先试点探索后全面推广的方式组织开展，强调实用性和可操作性。

10.3.3　评价对象

信用评价的评价对象为已获得电力市场准入、完成注册登记流程的发电企业，包括售电企业、电力用户、电网企业等市场主体。国家企业信用信息公示系统中列入严重违法失信企业名单（黑名单）的企业不允许进入电力市场。

在充分领会新一轮电力体制改革相关政策文件的基础上，借鉴各行业市场交易主体信用体系建设方法，围绕不同市场主体构建科学、系统的指标体系对其进行评价。信用评价分为场外评价和场内评价，场外评价主要评价市场主体的财务状况和通过其他渠道获取的信用记录；场内评价主要评价市场主体在市场交易中的表现和行为，涉及市场化交易能力、交易管理、合同管理，运行管理、结算管理、信息公开等方面的评价。

具体评价内容如下：

（1）市场化交易能力：评价市场主体在市场化市场的交易能力。

（2）交易管理：重视评价市场主体的注册信息、风险偏好，参与市场交易的积极性、竞争行为，针对售电企业，不涉及对其履约保函的缴纳、可再生能源配额完成情况的评价；

实时在集中竞价交易的开展过程中,评价市场主体的交易行为,通过对其交易前的市场力、交易中的报价策略,交易后的成交情况等方面的评价,识别其产生风险行为的可能性,加强市场风险防控。

（3）合同管理：评价中场主体在合同签订和合同执行过程中的表现。

（4）运行管理：评价市场主体的用户满意度,针对发电企业,增加评价调度管理；针对具有配网资产的售电企业,增加评价配网实行情况,针对电网企业；增加评价其阻塞管理和安全管理情况。

（5）结算管理：针对发电企业,评价其关口数据的计量和与电网企业的结算情况；针对无配网资产的售电企业,评价其偏差考核违约金的缴纳情况；针对有配网资产的售电企业,评价其偏差考核违约金的缴纳和与终端用户结算情况；针对电力用户,评价其偏差考核违约金的缴纳和电费的缴纳情况；针对电网企业,评价其电费管理情况。

（6）信息公开：评价市场主体按规定公开信息的情况。

场内评价所需信息可以由交易中心直接获取。评价原理与评价思路如图10-1、图10-2所示。

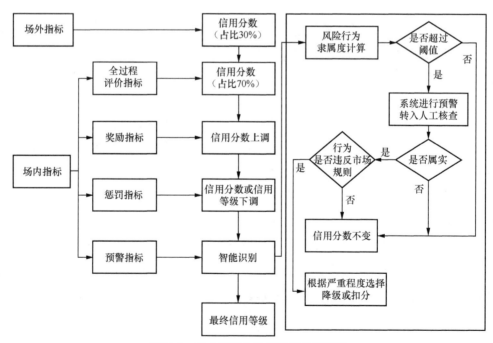

图10-1　电力市场主体信用评价原理图

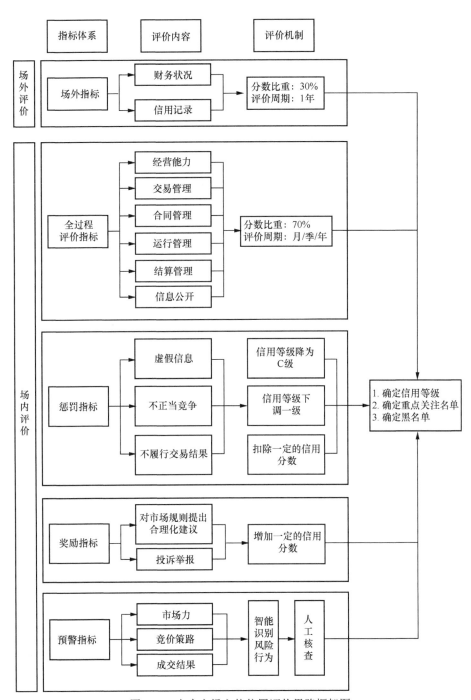

图 10-2 电力市场主体信用评价思路框架图

10.3.4　指标框架

根据信用评价思路构建的各市场主体信用评价指标体系框架如图10-3所示。

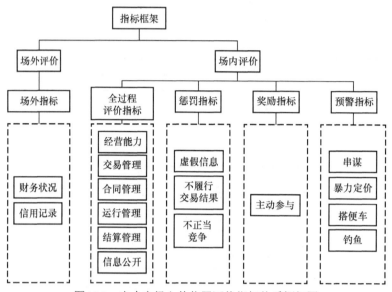

图10-3　电力市场主体信用评价指标体系框架图

场外评价使用场外指标，场内评价的评价指标分为全过程评价指标、惩罚指标、奖励指标以及预警指标。场内评价的四类指标均是对市场主体市场化交易能力、交易管理、合同管理、运行管理、结算管理、信息公开等方面的评价。全过程评价指标直接反映市场主体在市场准入、参与交易、合同签订、经费结算、信息公开等交易全过程的信用状况。惩罚指标评价市场主体的违法违规行为，包含交易管理中的不正当竞争、合同管理中的不履行交易结果以及信息公开中的虚假信息，每个指标均没有减分下限。奖励指标用来额外奖励交易管理中有利于市场完善和建设的行为，每个指标均没有加分上限。预警指标评价交易过程中市场主体产生风险行为的可能性。

10.3.5　信用评分及等级

信用评价的总分为1000分。其中，场外指标300分；场内交易全过程评价指标700分；奖励指标和惩罚指标为额外的加、减分项；预警指标仅提供预警功能，不占评价分值。信用评分计算公式为

信用评价总分=场外评价指标得分+场内交易全过程评价指标得分+奖励指标得分−惩罚指标得分

信用评价分数构成如图10-4所示。

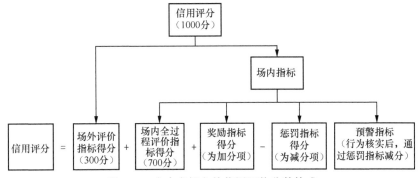

图10-4　电力市场主体信用评价分数构成

10.3.6　信用评价结果发布

场外评价每年开展一次，场内评价可每月开展。信用评价周期为每年的12月，评价等级根据上述公式得到的信用评价得分确定，可每季度或每年度定期发布。

发布机制：对于在多省参与市场化交易的市场主体，由结算省的交易中心分别进行评价，结果提交北京电力交易中心认定发布，并反馈相关省份发布；对于只参与省内市场化交易的市场主体，由本省交易中心进行评价并发布评价结果。

申诉机制：市场主体在评价结果发布后10个工作日内，有异议的市场主体可以向交易中心提出书面申诉。

10.3.7　评价结果应用

1. 分级服务应用

基于电力市场主体信用评价结果，设计差异化的服务体系，使得信用等级较高的市场成员获得更好、更快、更优质的服务，对信用较差的成员设置更加严格的规则，保障市场公平的同时，也从事前减少信用风险发生的可能性。电力市场信用分级服务体系设计应当包括差异化的市场准入与退出机制、差异化的市场服务等各方面。总体来说，其原则为：信用等级越高的市场成员可参与的市场种类与范围越多，部分市场规则设置越宽松，合同成交优先级越高。优先顺序为AAA>AA>A>B。履约保函额度根据市场主体的信用等级情况进行调整，信用等级越高，所能抵扣的履约保函越多。详细规定可参考表10-1。

表 10-1　　　　　　　　　　　　　　评分与等级对应表

信用等级	分数区间	信用状况
AAA	900以上	信用很好
AA	750~899	信用良好

信用等级	分数区间	信用状况
A	600~749	信用较好
B	400~599	信用一般
C	400以下	信用很差

2. 黑名单制度

信用评价等级为c的市场主体将被停止电力交易，严重违法失信市场主体将报政府有关部门纳入黑名单。对于纳入失信黑名单的市场主体，除强制退出电力交易市场外，3年内禁止再次申请市场准入资格。对纳入失信黑名单的市场主体法定代表人、高级管理人员及其相关责任人，信用管理机构应予以记录在案，3年内禁止、限制其再次从事电力交易业务。

对列入失信黑名单的市场主体，政府有关部门与各相关单位实现信息共享，实施联合惩戒，共同维护电力交易市场的正常秩序，营造诚信的社会环境。

第 11 章

可再生能源消纳

11.1 我国可再生能源消纳发展历程

可再生能源是指风能、太阳能、水能、生物质能、地热能能、海洋能等非化石能源。

11.1.1 我国风电发展概况

我国是世界上风力资源最丰富的国家，风能储量达世界第一，发展潜力巨大。风能资源的有效利用，将有助于缓解能源安全风险、减少能源进口的问题，助力我国能源发展加快向清洁低碳转型。相比国外，中国风力发电起步较晚，但是发展速度很快。"十五"期间开始在新疆、内蒙古、东北、华北和东南沿海地区开发规模较大的风力发电场。2003年，风电首次实施特许权示范项目。"十一五"期间，风电基地开始快速发展。2005年2月28日，《中华人民共和国可再生能源法》正式发布，于2006年1月1日开始正式实施，并于2009年修订，特许权招标、发电价格和费用分摊办法、专项资金管理办法等配套政策开始实行，风电设备制造产业链快速发展起来，中国风电开发建设进入了跨越式的发展阶段。中国风电自2007年开始持续快速增长。2006年，全国风电装机容量仅为200万kW，到2012年已突破6000万kW，仅仅5年半的时间就走过了欧美等国家15年的发展历程，2012年中国风电的累计并网容量已位居全球第一。

十二五期间，消纳矛盾显现，针对中国风能资源和消纳市场不匹配的矛盾，跨省跨区输电通道建设成为促进风电消纳的重要手段。2011年3月，《中华人民共和国国民经济和社会发展第十二个五年规划纲要》明确提出"适应大规模跨区输电和新能源发电并网要求，加快现代电网体系建设，进一步扩大西电东送的规模，完善区域主干电网，发展特高压等大容量、高效率、远距离先进输电技术"。此后，国家加快了特高压外送通道和特高压跨区电网的研究和建设。2011年6月，国家能源局发布《风电场功率预测预报管理暂行办法》（国能新能〔2011〕177号），要求并网风电场建立风电预测预报体系和发电计划申报工作机制，电网调度机构按照准确率、合格率、上报率指标对风电场预测预报进行考核。2011年7月，国家能源局下达了《关于"十二五"第一批拟核准风电项目计划安排的通知》，通过实施风电项目核准计划管理，引导项目布局的优化和转移，核准的风电项目多位于消纳条件较好的区域。同年，国家能源局印发《风电开发建设管理暂行办法》，从规划、项目前期工作、开发权、项目核准、工程建设、竣工及运行等各环节，进一步健全完善风电建设管理体制和机制。

进入"十三五"，国家风电规划重点不再以装机和并网为目标，而是在政策调整，即在保持政策稳定性的基础上重点解决"弃风限电"问题，协调电力系统调度运行和相关电改政策落地。根据《电力发展"十三五"规划》，国家按照"集中与分散开发并举、就近消纳为主"的原则优化风电布局，统筹开发与市场消纳，有序开发风光电。加强新能源投资管理，完善运行调控机制，开展风电、光伏投资监测预警，建立弃风（光）率预警考核机制。整合电网布局和农村电网改造升级，考虑资源、土地、交通运输及施工安装等建设条件，因地制宜推动接入低压配电网的分散式风电开发建设及风电与其他分布式能源融合发展。调整"三北"风电消纳困难及弃水严重地区的风电建设节奏，提高风电就近消纳能力，解决弃风限电问题，有序新增风电开发和就地消纳规模。借助"三北"地区已开工建设和已规划的跨省跨区输电通道，统筹优化风、光、火等各类电源配置方案，有效扩大"三北"地区风电开发规模和消纳市场。利用通道送出的风电项目，在开工建设之前，须落实消纳市场并明确线路的调度运行方案。在风电投资监测预警机制引导、用电负荷持续增长和多条特高压直流输电通道投产等因素的共同作用下，全国风电并网消纳形势持续好转，2021年全国风电平均利用率达到96.9%。由于风电开发建设成本逐步下降，可再生能源补贴缺口严重，国家鼓励同时满足不要国家补贴和执行煤电标杆电价两大条件的风电光伏项目建设。2017年，国家能源局发布《关于开展风电平价上网示范工作的通知》，各省（区、市）、新疆兵团选进12个风电平价上网示范项目，由国家能源局汇总后及时对全社会公布。2019年，国家发展改革委、国家能源局发布《关于积极推进风电、光伏发电无补贴平价上网有关工作的通知》，鼓励平价上网和低价上网项目通过绿证交易获得合理收益补偿。风电平价上网成为新趋势，外送型风电平价基地成为建设热点。"十三五"期间，乌兰察布风电基地、上海庙可再生能源基地、青海海南州可再生能源基地和扎鲁特—青州风电基地等多个平价新能源基地获得国家能源局批复核准。

2022年2月，国家发展改革委、国家能源局分别印发《关于完善能源绿色低碳转型体制机制和政策措施的意见》《以沙漠、戈壁、荒漠地区为重点的大型风电光伏基地规划布局方案》，在操作层面指出，"以沙漠、戈壁、荒漠地区为重点，加快推进大型风电、光伏发电基地建设"，为大型风光电基地特高压外送开发模式指明了方向；并提出"十四五"时期围绕腾格里沙漠基地、巴丹吉林沙漠基地的新能源项目建设，新建配套外送通道。2022年3月，习近平总书记在中央财经委员会第九次会议上系统阐述了实现碳达峰、碳中和的基本思路和主要举措，提出"十四五"是碳达峰的关键期、窗口期，要构建清洁低碳安全高效的能源体系，控制化石能源总量，着力提高利用效能，实施可再生能源替代行动，深化电力体制改革，构建以新能源为主体的新型电力系统。2022年6月，国家发展改革委等九部委印发《"十四五"可再生能源发展规划》，再次强调"在沙漠戈壁荒漠地区加快建设一批生态友好、经济优越、体现国家战略和国家意志的大型风电光伏基地"。

"十四五"以来，国家持续加大对大型风电基地开发建设的力度，《"十四五"电力发展规划》《"十四五"现代能源体系规划》等规划方案均提出要大力推进大型风光电基地建设。在风能资源禀赋较好、建设条件优越、具备持续规模化开发条件的地区，坚持规模化、集约化开发。发挥区域市场优势利用创新开发方式，主要依托省级和区域电网逐步提升的消纳能力，推进松辽、冀北、黄河下游等以省内就近消纳为主的大型风电基地。《"十四五"电力发展规划》还提出加快推进以沙漠、戈壁、荒漠地区为重点的大型风电太阳能发电基地。以风光资源为依托、以区域电网为支撑、以输电通道为牵引、以高效消纳为目标，统筹优化风电光伏布局和支撑调节电源，在内蒙古、青海、甘肃等西部北部沙漠、戈壁、荒漠地区，加快建设一批生态友好、经济优越、体现国家战略和国家意志的大型风电光伏基地项目。依托已建跨省输电通道和火电"点对网"输电通道，重点提升河西走廊、黄河上游等新能源基地存量输电通道输电能力和新能源电量占比，多措并举增配风光伏基地；依托"十四五"期间建成投产和开工建设的重点输电通道，按照新增通道中可再生能源电量占比不低于50%的要求，配套建设大型风电光伏基地。依托"十四五"期间研究论证输电通道，规划建设一批大型风电光伏基地。陇东至山东、外电入浙±800kV特高压直流输电工程被列为"十四五"期间开工建设重点输电工程，甘肃河西高比例新能源基地开发外送工程千万千瓦级沙漠戈壁荒漠风电光伏基地开发外送工程、外电入沪特高压直流输电工程被列为"十四五"期间研究论证重点输电工程。

"十四五"是我国电力系统与时俱进转型升级的时期，大型风光电基地作为助力"双碳"目标落地实施、支撑新能源高质量跃升发展、构建清洁低碳安全高效的新型电力系统的重要途径。电力、能源等多个国家层面的发展规划均提出要加快大型风光电基地建设，重点推进以沙漠、戈壁、荒漠地区为重点的大型风电光伏基地，并明确提出发展路径和布局方案，坚持清洁能源开发与生态环境治理相结合，坚持规模化、集约化，加大力度推进大型风电基地和新能源供给消纳体系建设。

经过多年探索，我国风电基地从"十五"概念提出，"十一五"开始高速发展，七大千万千瓦级风电基地应运而生。"十二五"期间因弃风严重，提高风电消纳水平引导风电高质量发展成为风电发展主旋律，风电装机发展速度放缓。"十三五"延续重点解决"弃风限电"问题，并提出具备条件的风电项目平价上网，外送型风电平价基地策划成为建设热点。"十四五"开启乘风而上的高速发展之路。可以说，近二十年来，我国新能源基地建设走出了一条在蜿蜒中前进、在挫折中发展的道路。

11.1.2　我国光伏发电发展概况

20世纪末，光伏项目在中国西部地区纷纷落地，"西藏阳光计划"和新疆"光明工程"的开展起到了改善西部地区能源匮乏的状况、促进地方经济发展、加快脱贫致富步伐的作用。进入21世纪，中国在推广太阳能热水器等太阳能热的同时，还积极地采取财税优惠政策来吸引外资、提升技术装备制造水平，从而推动太阳能发电项目建设。然而即便如此，中国太阳能发电装机容量增长仍十分缓慢，装机规模处于较低水平。2006年1月4日，《可再生能源发电价格和费用分摊管理试行办法》出台，尝试通过"成本+利润"的价格政策刺激光伏装机容量的增长，然而收效甚微，甚至国家统计局在统计2010年电力装机容量时都没有将光伏发电纳入统计范围。

2011年7月，国家发展改革委发布《关于完善太阳能光伏发电上网电价政策的通知》，对非招标太阳能光伏发电项目实行全国统一的标杆上网电价。这一政策的发布打开了中国光伏发展的大门，2012年中国新增光伏装机容量11.9GW。2013年7月，国务院发布《关于促进光伏产业健康发展的若干意见》，在这一极具里程碑意义的文件中出台了标杆补贴电价，将光伏发电的财政支持政策由安装补贴转为电度补贴，并执行"满发满收"政策，保障了电站运营商的利益。在标杆电价等一系列优惠政策及装机成本下降的刺激下，中国光伏发电行业在2013～2019年保持高速发展，装机容量从2013年的15.9GW增长为2019年的204.2GW，复合年均增长率高达37%。在"十三五"光伏发展的关键时期，产业升级、降低成本、扩大应用，真正实现平价上网成为产业链各环节发展和努力的方向，得益于国家能源局等能源主管部门的大力支持和鼓励引导，中国光伏发电产业链体系日渐完善，设备制造、系统应用领域发展成绩斐然，现已建立了从上游高纯晶硅生产、中游高效太阳能电池片生产到终端光伏电站建设与运营的垂直一体化体系，形成了完整的拥有自主知识产权的光伏新能源产业链条，为行业抢占全球市场提供有力支撑。

以光伏发电快速发展为契机，国家能源局、国务院扶贫办于2014年10月提出《关于实施光伏扶贫工程工作方案》，通过为贫困户安装分布式光伏发电系统在贫困地区建设光伏电站两条路径，实现增加贫困人口基本生活收入、创造就业岗位、改变生活方式的工作目标。截至2019年年底，中国光伏扶贫工程累计建成扶贫电站规模26.4GW，惠及9.23万个村、415万户居民，每年可产生发电收益约180亿元。

为降低可再生能源补贴导致的巨大财政负担，2019年1月，国家发展改革委和国家能源局发布《关于积极推进风电、光伏发电无补贴平价上网有关工作的通知》，尝试利用"规模化平价+竞争配置"的市场化手段推动补贴完全退出,引导光伏发电实现平价上网。2021年起集中式光伏全面平价。

11.1.3 国家及省级关于消纳可再生能源相关政策要求

1. 新能源电价补贴政策

价格政策是支持可再生能源电力发展的核心和基石。我国可再生能源电价机制基于可再生能源行业发展实际情况适时调整,到目前为止电价机制可分为以下四个阶段。

(1)标杆电价阶段,激励我国新能源产业的规模化发展。我国自2006年《可再生能源法》实施以来,逐步建立了风电、光伏发电等可再生能源发电标杆电价制度。可再生能源发电项目具体上网电价,由国务院价格主管部门根据不同类型可再生能源发电的特点和不同地区的情况,按照"成本+合理收益"原则确定,并根据技术发展及成本下降情况适时调整。标杆电价与燃煤标杆电价的差额,由可再生能源发展基金分摊解决。为推进平价上网,2019年,陆上风电、集中式光伏标杆上网电价改为指导价。

政策说明:我国对可再生能源实行"燃煤标杆电价+财政补贴"的固定上网电价机制及资金补贴制度。可再生能源上网电价在当地脱硫燃煤机组标杆上网电价以内的部分由当地省级电网负担,高出部分则通过可再生能源电价附加分摊解决。按合理利用小时数核定可再生能源发电项目中央财政补贴资金额度,对于超过全生命周期补贴小时数的电量或项目自并网之日起满20年后(生物质发电项目为15年)所发电量,国家均不再发放中央财政补贴资金。

可再生能源电价附加补助资金主要来源于向全社会用电量征收的可再生能源电价附加。

(2)竞价阶段,以竞争配置项目的方式降低可再生能源发电的非技术成本、降低度电补贴水平和发现价格,风光上网电价下降明显。光伏发电自2016年、风电自2018年开始实施招标配置项目和上网电价。2019年、2020年5月,在全国范围内开展风电、光伏发电竞争性配置,其中竞争配置上限电价为国家价格部门发布的指导价。

(3)平价阶段,风光发电在保量的情况下,上网电价可达到燃煤标杆电价实现发电侧平价。2019年5月,国家发展改革委、国家能源局公布第一批拟建风电、光伏发电平价上网项目名单。2020年,财政部明确新增海上风电和光热项目不再纳入中央财政补贴范围,实行平价上网,存量海上风电和光热项目于2021年12月31日前完成全部机组并网的方可纳入中央财政补贴范围。2021年起,中央财政对新备案集中式光伏电站、工商业分布式光伏项目和新核准陆上风电项目不再补贴,实行平价上网;新核准(备案)海上风电项目、光热项目由地方政府给予支持。

（4）市场竞争阶段，新能源通过市场化交易形成上网电价。国家发展改革委《进一步做好电力现货市场建设试点工作的通知》（发改办体改〔2021〕339号）提出"稳妥有序推动新能源参与电力市场。引导新能源项目10%的预计当期电量通过市场化交易竞争上网，市场化交易部分可不计入全生命周期保障收购小时数"。国家发展改革委《关于进一步深化燃煤发电上网电价市场化改革的通知》（发改价格〔2021〕1439号）明确提出进一步放开各类电源发电计划。

2. 新能源参与市场情况

从是否参与市场交易角度看，各地依据新能源消纳占比的高低采取了不同的消纳策略。新能源占比低的以"保量保价"的保障性收购为主，新能源上网电量执行批复电价，不参与市场化交易。新能源占比较高的地方，如华北、西北、东北等多数省份以"保障性消纳+市场化交易"结合方式消纳新能源，"保价保量"电量执行标杆上网电价，"保量竞价"电量参与电力市场，新能源自主参与各类市场化交易，由市场形成价格。部分省份新能源可以自行选择是否进入市场，根据电网季节性的消纳能力变化选择是否通过市场交易减少弃电量。

从参与市场的程度来看，各省新能源参与市场交易的程度不同。以西北为例，部分省份下达的保障性利用小时数较高，如陕西市场化新能源电量占比较低，青海新能源装机占比为60%，已成为主力电源，不再安排优先发电计划电量，全部通过电量合同参与实仓获得。甘肃、新疆、宁夏新能源市场化电量占比约2/3，市场化程度较高。

从全国主要省份新能源参与中长期市场、现货市场的情况来看：

（1）新能源参与中长期市场。甘肃新能源与火电按相同模式参与省内中长期交易，分时段申报电量电价，拉开峰谷时段价差；山西省内新能源参与市场化交易时优先保障出清，交易方式以双边协商为主；四川核定新能源年保障利用小时数，超出该小时数的电量参与中长期交易，与水电同台竞争（交易时序、方式均相同）。山东自主参与中长期交易的新能源场站与省内火电机组平等参与中长期市场和现货市场；未自主参与中长期交易的新能源场站90%电量保障性收购，10%电量参与现货市场结算。其余调研省份新能源主要由电网企业保障收购。

（2）新能源参与现货市场。在现货长周期试运行省份中，甘肃、蒙西新能源以"报价报量"方式参与现货市场，与火电同台竞争，允许新能源在实时市场修正超短期预测和发电能力，并按新能源最新预测出清；山西新能源机组按照"报量不报价"的方式参与现货市场，每日申报次日96点发电预测曲线、不申报价格；广东、四川新能源尚未进入现货市场。山东新能源申报价格和96点预测出力曲线，10%的电量参与现货市场出清，同等条件下优先出清。

11.2 可再生能源消纳责任权重

2018年，全国可再生能源发电量达到1.87万亿kWh，占全部发电量比重从2012年的20%提高到2018年的26.7%。但是受系统调峰能力不足、市场机制健全等多种因素影响，水电、风电、光伏发电的送出和消纳问题也开始显现。2018年，我国全年弃水、弃风、弃光电量加起来超过1000亿kWh，约相当于三峡电站2018年全年的发电量。为进一步加强可再生能源消纳，2019年5月10日，国家发展改革委、国家能源局联合发布《关于建立健全可再生能源电力消纳保障机制的通知》（发改能源〔2019〕807号），明确按省级行政区域设定可再生能源电力消纳责任权重，建立健全可再生能源电力消纳保障机制。

可再生能源电力消纳责任权重是指按省级行政区域对电力消费规定应达到的可再生能源电量比例，包括可再生能源电力总量消纳责任权重和非水电可再生能源电力消纳责任权重。

11.2.1 消纳责任权重确定方法

1. 基本原则

（1）规划导向，分区设定。依据国家能源发展战略和可再生能源发展相关规划，结合各区域实际用电增长情况、实际可消纳本地生产和区域外输入可再生能源电力的能力确定各区域最低消纳责任权重，原则上各区域均应逐年提升最低消纳责任权重或至少不降低。

（2）强化消纳，动态调整。各省级行政区域均应把可再生能源电力消纳作为重要工作目标，电力净输出区域应做到本地消纳达到全国先进水平，电力净输入区域应做到本地生产的可再生能源电力充分消纳并对区域外输入可再生能源电力尽最大能力消纳。根据各区域可再生能源重大项目和跨省跨区输电通道建设进展，按年度动态调整各省级行政区域消纳责任权重。

（3）区域统筹，分解责任。各省级能源主管部门会同经济运行管理部门、所在地区的国务院能源主管部门派出监管机构以完成本区域可再生能源电力消纳责任权重为基础统筹协调制定消纳实施方案，同时统筹测算承担消纳责任的市场主体（含电网企业）应完成的消纳量，督促其通过多种方式完成各自消纳量。

（4）保障落实，鼓励先进。按省级行政区域对电力消费规定应达到的最低可再生能源电量比重，据此对各省级行政区域进行监测评价。按照最低消纳责任权重上浮一定幅度作为激励性消纳责任权重，对实际消纳高于激励性消纳责任权重的区域予以鼓励。鼓励具备条件的省级行政区域自行确定更高的消纳责任权重。

2. 可再生能源电力消纳量确定

可再生能源电力消纳量,包括可再生能源电力消纳总量和非水电可再生能源电力消纳量。按下列方法确定:

(1) 各省级行政区域内生产且消纳的可再生能源电量。

1) 接入公共电网且全部上网的可再生能源电量,采用并网计量点的电量数据。

2) 自发自用(全部或部分,以下同)可再生能源电量(含就地消纳的合同能源服务和交易电量),按电网企业计量的发电量(或经有关能源主管部门或国务院能源主管部门派出监管机构认可),全额计入自发自用市场主体的可再生能源电力消纳量。

(2) 区域外输入的可再生能源电量。可再生能源发电企业与省级电网企业签署明确的跨省跨区购电协议的,根据协议实际执行情况计入受端区域消纳的区域外输入可再生能源电量。其他情况按以下方法处理:

1) 独立"点对网"输入可再生能源发电项目直接并入区域外受端电网,全部发电量计入受端区域消纳量,采用并网计量点的电量数据。

2) 混合"点对网"输入采取与火电或水电打捆以一组电源向区域外输电的,受端电网消纳的可再生能源电量等于总受电量乘以外送电量中可再生能源电量比例。外送电量中可再生能源电量比例=送端并网点计量的全部可再生能源上网电量/送端并网点计量的全部上网电量。

3) 省间"网对网"输入省间电网跨区域输入电量中可再生能源电量,通过电力交易方式进行的,根据电力交易机构的结算电量确定;通过省间送电协议进行的,根据省级电网与相关电厂结算电量确定;无法明确的,按送端省级电网区域可再生能源消纳电量占区域全社会用电量比例乘以输入受端省级电网区域的总电量认定。

4) 跨省际"网对网"输入跨省际区域未明确分电协议或省间协议约定可再生能源电量比例的跨区跨省输电通道,按该区域内各省级行政区域全社会用电量占本区域电网内全社会用电量的比重,计算各省级行政区域输入的可再生能源电量。

(3) 特殊区域京津冀地区(北京、天津、冀北、河北南网)接入的集中式可再生能源发电项目和区域外输入的可再生能源电量,按全社会用电量比例分摊原则计入各区域消纳量,各自区域内接入的分布式可再生能源发电量计入各自区域的消纳量。

3. 消纳责任权重测算

(1) 消纳责任权重计算公式。

1) 非水电消纳责任权重。

区域最低非水电消纳责任权重=(预计本区域生产且消纳年非水电可再生能源电量+预计年净输入非水电可再生能源电量)÷预计本区域年全社会用电量

测算非水电可再生能源发电量时,上年度年底前已投产装机按照应达到的年利用小时数测算;当年新增非水电可再生能源装机按均匀投产计算,对应发电量按全年利用小时数的一半进行折算。

激励性非水电消纳责任权重按照最低非水电消纳责任权重上浮10%计算。

2)总量消纳责任权重。

区域最低总量消纳责任权重=(预计本区域生产且消纳年可再生能源电量+预计年净输入可再生能源电量)÷预计本区域年全社会用电量

测算可再生能源发电量时,上年度年底前已投产装机按照应达到的年利用小时数测算,水电按照当地平水年份的年利用小时数下浮10%进行最低总量消纳责任权重测算;对计划新增水电装机,如有明确投产时间(主要是大型水电站工程),按预计投产时间计算年利用小时;当年新增非水电可再生能源装机按均匀投产计算,对应发电量按全年利用小时数的一半进行折算。

激励性总量消纳责任权重为激励性非水电消纳责任权重与水电按照当地平水年份的年利用小时数发电量对应消纳责任权重之和。

(2)消纳责任权重确定流程。国务院能源主管部门组织有关机构按年度对各省级行政区域可再生能源电力消纳责任权重进行统一测算,向各省级能源主管部门征求意见。各省级能源主管部门会同经济运行管理部门在国家电网、南方电网所属省级电网企业和省属地方电网企业技术支持下,对国务院能源主管部门统一测算提出的消纳责任权重进行研究后向国务院能源主管部门反馈意见。反馈意见需详细提供分品种的可再生能源发电预测并网装机容量、预测发电量、各跨区跨省通道计划输送可再生能源电量及占比、预测全社会用电量等数据。

国务院能源主管部门组织第三方机构结合各方面反馈意见,综合论证后于每年3月底前向各省级行政区域下达当年可再生能源电力消纳责任权重(包括最低消纳责任权重和激励性消纳责任权重)。

11.2.2 消纳量核算方法

1. 承担消纳责任的市场主体

承担可再生能源电力消纳责任的市场主体(含电网企业)的消纳量包括:

(1)从区域内或区域外电网企业和发电企业(含个人投资者和各类分布式发电项目单位)购入的可再生能源电量。

1)对电网企业按照可再生能源发电保障性收购要求统一收购的可再生能源电量,按照电网企业经营区内各承担消纳责任的市场主体对可再生能源消纳的实际贡献等因素进行分摊。

2）对通过电力市场化交易的可再生能源电量，按交易结算电量计入购电市场主体的可再生能源电力消纳量。

（2）自发自用的可再生能源电量。电网企业经营区内市场主体自发自用的可再生能源电量，按电网企业计量的发电量（或经有关能源主管部门或国务院能源主管部门派出监管机构认可），全额计入自发自用市场主体的可再生能源电力消纳量。

（3）从其他承担消纳责任的市场主体购买的消纳量或购买绿证折算的消纳量。承担消纳责任的市场主体售出的可再生能源电量和已转让的消纳量不再计入自身的消纳量。购买的水电消纳量只计入总量可再生能源电力消纳量。

2. 各省级行政区域

参照前述"可再生能源电力消纳量确定"部分，与国务院能源主管部门下达的省级行政区域消纳责任权重相对照，各省级行政区域年度整体完成的消纳责任权重计算公式为

整体完成消纳责任权重＝（区域内生产且消纳的可再生能源电量＋区域外输入的可再生能源电量＋市场主体消纳量净受让量之和＋绿证认购量之和－免于考核电量对应的可再生能源电量）÷（区域全社会用电量－免于考核电量）

其中，按照国家规定豁免消纳责任权重考核的农业用电和专用计量的供暖电量在消纳责任权重核算公式的分子和分母中均予以扣除，免于考核电量对应的可再生能源电量等于免于考核电量乘以区域最低消纳责任权重。

11.3　绿证、绿色电力交易

11.3.1　基本概念

（1）绿电：即绿色电力，是指利用可再生能源发出的电力，其发电过程中不产生或很少产生对环境有害的排放物，且不消耗化石能源，有利于环境保护和可持续发展，包括太阳能、风能、水能、地热能、海洋能、生物质能等类型。现阶段，我国以风电、太阳能发电、水电为主。

（2）绿证：即可再生能源绿色电力证书，是指国家能源局（电力业务资质管理中心）（2023 年之前为国家可再生能源发电项目信息管理平台）向符合资格的可再生能源发电企业颁发的具有唯一代码标识的电子凭证。一个绿证对应 1 兆瓦时可再生能源上网电量。

（3）绿电交易：指以绿色电力产品为标的物的电力中长期交易，用以满足发电企业、

售电企业、电力用户等市场主体出售、购买、消费绿色电力需求,并为购买绿色电力产品的电力用户提供绿证。绿电交易是在电力中长期市场体系框架内设立的一个全新交易品种。

(4)绿证交易:以绿证为标的物的金融性交易。绿证是绿电的"身份证",是保证绿电通过电力市场获取环境补偿收益以及证明用户消费绿电的凭据。

11.3.2　绿证、绿电交易政策发展历程

1. 第一阶段(2016~2020年):通过绿证交易向用户侧疏导可再生能源电价补贴

2016年2月,《国家能源局关于建立可再生能源开发利用目标引导制度的指导意见》中首次提出配额制及绿证交易机制。

2017年2月,为了通过绿证收入缓解国家财政补贴压力,国家发展改革委、财政部、国家能源局三部委联合发布了《关于试行可再生能源绿色电力证书核发及自愿认购交易制度的通知》(发改能源〔2017〕132号),提出在全国范围内试行绿证核发和自愿认购,绿证交易正式启动。2017年6月,国家可再生能源信息管理中心公布《绿色电力证书自愿认购交易实施细则(试行)》,规范绿证认购交易流程,2017年7月1日,绿证自愿认购交易正式启动。

2019年1月,国家发展改革委、国家能源局发布了《关于积极推进风电、光伏发电无补贴平价上网有关工作的通知》(发改能源〔2019〕19号),提出部分条件好的地区已基本具备与燃煤标杆价上网电价平价(不需要国家补贴)的条件,鼓励平价上网和低价上网项目通过绿证交易获得合理收益补偿。自此在原有资源"补贴绿证"的基础上,提出与补贴脱钩反映绿电属性的市场化"绿证"。

2019年5月,国家发展改革委、国家能源局发布了《关于建立健全可再生能源电力消纳保障机制的通知》(发改能源〔2019〕807号),配额制改为消纳保障机制,将自愿认购绿证作为完成消纳责任权重的补充方式之一。

2020年2月,财政部发布了《关于促进非水可再生能源发电健康发展的若干意见》(财建〔2020〕4号),明确提出,自2021年1月1日起,实行配额制下的绿色电力证书交易(以下简称"绿证"),同时研究将燃煤发电企业优先发电权、优先保障企业煤炭进口等与绿证挂钩,持续扩大绿证市场交易规模,并通过多种市场方式推广绿证交易,企业通过绿证交易获得收入相应替代财政补贴。

"十三五"期间,我国探索开展绿证核发及交易,推动平价(低价)新能源项目从用户侧获取可再生能源补贴。

2. 第二阶段（2020年至今）：可再生能源电力消纳责任权重、"能耗"双控等政策机制不断完善，促进绿电交易、绿证交易快速发展

2020年5月，国家能源局向各省级行政区制定了可再生能源和非水可再生能源电力消纳责任权重，监测消纳量并纳入省级政府考核。

2021年2月，《国务院关于加快建立健全绿色低碳循环发展经济体系的指导意见》（国发〔2021〕4号）明确提出：推广绿色电力证书交易，引领全社会提升绿色电力消费。

2021年8月，国家发展改革委、国家能源局发布了《关于绿色电力交易试点工作方案的复函》（发改体改〔2021〕1260号），同意国家电网有限公司、南方电网公司开展绿电电力交易试点，并提出要做好绿色电力交易与绿证集中的衔接。建立全国统一的绿证制度，国家能源局组织国家可再生能源信息管理中心，根据绿色电力交易试点需要，向北京电力交易中心、广州电力交易中心批复核发绿证。电力交易中心依据国家有关政策组织开展市场主体间的绿证交易和划转。

2022年1月，国家发展改革委等部门关于印发《促进绿色消费实施方案的通知》（发改就业〔2022〕107号），明确提出，进一步激发全社会绿色电力消费潜力，落实新增可再生能源和原料用能不纳入能源消费总量控制要求，抽头推动绿色电力交易、绿证交易。同月，国务院关于印发《"十四五"节能减排综合工作方案》（国发〔2021〕33号）提出，优化完善能耗双控制度，各地区"十四五"时期新增可再生能源消费量不纳入地方能源消费总量考核，完善市场化机制，推广绿色电力证书交易。

2022年6月，国家发展改革委、国家能源局等9部门联合印发《"十四五"可再生能源发展规划》，提出完善绿色电力证书机制，强化绿证的绿色电力消费属性标识功能，拓展绿证核发范围，推动绿证价格由市场形成，鼓励平价项目积极开展绿证交易。

2022年8月，国家发展改革委、国家统计局、国家能源局发布《关于进一步做好新增可再生能源消费不纳入能源总量控制有关工作的通知》（发改运行〔2022〕1258号），明确新增可再生能源电力消费量不纳入能源消费总量控制，以绿证作为可再生能源电力消费量认定的基本凭证，以各地区2020年可再生能源电力消费量为基础，"十四五"期间每年较上一年新增的可再生能源电力消费量，在全国和地方能源消费总量考核时予以扣除。该文件的出台进一步推动了用能企业与平价新能源达成绿证交易。

2022年9月，国家发展改革委办公厅、国家能源局综合司发布《关于推动电力交易机构开展绿色电力证书交易的通知》（发改体改办〔2022〕797号），推动电力交易机构开展绿证交易，自此绿证交易由原来仅在可再生能源信息管理中心开展扩展至交易平台，引导全社会提升绿电、绿证需求。

2022年9月，国家发展改革委办公厅、国家能源局发布《关于有序推进绿色电力交易

有关事项的通知》(发改体改办〔2022〕821号),在2021年9月时开展绿电交易的基础上,进一步完善促进绿色能源生产消费的市场体系和长效机制,稳妥推进绿色电力交易。

2023年2月,国家发展改革委、财政部、国家能源局联合下发《关于享受中央政府补贴的绿电项目参与绿电交易有关事项的通知》(发改体改〔2023〕75号),推进享受国家可再生能源补贴的绿电项目参与绿电交易,扩大绿电参与规模。享受国家可再生能源补贴的绿色电力,参与绿电交易时高于项目所执行的煤电基准电价的溢价收入等额冲抵国家可再生能源补贴或归国家所有;发电企业放弃补贴的,参与绿电交易的全部收益归发电企业。

2023年7月,国家发展改革委、财政部、国家能源局联合下发了《关于做好可再生能源绿色电力证书全覆盖工作促进可再生能源电力消费的通知》(发改能源〔2023〕1044号),明确绿证是我国可再生能源电量环境属性的唯一证明,是认定可再生能源电力生产、消费的唯一凭证,绿证核发范围扩展到全部可再生能源电量,对全国风电、太阳能发电、常规水电、生物质发电、地热能发电、海洋能发电等已建档立卡的可再生能源发电项目所生产的全部电量核发绿证,实现绿证核发全覆盖。其中,除存量常规水电项目暂不核发可交易绿证,相应的绿证随电量直接无偿划转外,其他可再生能源均核发可交易绿证。提出要以绿证作为电力用户绿色电力消费和绿电属性标识认证的唯一凭证,建立基于绿证的绿色电力消费认证标准、制度和标识体系,同时在绿证应用中还明确落实可再生能源消费不纳入能源消耗总量和强度控制,国家统计局会同国家能源局核定全国和各地区可再生能源电力消费数据。对绿证与碳排放指标衔接及国际接轨提出明确工作要求,政策支持力度空前。

绿证、绿电交易国家政策历程如图11-1所示。

11.3.3　绿电交易与绿证交易的关系

绿证交易、绿电交易是国家在不同时期、不同背景下出台的促进可再生能源发展的两套机制。"证电分离"的绿证交易与"证电合一"的绿色电力交易互为补充,用户根据自身需要,选择参与绿电或绿证交易,决定选择在哪个市场满足自身购买环境价值的需求。绿证市场将更加灵活、便捷地满足用户需求,其金融性质更强,不受物理网络约束。绿电交易的优势在于与电能量"捆绑销售",更能满足追溯、核查的要求,可保证环境价值唯一性。"证电分离"的绿证交易与"证电合一"的绿色电力交易互为补充。近期,国家发展改革委办公厅和国家能源局综合司联合印发《关于有序推进绿色电力交易有关事项的通知》,从建立健全绿色电力交易机制、鼓励各类用户自愿消费绿色电力、健全特殊用户绿色电力消费社会责任等五方面提出了14项具体举措,并通过电力交易中心同时开展了新的绿色证书交易。"证电分离"的绿色证书交易可以作为"证电合一"的绿色电力交易的一种有益补充和调整偏差的手段。

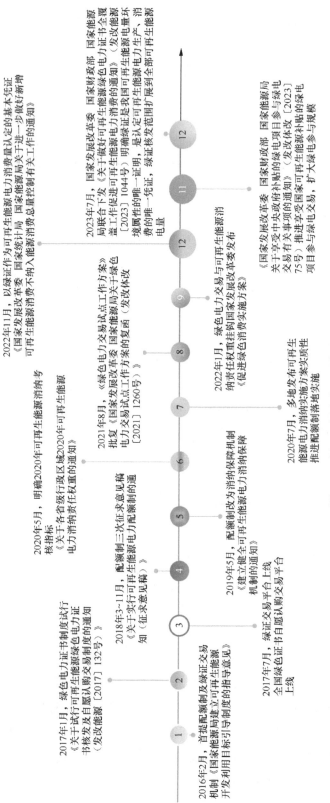

图11-1 绿证、绿电交易国家政策历程

根据财政部的统计，截至 2017 年底，可再生能源补贴缺口已达到 1000 亿元。在补贴缺口的现实压力下，以绿证收益代替补贴以缓解欠补压力和支持可再生能源发电企业运营是我国绿证制度在设计之初最为直接和迫切的目的。也正因此，绿证交易启动后一度交易成交情况不理想，据统计，2017 年启动至 2018 年 6 月 20 日，绿证累计出售仅 27260 张，其中风电绿证 27110 张，光伏绿证 150 张。绿证制度未实现预期的替代补贴扶持新能源发电行业发展的目标。随着补贴退坡与平价时代渐近，平价上网项目增多，国家发展改革委和国家能源局于 2019 年 1 月 10 日联合发布《关于积极推进风电、光伏发电无补贴平价上网有关工作的通知》（发改能源〔2019〕19 号），进一步扩大了可核发绿证项目的范围，纳入平价上网和低价上网的陆上风电及集中式地面光伏项目，平价绿证替代补贴为平价项目提供额外资金支持。同时，为促进可再生能源消纳，我国结合实际情况，制定了可再生能源电力消纳保障机制，赋予绿证用以认定消纳责任完成情况的功能。国家发展改革委、国家能源局于 2019 年正式发布《关于建立健全可再生能源电力消纳保障机制的通知》（发改能源〔2019〕807 号），明确可通过购买绿证方式完成消纳责任。

受市场制度不完善、交易激励不足等因素的影响，绿证交易试点市场并不活跃，可再生能源消纳目标难以达成。与此同时，我国可再生能源发展持续向好，装机规模稳步扩大，部分跨国公司和外向型企业也因面临产品生产的碳排控制要求而不断提升绿电使用需求。面对配额约束、供求增长与市场机制缺位的矛盾，绿电交易应运而生。2020 年 12 月和 2021 年 6 月，浙江和广东开创性展开直购与代购绿电交易试点，首笔绿电成交量分别达到 1400 万 kWh 和 245 万 kWh。随后，《绿色电力交易试点工作方案》正式通过，绿电交易于 2021 年 9 月 7 日在全国范围内全面启动，共 17 个省份 259 家市场主体参与首场绿色电力交易，达成交易电量 79.35 亿 kWh，折合节约标准煤 244 万 t、减少二氧化碳排放 607 万 t，成交价与当地电力中长期交易价格存在 0.03～0.05 元/kWh 的差值，表现为绿色电力价格除基础"电量价格"外的"环境价值"。同时，国家持续完善绿电交易机制顶层设计，陆续出台《促进绿色消费实施方案》《关于加快建设全国统一电力市场体系的指导意见》和《关于完善能源绿色低碳转型体制机制和政策措施的意见》，旨在刺激社会绿电消费潜力、提高配额制下绿电市场化消纳水平、着力促进能源绿色低碳转型。2022 年 2 月和 5 月，《南方区域绿色电力交易规则（试行）》和《北京电力交易中心绿色电力交易实施细则》的相继试行，明确了"证电合一"的绿电交易模式、交易程序和规则，推动了区域绿电交易实践。

11.3.4 甘肃绿电、绿证交易开展情况

1. 绿电交易工作开展情况

2021 年 9 月，甘肃正式启动绿电交易试点。2021 年 10 月，甘肃电力交易中心成功组

织西北区域首笔省内绿电交易，成交电量56万kWh；2021年12月，甘肃达成首笔跨省跨区年度绿电交易，成交电量1860万kWh。自试点以来至2023年12月，累计达成绿电交易电量25.24亿kWh，其中省内绿电交易5.22亿kWh，省间绿电交易20.02亿kWh。

2. 绿证交易工作开展情况

为更好体现可再生能源的环境价值，服务新型电力系统建设，国家发展改革委、国家能源局联合出台《关于推进电力交易机构开展绿色电力证书交易的通知》（发改办体改〔2022〕797号），明确将绿证交易组织工作拓展至电力交易机构。国网甘肃公司积极汇报省工信厅、发改委、能源局、统计局，争取政府相关部门批准同意由甘肃电力交易中心发布《关于推动在甘市场主体积极参与绿色电力证书交易的通知》，试点当日成交绿证12000张。2023年1～12月，累计促成省内发电企业与电力用户达成绿证交易12000张，向省外累计售出绿证1072406张。

11.4　可再生能源电力超额消纳量交易

11.4.1　超额消纳量交易

超额消纳量交易是指承担可再生能源电力消纳责任权重的市场主体为完成消纳量要求，向超额完成年度可再生能源电力消纳量的市场主体购买其超额消纳量的交易。通俗解释就是，超额完成可再生能源电力消纳的市场主体，可以参与跨省电力交易，将手中的超额指标卖出。

这里所说的市场主体，包括各类直接供售电的电网企业、独立售电公司、拥有配售电网运营权的售电公司、通过电力批发市场购电的电力用户和拥有自备电厂的企业。

市场主体在电力交易平台注册成功并购买实际消纳可再生能源后，就可以获得可再生能源电力消纳量，该消纳量分为水电消纳量和非水电可再生能源电力消纳量。

11.4.2　超额消纳量的生成

已接入公用电网的市场主体消纳量，由每月结算电量生成，月结电量由各省级电网企业发送给相应省级电力交易中心。

未接入公用电网的地方电网、增量配售电公司、拥有自备电厂的企业等其他市场主体，若已安装计量表且接入电网企业用电信息采集系统的，则消纳量由采集系统生成；未接入电网企业用电信息采集系统的，其发用电数据须经所在地区政府部门或国家能源局派出机构认定后，按月提交省级电力交易中心生成消纳量，未经认定的发用电量，不能生成消纳量。

11.4.3　超额消纳量的计算

（1）对于电网企业按照可再生能源发电保障性收购要求统一收购的电量对应的消纳量，在完成居民、农业、重要公用事业和公益性服务、非市场化用电量对应消纳任务后，如有剩余，电网企业按照各省级政府出台的可再生能源电力消纳保障方案，向各市场主体分配剩余电量。

（2）对于通过电力直接交易等产生的消纳量，按照各省级电力交易中心提供的结算依据，计算对应的消纳量。

（3）对于合同转让交易，由可再生能源替代其他能源发电产生的消纳量，按可再生能源实际结算电量，计入合同出让方对应的购电市场主体消纳量账户。

（4）对于按集中竞价、统一边际电价出清等未明确市场主体结算电量中可再生能源成分的市场化交易类型，按同一交易序列中可再生能源的占比，计算对应的消纳量。

11.4.4　超额消纳量的交易

可再生能源电力消纳量购买完成后，由电力交易平台同步至可再生能源凭证交易系统，存入市场主体消纳量账户，每1MWh超额消纳量生成1个超额消纳凭证，分为水电超额消纳凭证和非水电消纳凭证，作为后续交易的标的物和核算依据，具有唯一编码，对应可再生能源电力的电量类型、消纳时间、生产省份、消纳省份、消纳主体等信息。不足1MWh部分的消纳量，不生成消纳凭证。

需要注意的是，超额消纳凭证年清年结，不能跨年度计入市场主体消纳责任权重。

此外，参与绿证交易的可再生能源企业，国家可再生能源信息管理中心每月会将绿证交易结果同步到北京电力交易中心凭证交易系统，用以计算消纳责任完成情况，1个绿证等同1MWh非水电消纳量。绿证交易量可以参与年度消纳责任权重计算，但不能跨年，不能参与超额消纳量交易。

超额消纳凭证生成后，就可以通过可再生能源电力消纳凭证系统展开交易，交易同时组织，交易周期和方式一致。

其中超额消纳凭证交易，采用的是双边协商、集中交易、挂牌和滚动撮合四种方式。双边协商是指市场主体之间自主协商凭证交易的数量和价格，经双方确认后形成交易结果；集中竞价是指市场主体集中申报凭证交易数量和价格，电力交易中心按照一定规则进行出清，确定最终的成交对、成交数量和价格；挂牌交易是指市场主体将消纳凭证的需求量或可供量的数量和价格等信息在凭证交易系统发布，由购买方提出接受该要约的申请，按照时间顺序出清；滚动撮合是指市场主体在交易时间内参考展示信息，自由申报凭证交易数量和价格，一旦匹配成功，按照时间优先、价格优先的原则形成出清交易结果。

值得注意的是，市场主体需要在完成自身消纳任务和所在省级行政区消纳任务的前提下，才可以向外省市场主体出售超额消纳凭证。若所在省级行政区消纳任务未完成，则该省市场主体买入，不能卖出。

此外，省间交易原则上只开展年度交易。

11.4.5　超额消纳量的交易时间

（1）市场主体在发送出售指令前，必须保证其账户中持有满足出售指令条件的超额消纳凭证。

（2）交易合同全部采用电子化方式，以成交单作为依据。

（3）超额消纳凭证交易的成交价格通过市场化方式形成，第三方不得干预。双边协商和挂牌交易原则上不进行限价；集中竞价和滚动撮合交易，为避免市场操纵及恶性竞争，可以对报价或结算价格设置上限。

（4）北京电力交易中心至少提前3个工作日发布省间超额消纳交易公告。内容包括但不限于：①交易时间、交易品种和交易方式；②集中竞价、滚动撮合交易限价。

（5）市场主体对省间交易结果有异议的，应当在交易达成后1个工作日内，向北京电力交易中心提出，由北京电力交易中心在1个工作日内给予解释。

（6）因不可抗力、意外事件、技术故障等原因影响交易时，北京电力交易中心应最大限度维护交易双方权益，认定交易有效或无效。

（7）市场主体违反本规则，严重扰乱或破坏市场正常交易秩序时，北京电力交易中心有权认定交易无效或撤销，由此造成的损失，由违规市场主体作为责任方进行承担。

11.4.6　超额消纳量的结算

超额消纳凭证交易资金利用现有电费结算渠道进行结算，先完成交易和凭证交收，后随电费完成资金结算。

交易资金于交易完成后当月或次月进行结算。

省间交易由北京电力交易中心出具结算依据。

交易资金在电费结算单据中单项列示，省间交易由买卖双方所在省电力公司进行资金结算。

11.4.7　超额消纳量交易实例

2022年甘肃全社会用电量为1501亿kWh，可再生能源发电量为913亿kWh，其中水电 375 亿 kWh、非水电 538 亿 kWh。省间交易净受入水电 14 亿 kWh，净送出新能源 223 亿 kWh。据此测算，我省 2022 年总量消纳责任权重完成 46.89%，低于国家下达目标值 3.11 个百分点；非水电消纳责任权重完成 20.97%，高于国家下达目标值 0.67 个百分点。

2022 年 2 月 27 日，北京电力交易中心组织开展 2022 年度可再生能源电力超额消纳量省间非水凭证挂牌、双边交易及水凭证挂牌、双边交易，由于河南 2022 年可再生能源超额消纳量全部为非水消纳量，甘肃、河南参与了 2022 年度可再生能源电力超额消纳量省间非水凭证双边交易申报，甘肃购入河南非水消纳量 48 亿 kWh。考虑购入河南指标后，甘肃 2022 年总量消纳责任权重完成 50.09%，高于国家下达目标值 0.09 个百分点；非水电消纳责任权重完成 24.17%，高于国家下达目标值 3.87 个百分点。

11.5   西北电网可再生能源消纳举措成效

11.5.1   西北电网概况

西北电网是国家电网的重要组成部分，覆盖陕、甘、青、宁、新五个省区，截至 2022 年年底，总装机容量 3.5 亿 kW，其中新能源装机 1.6 亿 kW，最大用电负荷接近 1.21 亿 kW，拥有 750kV 变电站 73 座、线路 220 条（总长度 2.7 万 km），主要呈现以下四个特点：

（1）供电面积大。覆盖 308 万 km^2，东西跨度逾 3000km，约占全国陆地面积 1/3，供电服务人口超过 1 亿人。

（2）互济能力强。五个省级电网通过 750kV 骨干网架联接，省区间联络线 19 回，省间交换能力 4520 万 kW，年互济电量近 1000 亿 kWh，联网效益好。

（3）外送规模大。在运直流 11 条，总容量 7071 万 kW。其中，特高压直流 7 条，数量及输电容量占到国网系统的一半，目前电力外送全国 17 个省市，是外送范围最广、规模最大的区域电网。2022 年西北跨区跨省外送电量 3265.52 亿 kWh，其中外送可再生能源（风电、光伏、水电）938.61 亿 kWh，占比 28.74%，有利缓解西北地区弃风弃光矛盾，清洁能源输送至东中部地区，助力节能减排和大气污染防治。2022 年西北率先开展省间中长期市场连续运营试点，全面实现带曲线中长期交易，响应负荷变化和新能源出力波动，缩短交易周期、增加交易频次，提升运营效率，进一步提升中长期交易灵活性，最大限度释放保供稳送潜力。全年通过中长期连续运营新增跨省跨区月内（多日）交易电量 228 亿 kWh，同比增长 56%。

（4）新能源占比高。2022 年年底，新能源已成为西北电网第一大电源。新能源装机占总装机比例为 45%，全年发电量占比 23.6%，利用率为 95.52%，同比增加 0.9 个百分点，是国内新能源装机占比和发电量占比最高的区域电网，其中新能源发电量占比已经超越欧盟，达到国际领先水平。

11.5.2 陕西电网的特点及新能源消纳成效

1. 陕西电网的特点

陕西电网通过4回750kV线路与甘肃电网相联、通过±800kV陕北一武汉特高压直流及330kV交流至河南灵宝直流背靠背与华中电网联网，通过±500kV德宝直流与西南电网联网。另外在陕北通过1000kV榆横一潍坊特高压输电线路以及500kV锦界、府谷两座电厂送出线路以点对网方式直供华北电网，电力外送能力达2235万kW。

2. 陕西新能源消纳举措及成效

2022年，陕西新能源利用率为96.59%。一是持续加强新能源消纳管理，精细化开展日前电力电量平衡，合理安排火电机组运行方式及发电计划曲线，精细化新能源日前纳入平衡机制及比例，合理预留全网运行备用，充分利用大电网资源优化配置平台作用促进新能源消纳。二是强化市场作用，通过省间现货、省间省内调峰辅助服务、西北省间备用市场等多个市场协同，最大限度提升省内新能源消纳空间。调峰市场全年累计减弃新能源电量10.8亿kWh，提升新能源利用率2.9个百分点。陕西火电企业通过深度调峰和启停调峰累计收益达4.3亿元，单厂调峰收益最大达到0.6亿元，助力传统火电转型升级，实现火电机组获取补偿、新能源增发电量和用户降本增效的多方共赢。

2022年，陕西省跨区跨省外送电量109.74亿kWh，其中外送可再生能源6.12亿kWh，占比5.58%。

11.5.3 甘肃电网的特点及新能源消纳成效

1. 甘肃电网的特点

甘肃电网是西电东送的重要通道、西北电力交换的枢纽，4条特高压直流线路跨境而过，110kV及以上变电站（换流站）445座，容量1.19亿kVA，110kV及以上线路长度54687km。新能源装机容量3518.97万kW、占比51.9%，属于高比例新能源大规模外送型电网。

2. 甘肃新能源消纳举措及成效

2022年，甘肃新能源利用率为95.29%。一是保清洁资源大范围消纳。甘肃统筹考虑甘肃电力供需状况、新能源装机占比、系统调节能力等因素，建立峰谷分时段外送机制，成功寻找到"保供增送"间的和谐关系，逆势而上，持续深化与传统购电省份合作。充分发挥分时电价信号作用，服务以新能源为主体的新型电力系统建设，最大化释放富裕外送能力，促进送售端曲线、价格匹配，扩大省间外送规模。二是优势互补，有效改善发用匹配。分时段电力交易及分时价格信号有效引导电力用户"错峰避峰"，更多电力用户选择在新能源大发、网内发电能力较为充裕的白天时段参与市场化交易，提升用电规模，较大限度地缓解了甘肃早、晚高峰时段性短缺困难。三是深化中长期市场连续运营，促进新能源消纳。形成年度、月度、周、"D+3"日滚动交易连续开市格局，通过不间断开市机制，满足新能源短期预测、灵活调整的交易需求。四是电力现货市场与调峰市场融合运行，电网调节能力大幅提升，新能源利用率大幅提高，甘肃新能源利用率从2016年的61%提升至2022年95.29%，两级市场累计增发新能源电量126.48亿kWh。

2022年，甘肃省跨区跨省外送电量560亿kWh，其中外送可再生能源241.23亿kWh，占比43.1%。甘肃创新开展分时分段电价外送模式，进一步扩大外送规模的同时体现电力价值；与湖南探索建立可中断交易机制，建立"基准电价+浮动电价"，锁定祁韶直流送电规模，提升甘肃河西新能源消纳水平及祁韶直流利用率。

11.5.4　青海电网的特点及新能源消纳成效

1. 青海电网的特点

青海电网交直流混联电网东接甘肃、南联西藏、西引新疆、直通中原，是西北电网骨干网架的重要组成部分。省内东部750kV骨干电网成环网结构，东西部电网通过四回750kV线路连接并向西延伸至鱼卡；330kV电网形成东部双环网、中西部单环网、南部辐射供电网架。

2. 青海新能源消纳举措及成效

2022年，青海新能源利用率为91.72%。一是开展中长期交易连续开市运营，落实月内合同偏差调整机制，大力推动蓄热式电锅炉清洁取暖交易，启动实施省内绿电交易，省内消纳新能源288.32亿kWh，同比提升19.88%。二是进一步协调优化青豫特高压等直流通道中长期交易外送电力曲线，扩大午间光伏大发时段调峰电力外送规模，通过中长期跨区跨省、实时、双边等交易外送新能源123.4亿kWh，同比提升23.03%。三是积极开展"四统一"共享储能调峰和火电有偿调峰交易，实现了新能源企业、储能企业共赢，有效促进了新能源消纳。四是依托青海特殊的资源、战略、区位优势，国网青海电力以第二十三届青洽会为契机，从2022年6月25日至7月29日连续35天在全省范围内开展"绿电5周"系列活动，让清洁能源为美好生活充电、为美丽中国赋能。"绿电5周"期间，清洁能源发电量99.8亿kWh，占全省用电量的110.7%，相当于减少燃煤453.4万t、减排二氧化碳816.1万t。

2022年青海省跨区跨省外送电量208.46亿kWh，其中外送可再生能源169.59亿kWh，占比81.35%。立足于青海省资源禀赋和龙羊峡水库多年调节优势，开展区域内电力余缺互济交易，促进区域内各省份电力保供、新能源消纳以及节能减排目标完成。

11.5.5　宁夏电网的特点及新能源消纳成效

1．宁夏电网的特点

宁夏电网现有两条直流外送通道，分别是宁东—山东±660kV直流输电工程和宁东—浙江±800kV特高压直流输电工程，形成覆盖全区的750kV双环网。截至2022年12月底，统调总装机容量为6053.51万kW，是典型的"强电网、大送端"。

2．宁夏新能源消纳举措及成效

2022年，宁夏新能源利用率均超过97%，消纳水平位居全国前列。一是自主开展技术路径研究。在全国首次提出了省域范围内"双新"建设整体构架和实施路径。二是聚焦"双碳"，绿电交易迈上新台阶。充分发挥宁夏新能源资源优势，全面推动区内绿电交易试点工作，率先发布绿电交易规则，常态化按月组织开展区内绿电交易。三是通过辅助服务市场增发新能源21.15亿kWh，提升新能源利用率4.2个百分点。辅助服务补偿总费用10.41亿元，实现了新能源企业多发电、火电企业得补偿、系统调节能力有提升的互利共赢局面。

2022年，宁夏自治区跨区跨省外送电量927.45亿kWh，其中外送可再生能源150.31亿kWh，占比16.21%。建立外送电"日跟踪"机制，根据月度能力适时增加外送华东、华北地区电量，促使银东直流保持稳定高外送占比，灵绍直流外送占比显著提升，昭沂外送电量接近达峰。

11.5.6　新疆电网的特点及新能源消纳成效

1．新疆电网的特点

新疆电网依托天中、吉泉直流及750kV交流一、二通道"二交二直"的外送电格局，实现向全国20个省市送电，设计送电能力2500万kW，已成为全国输送能力最强的大型特高压交直流混联电网。

2．新疆新能源消纳举措及成效

2022年，新疆新能源利用率为96.4%。一是持续丰富疆内交易品种，开展新能源月内合同电量转让交易，有效缓解新能源偏差调整难题；采用滚动撮合方式实现用户合同转让交易按周连续开市，有效提升用户合同偏差控制能力，提高合同履约率。二是取消疆内交易新能源交易比例限制，常态化开展新能源与燃煤自备电厂调峰替代绿色电能交易，新能源企业与用户成交电量为10.35亿kWh。

2022年，新疆自治区跨区跨省外送电量1257.16亿kWh，其中外送可再生能源371.36亿kWh，占比29.51%。采用"高频次、短周期"和多周期覆盖等方式开展外送交易，全力保障电力援疆交易优先组织和"能送尽送"。

第 12 章

电力交易平台操作方法

电力交易平台是实现电力交易的重要载体,为适应电力市场化改革要求,促进电力市场健康、有序发展,推进全国统一电力市场体系建设,满足电力交易组织平台化运作要求,按照"统一市场、两级部署"的建设思路,北京电力交易中心有限公司完成了电力交易平台的研发及部署工作,为规范、高效开展直接交易、合同转让交易等多品种电力交易提供了技术支撑和保障。电力交易平台登录地址:https://pmos.sgcc.com.cn。

电力交易平台分为两级部署,包括国家级的北京电力交易平台和27家省级交易平台,实现了国家电网有限公司经营区域内的全面覆盖。市场主体可以通过互联网访问电力交易平台,参与有关市场化交易,及时掌握电力交易信息资源。电力交易平台主要包括公示公告、主页、用户基本信息、交易、合同、计划、结算和信息发布等业务模块,实现了电力交易核心业务平台化运作。

电力交易平台是国内首套支持电力用户直接交易全业务流程在线运作的平台,平台之间纵向贯通、横向融合,能够支撑多品种、多周期交易并发运营,支撑全国范围的能源资源优化配置和电力用户直接交易,为发电企业、电力用户等市场主体提供公开、透明、高效的市场服务。

12.1 总体建设情况

为促进全国统一电力市场建设,公司于2018年9月决定开展新一代电力交易平台建设。2019年编制并印发平台建设方案,明确按照统一市场、两级部署的原则,采用云架构+微服务的技术路线,在公司总部及27家省公司开展新一代电力交易平台建设,2020年4月完成所有功能开发,2020年8月开展省间平台上线试运行,2021年4月,省间平台率先实现单轨制运行,支撑全品种电力交易在线运作。据了解,这是世界首套基于云架构搭建的大型电力市场技术支撑系统。新一代电力交易平台建设流程如图12-1所示。

➢9月，启动平台建设
➢11月，完成新平台建设方案
➢7月，完成需求分析与概要设计
➢12月，完成基础核心功能开发上线
➢4月，完成所有功能开发
➢8月，上线试运行
➢4月，完成新老平台割接，开展单轨运行工作
2018年
2019年
2020年
2021年
签 报
关于开展新一代电力交易平台建设的请示
国家电网有限公司文件
国家电网交易〔2019〕256号
国家电网有限公司关于印发新一代电力交易平台建设方案的通知
签 报
北京电力交易中心关于新一代电力交易平台省间功能上线运行的报告
国家电网有限公司文件
国家电网交易〔2021〕109号
国家电网有限公司关于加快推进新一代电力交易平台单轨制运行的通知

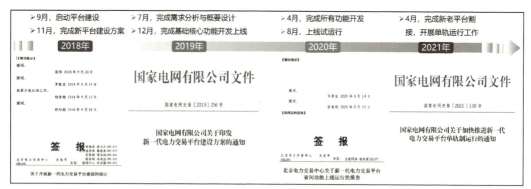

图12-1 新一代电力交易平台建设流程

12.1.1 建设目标

根据全国统一电力市场深化设计方案，按照“统一设计、安全可靠、配置灵活、智能高效”的原则，构建具有“六化”特征的新一代电力交易平台，支撑“四全”“三统筹”“三提升”的全国统一电力市场建设。新一代电力交易平台建设目标如图12-2所示。

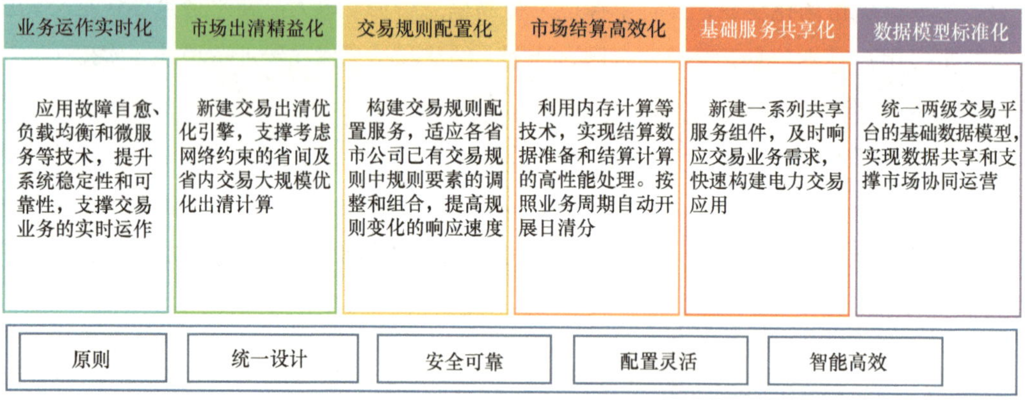

业务运作实时化
应用故障自愈、负载均衡和微服务等技术，提升系统稳定性和可靠性，支撑交易业务的实时运作
市场出清精益化
新建交易出清优化引擎，支撑考虑网络约束的省间及省内交易大规模优化出清计算
交易规则配置化
构建交易规则配置服务，适应各省市公司已有交易规则中规则要素的调整和组合，提高规则变化的响应速度
市场结算高效化
利用内存计算等技术，实现结算数据准备和结算计算的高性能处理。按照业务周期自动开展日清分
基础服务共享化
新建一系列共享服务组件，及时响应交易业务需求，快速构建电力交易应用
数据模型标准化
统一两级交易平台的基础数据模型，实现数据共享和支撑市场协同运营
原则
统一设计
安全可靠
配置灵活
智能高效

图12-2 新一代电力交易平台建设目标

12.1.2 设计思路

遵循“一平台、一系统、多场景、微应用”的公司信息化建设理念，遵从公司统一技术架构，在充分继承前期建设成果的基础上，坚持以安全为基础，以用户为中心，以服务为根本，按照“需求导向、统一设计、集中研发、云端部署、稳步实施”的整体建设思路（如图12-3所示），基于一体化“国网云”平台和全业务统一数据中心，实现各专业数据高效交互和价值挖掘，建设新一代电力交易平台。

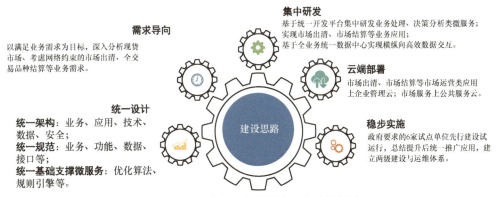

图 12-3　新一代电力交易平台整体建设思路

通过确定平台数据最小颗粒度，构建考虑输电元素的交易路径库和结算路径库、统一标准编码等方案，实现"市场注册、交易、合同、计划、结算、统计分析"全流程数据贯通，全面支撑"中长期与现货、交易与调度、省间与省内"业务协同，实现新平台全业务流程的自动化和数字化。业务贯通实现思路如图 12-4 所示。

图 12-4　业务贯通实现思路

12.1.3　设计原则

依据需求规格说明书，基于国网云平台和微服务架构，从规范性、安全性、适用性、易用性、可靠性、平稳升级和经济性 7 方面设计实现新一代电力交易平台，具备动态扩展服务能力，实现资源的灵活调配和无限扩容，保证系统的高可用性和高可靠性。新一代电力交易平台设计原则如图 12-5 所示。

12.1.4　整体架构

新一代电力交易平台研发了市场出清、市场结算、市场服务、信息发布、市场合规、系统管理六大应用（如图 12-6 所示），支撑中长期分时段曲线交易、电子合同、现货服务、日清月结、信息披露等业务全流程在线运作。

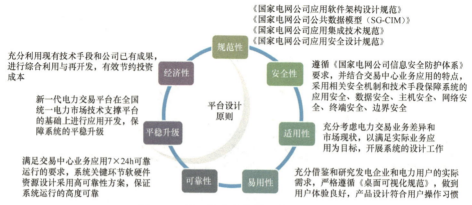

图12-5　新一代电力交易平台设计原则

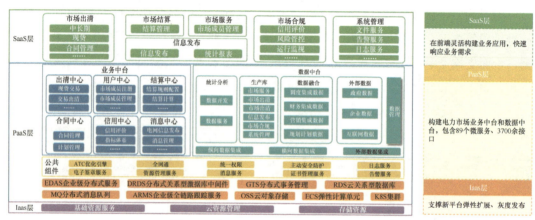

图12-6　新一代电力交易平台整体架构

12.1.5　业务架构

按照全国统一电力市场体系要求，平台分内、外网面向电网企业与市场主体提供功能服务。内网面向电网企业提供市场交易、合同管理、市场结算、分析管理、市场成员管理、信息发布等功能，外网面向各类市场主体提供市场成员注册、运营数据报送、市场交易报价、信息查询、综合服务等功能，平台承载公司统一对外服务窗口职能，与调度、营销、财务等专业高效交互。业务架构如图12-7所示。

12.1.6　应用架构

为满足新业务需求，应用微服务理念规划新一代电力交易平台功能，新建市场服务、市场出清、市场结算、信息发布、市场合规、系统管理六大微应用群。其中，对外市场服务为市场成员提供数据申报、查询及综合服务等应用，市场出清、市场结算、信息发布、市场合规等应用作为电力交易核心业务应用支撑全国统一电力市场高效运营。应用架构如图12-8所示。

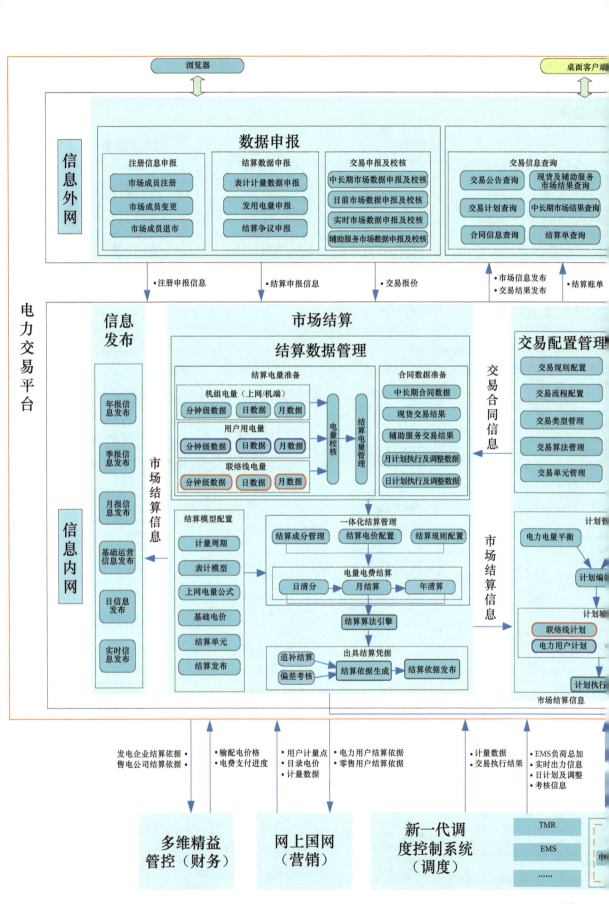

图 12-8

政府监管　　　征信监管　　　社会公众

市场服务

信息查询

交易信息查询
- 长期交易公告查询
- 长期申报数据查询
- 长期交易结果查询
- 货交易公告查询
- 货申报数据查询
- 货交易结果查询

合同信息查询
- 前合同查询
- 史合同查询
- 同执行查询

市场公共信息查询
- 市场动态
- 公告公示
- 行业资讯
- 市场服务
- 政策法规

结算信息查询
- 结算单查询

市场成员信息查询
- 市场成员入市/退市公示
- 信用评级信息查询
- 市场主体信息查询

市场运营信息查询
- 年报查询
- 季报查询
- 月报查询
- 基础运营信息查询
- 日信息查询
- 实时信息查询

市场运行信息查询
- 电网运行概况查询
- 电力负荷信息
- 发电计划出力信息
- 发电实际出力信息
- 地区电力电量平衡信息
- 全国电力电量平衡信息
- 特高压联络线输电信息
- 检修计划查询
- 新设备信息查询
- 安全生产信息查询

综合服务

综合服务
- 即时信息交互服务
- 信息接口交互服务
- 服务质量管理
- 个性化定制服务
- 电力交易知识库
- 市场成员仿真培训
- 客户沟通管理
- 联络对象管理
- 来访管理
- 会议管理

交易合同

合同管理

省间交易合同
- 年度交易合同
- 电力直接交易合同
- 发电权交易合同
- 现货交易合同
- 辅助服务交易结果
- 绿证交易合同
- 电能替代合同

省内交易合同
- 年度交易合同
- 电力直接交易合同
- 发电权交易合同
- 外送电交易合同
- 现货交易结果
- 辅助服务交易结果
- 绿证交易合同
- 电能替代合
- 分布式发电交易合同

市场结算

结算数据准备

发电数据准备
- 分钟级电量
- 日电量
- 月电量

用户数据准备
- 分钟级电量
- 日电量
- 月电量

联络线数据准备
- 分钟级电量
- 日电量
- 月电量

合同数据准备
- 中长期交易合同
- 现货交易结果
- 辅助服务交易结果
- 输配电价信息

结算计算

结算计算
- 结算成分确认
- 发电企业日清分
- 发电企业月结算
- 发电企业年清算
- 联络线日清分
- 联络线月结算
- 联络线年清算
- 售电公司日清分
- 售电公司月结算
- 售电公司年清算
- 电力用户日清分
- 电力用户月结算
- 电力用户年清算
- 退补结算

结算依据

结算依据
- 发电企业结算单生成
- 售电公司结算单生成
- 零售用户结算单生成
- 直接交易用户结算单
- 电网企业结算单生成
- 结算单流转审批
- 结算单发布
- 结算争议管理
- 分布式发电企业结算单
- 单结算追补单
- 结算单备注
- 结算单批量审批
- 结算偏差管理

分析管控

市场信息统计

市场信息统计
- 年报信息统计
- 季报信息统计
- 月报信息统计
- 市场信息综合统计

合规风险分析

合规风险分析
- 合规风险识别
- 合规风险预警
- 合规风险防控
- 风险预案制定

市场分析

市场分析
- 市场运营概况
- 可再生能源配额完成情况分析
- 市场供需形势分析
- 市场充裕度分析
- 交易反演分析
- 市场行为分析
- 月度充裕度评估
- 年度充裕度评估
- 电价走势分析
- 清洁能源消纳情况
- 省间交易电量分析
- 电力直接交易电量分析
- 节约用户购电成本分析
- 特高压交易电量分析
- 发电权交易电量分析

市场主体信用评价

市场主体信用评价
- 售电公司信用评级
- 电力用户信用评级
- 发电企业信用评级

统一市场管控

统一市场管控
- 全国统一电力市场业务管控
- 全国统一电力市场数据管控
- 全国统一电力市场合规管控

市场成员管理

市场成员中心

市场成员中心
- 市场成员注册管理
- 市场成员变更管理
- 市场成员注销管理
- 市场成员信息统计

图例说明

现有业务　扩展业务　新增业务

省间特有业务　　省内特有业务

调控中心业务

（左侧部分遮挡）
- 源外送
- 动出清
- 源外送
- 先替代
- 动出清
- 先替代
- 服务交易
- 服务交易
- 服务交易
- 服务交易
- 外送
- 出清
- 替代
- 外送
- 出清
- 替代
- 交易
- 交易
- 能合出清
- 交易
- 能联合出清

业务架构

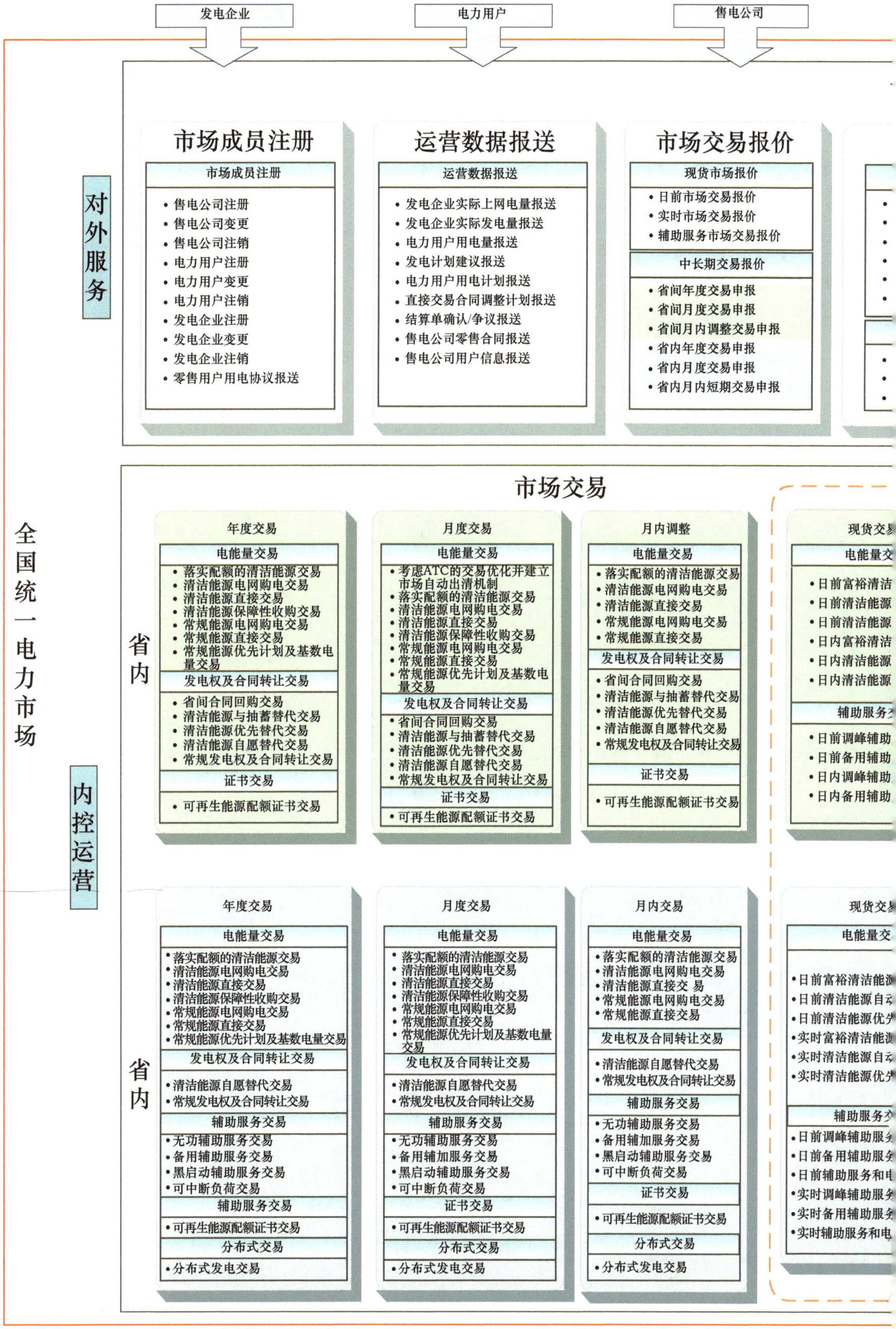

全国统一电力市场

对外服务

市场成员注册

市场成员注册
• 售电公司注册
• 售电公司变更
• 售电公司注销
• 电力用户注册
• 电力用户变更
• 电力用户注销
• 发电企业注册
• 发电企业变更
• 发电企业注销
• 零售用户用电协议报送

运营数据报送

运营数据报送
• 发电企业实际上网电量报送
• 发电企业实际发电量报送
• 电力用户用电量报送
• 发电计划建议报送
• 电力用户用电计划报送
• 直接交易合同调整计划报送
• 结算单确认/争议报送
• 售电公司零售合同报送
• 售电公司用户信息报送

市场交易报价

现货市场报价
• 日前市场交易报价
• 实时市场交易报价
• 辅助服务市场交易报价

中长期交易报价
• 省间年度交易申报
• 省间月度交易申报
• 省间月内调整交易申报
• 省内年度交易申报
• 省内月度交易申报
• 省内月内短期交易申报

内控运营

市场交易

省内

年度交易

电能量交易
• 落实配额的清洁能源交易
• 清洁能源电网购电交易
• 清洁能源直接交易
• 清洁能源保障性收购交易
• 常规能源电网购电交易
• 常规能源直接交易
• 常规能源优先计划及基数电量交易

发电权及合同转让交易
• 省间合同回购交易
• 清洁能源与抽蓄替代交易
• 清洁能源优先替代交易
• 清洁能源自愿替代交易
• 常规发电权及合同转让交易

证书交易
• 可再生能源配额证书交易

月度交易

电能量交易
• 考虑ATC的交易优化并建立市场自动出清机制
• 落实配额的清洁能源交易
• 清洁能源电网购电交易
• 清洁能源直接交易
• 清洁能源保障性收购交易
• 常规能源电网购电交易
• 常规能源直接交易
• 常规能源优先计划及基数电量交易

发电权及合同转让交易
• 省间合同回购交易
• 清洁能源与抽蓄替代交易
• 清洁能源优先替代交易
• 清洁能源自愿替代交易
• 常规发电权及合同转让交易

证书交易
• 可再生能源配额证书交易

月内调整

电能量交易
• 落实配额的清洁能源交易
• 清洁能源电网购电交易
• 清洁能源直接交易
• 常规能源电网购电交易
• 常规能源直接交易

发电权及合同转让交易
• 省间合同回购交易
• 清洁能源与抽蓄替代交易
• 清洁能源优先替代交易
• 清洁能源自愿替代交易
• 常规发电权及合同转让交易

证书交易
• 可再生能源配额证书交易

现货交易

电能量交易
• 日前富裕清洁
• 日前清洁能源
• 日前清洁能源
• 日内富裕清洁
• 日内清洁能源
• 日内清洁能源

辅助服务交易
• 日前调峰辅助
• 日前备用辅助
• 日内调峰辅助
• 日内备用辅助

省内

年度交易

电能量交易
• 落实配额的清洁能源交易
• 清洁能源电网购电交易
• 清洁能源直接交易
• 清洁能源保障性收购交易
• 常规能源电网购电交易
• 常规能源直接交易
• 常规能源优先计划及基数电量交易

发电权及合同转让交易
• 清洁能源自愿替代交易
• 常规发电权及合同转让交易

辅助服务交易
• 无功辅助服务交易
• 备用辅助服务交易
• 黑启动辅助服务交易
• 可中断负荷交易

证书交易
• 可再生能源配额证书交易

分布式交易
• 分布式发电交易

月度交易

电能量交易
• 落实配额的清洁能源交易
• 清洁能源电网购电交易
• 清洁能源直接交易
• 清洁能源保障性收购交易
• 常规能源电网购电交易
• 常规能源直接交易
• 常规能源优先计划及基数电量交易

发电权及合同转让交易
• 清洁能源自愿替代交易
• 常规发电权及合同转让交易

辅助服务交易
• 无功辅助服务交易
• 备用辅助服务交易
• 黑启动辅助服务交易
• 可中断负荷交易

证书交易
• 可再生能源配额证书交易

分布式交易
• 分布式发电交易

月内交易

电能量交易
• 落实配额的清洁能源交易
• 清洁能源电网购电交易
• 清洁能源直接交易
• 常规能源电网购电交易
• 常规能源直接交易

发电权及合同转让交易
• 清洁能源自愿替代交易
• 常规发电权及合同转让交易

辅助服务交易
• 无功辅助服务交易
• 备用辅助服务交易
• 黑启动辅助服务交易
• 可中断负荷交易

证书交易
• 可再生能源配额证书交易

分布式交易
• 分布式发电交易

现货交易

电能量交易
• 日前富裕清洁
• 日前清洁能源自动
• 日前清洁能源优先
• 实时富裕清洁能源
• 实时清洁能源自动
• 实时清洁能源优先

辅助服务交易
• 日前调峰辅助服务
• 日前备用辅助服务
• 日前辅助服务和电
• 实时调峰辅助服务
• 实时备用辅助服务
• 实时辅助服务和电

图 12-7

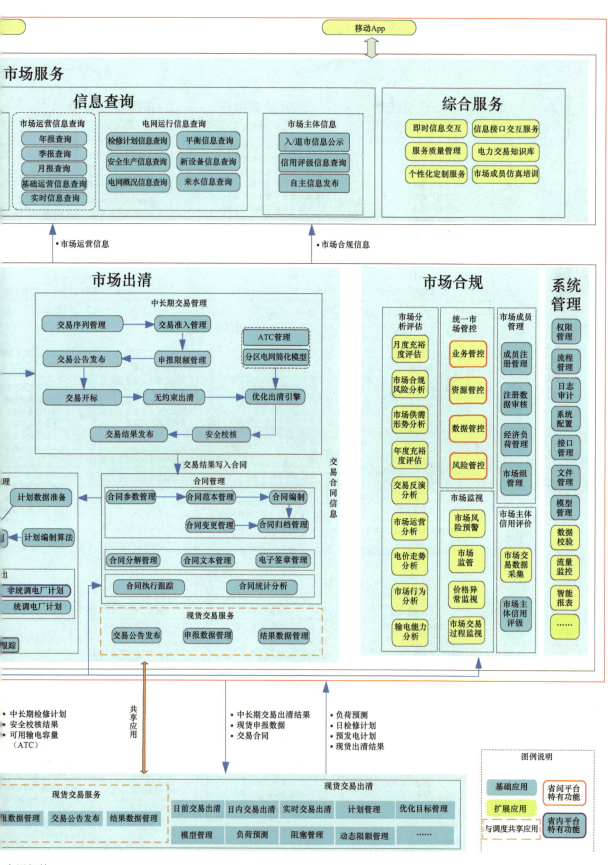

移动App

市场服务

信息查询

市场运营信息查询
- 年报查询
- 季报查询
- 月报查询
- 基础运营信息查询
- 实时信息查询

电网运行信息查询
- 检修计划信息查询 ｜ 平衡信息查询
- 安全生产信息查询 ｜ 新设备信息查询
- 电网概况信息查询 ｜ 来水信息查询

市场主体信息
- 入/退市信息公示
- 信用评级信息查询
- 自主信息发布

综合服务
- 即时信息交互 ｜ 信息接口交互服务
- 服务质量管理 ｜ 电力交易知识库
- 个性化定制服务 ｜ 市场成员仿真培训

• 市场运营信息   • 市场合规信息

市场出清

中长期交易管理
- 交易序列管理 → 交易准入管理
- 交易公告发布 ← 申报限额管理
- 交易开标 → 无约束出清 → 优化出清引擎
- 交易结果发布 ← 安全校核

ATC管理
分区电网简化模型

交易结果写入合同

合同管理
- 合同参数管理 → 合同范本管理 → 合同编制
- 合同变更管理 → 合同归档管理
- 合同分解管理 ｜ 合同文本管理 ｜ 电子签章管理
- 合同执行跟踪 ｜ 合同统计分析

现货交易服务
- 交易公告发布 ｜ 申报数据管理 ｜ 结果数据管理

交易合同信息

- 计划数据准备
- 计划编制算法
- 非统调电厂计划
- 统调电厂计划
跟踪

市场合规

市场分析评估
- 月度充裕度评估
- 市场合规风险分析
- 市场供需形势分析
- 年度充裕度评估
- 交易反演分析
- 市场运营分析
- 电价走势分析
- 市场行为分析
- 输电能力分析

统一市场管控
- 业务管控
- 资源管控
- 数据管控
- 风险管控

市场监视
- 市场风险预警
- 市场监管
- 价格异常监视
- 市场交易过程监视

市场成员管理
- 成员注册管理
- 注册数据审核
- 经济负荷管理
- 市场组管理

市场主体信用评价
- 市场交易数据采集
- 市场主体信用评级

系统管理
- 权限管理
- 流程管理
- 日志审计
- 系统配置
- 接口管理
- 文件管理
- 模型管理
- 数据校验
- 流量监控
- 智能报表
- ……

• 中长期检修计划
- 安全校核结果
- 可用输电容量（ATC）

共享应用

• 中长期交易出清结果
- 现货申报数据
- 交易合同

• 负荷预测
- 日检修计划
- 预发电计划
- 现货出清结果

现货交易服务
- 报数据管理 ｜ 交易公告发布 ｜ 结果数据管理

现货交易出清
| 日前交易出清 | 日内交易出清 | 实时交易出清 | 计划管理 | 优化目标管理 |
| 模型管理 | 负荷预测 | 阻塞管理 | 动态限额管理 | …… |

图例说明
- 基础应用 ｜ 省间平台特有功能
- 扩展应用
- 与调度共享应用 ｜ 省内平台特有功能

应用架构

12.1.7　数据架构

按照全业务统一数据中心建设的要求，基于SG-CIM3.5模型标准和电力交易数据编码标准，建设"统一数据模型、两级数据应用、高效业务交互"的新一代电力交易平台数据架构体系，实现与调度、营销等其他专业的数据高效交互，保障两级平台间信息共享与协同运营。同时，基于全业务统一数据中心分析域，开展电力交易数据的高效计算、智能分析和深度挖掘。现货市场中交易与调度业务紧耦合，直接建立现货市场数据交互通道，支撑现货市场安全、稳定、高效运营。全业务统一数据中心数据架构如图12-9所示。

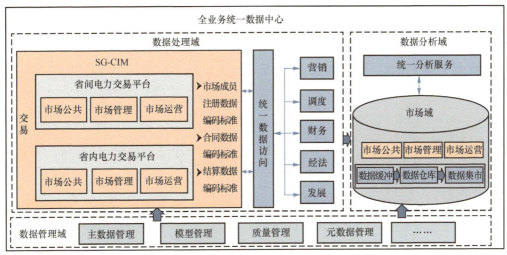

图12-9　全业务统一数据中心数据架构

12.1.8　技术架构

依托公司一体化"国网云"平台和全业务统一数据中心信息化建设成果，搭建新一代电力交易平台的基础设施，提供数据访问和服务的全方位支撑，建立优化算法、模型服务等业务支撑微服务，实现市场服务、市场出清等六大微应用，支持浏览器、移动应用等多种交互形式，满足高可用、高性能、高可靠等技术要求，为现货市场运营、全周期市场结算等新业务提供技术支撑。技术架构如图12-10所示。

12.1.9　安全架构

遵循《信息系统安全等级保护基本要求》，按照信息安全等级保护三级要求，依据"分区分域、安全接入、动态感知、全面防护"的安全策略，通过接入认证、数据隔离、入侵防范等技术，加强电力交易市场服务的安全防护，保障电力交易平台安全、可靠、稳定运行。安全架构如图12-11所示。

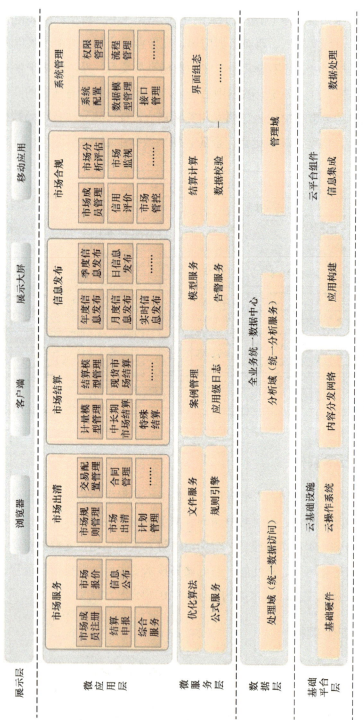

图12-10　技术架构

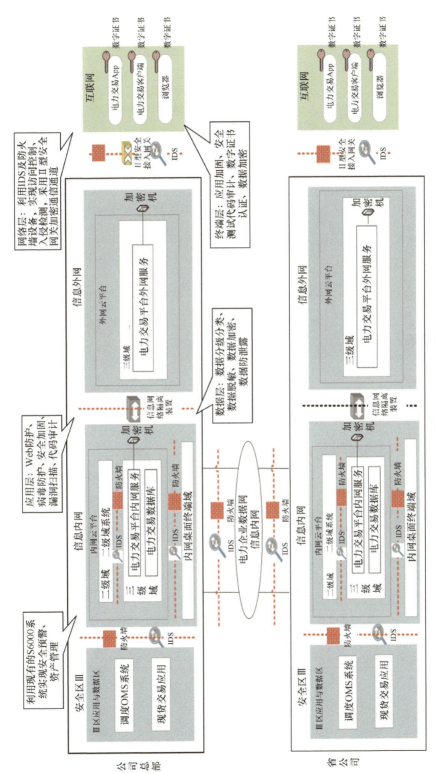

图 12-11　安全架构

12.1.10 部署架构

新一代电力交易平台采用两级部署架构，其中省间电力交易平台内网应用部署在企业管理云，外网应用部署在公共服务云；省内电力交易平台内网应用部署在企业管理云，外网应用随着各省公共服务云建设进度同步部署。部署架构如图12-12所示。

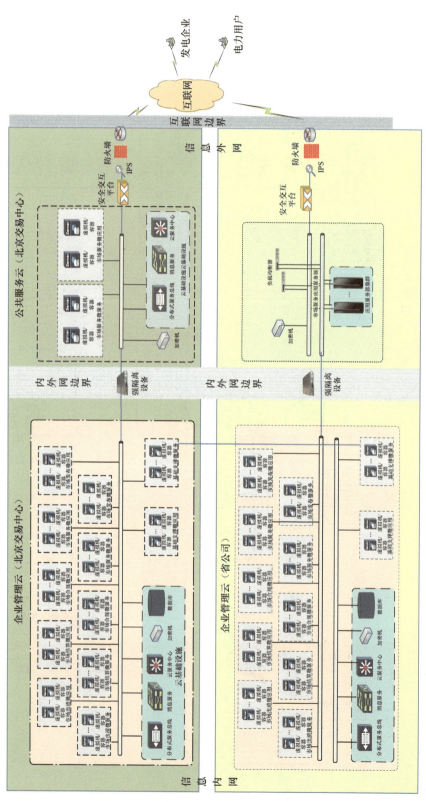

图12-12　部署架构

12.2　市场注册流程

12.2.1　发电企业注册

1．业务项描述

【发电企业注册】：发电企业在进入市场前进行企业及机组信息注册业务。发电企业可以登录电力交易平台按相关政策规定填报详细注册信息，电力交易机构受理发电企业电力市场注册申请，对其注册资料进行完整性形式审查，无问题后，完成注册全过程归档管理。发电企业注册信息是发电企业后续参与市场交易、结算业务的数据基础。

2．注册流程图

发电企业注册流程如图 12-13 所示。

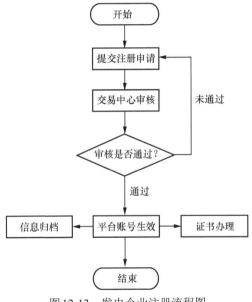

图 12-13　发电企业注册流程图

注意：图 12-13 为省间平台统推版注册流程，具体以注册地所在交易中心实际要求为准。

3．平台操作

（1）进入注册页面。

在浏览器中访问 http://pmos.sgcc.com.cn/，点击登录框下方的"注册"进入注册页面，如图 12-14 所示［截图以北京平台为例，各省（区）两级平台操作方法一致］。

图 12-14　网站首页

（2）设置账号信息。

在账号信息注册页面，设置登录账号、登录密码、手机号、验证码，阅读《电力市场化交易风险告知书》和《平台使用协议》。

【登录账号】：可设置6～20位数字、字母、特殊符号，必须包含字母。

【密码】：可设置5～20位大小写字母、数字、特殊字符的组合格式。

【手机号】：可输入本企业或个人联系方式。

【验证码】：手机号输入完成后，点击发送验证码，获取验证码信息。

【电力市场化交易风险告知书与平台使用协议】：需完整阅读电力市场化交易风险告知书后，勾选"我已阅读《电力市场化交易风险告知书》和《平台使用协议》，并完全理解和同意，自愿承担电力市场交易中的各种风险引致的全部后果及损失"，并点击下一步。

必须将账号信息填写完整后才能继续完成注册。注册界面如图12-15所示，完成注册界面如图12-16所示。

图 12-15　注册界面

图 12-16　完成注册界面

（3）选择市场成员类型。

点击图 12-16 中【企业认证】进行认证。

【选择市场主体类型】：选择发电企业类型，根据实际情况选择发电企业类型信息。

【入市相关协议】：需完整阅读入市相关协议后，勾选"我已阅读 入市相关协议 并完全理解和同意，自愿承担电力市场交易中的各种风险引致的全部后果及损失。"，并点击下一步，如图 12-17 所示。

图 12-17　选择市场主体类型

（4）填写企业信息。

发电企业需要填写市场成员的企业信息，包括工商信息、银行开户信息、联系信息等。填写完成后点加"下一步"。也可点击暂存，保留填写信息。如图 12-18、图 12-19 所示。

北京电力交易中心
市场成员注册
退出
发电企业信息注册
为保证注册信息的准确性，请仔细核对，以免影响注册申请。
企业信息
基本信息
机组信息
完成
工商信息
工商营业执照
PDF
支持扩展名：.jpg,.pdf；最大：20M。
统一社会信用代码
社会信用代码不能为空
组织机构代码
组织机构代码不能为空
税务登记证号
税务登记证号不能为空
名称
请输入名称
企业名称不能为空
简称（选填）
请输入简称
暂存
下一步

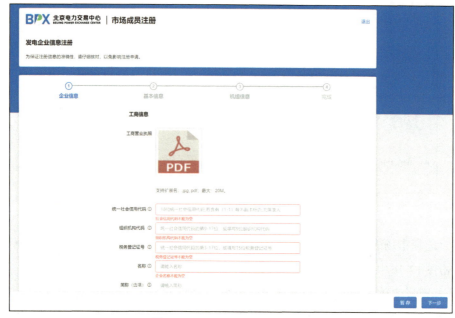

图12-18　企业信息填写（一）

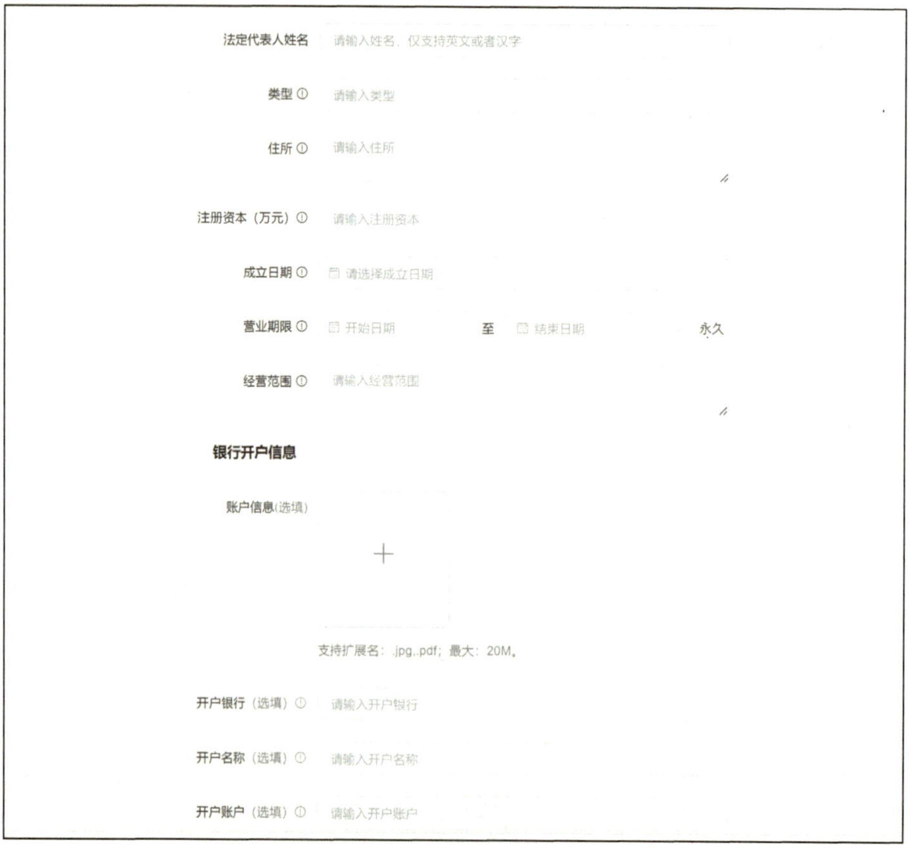

法定代表人姓名
请输入姓名，仅支持英文或者汉字
类型
请输入类型
住所
请输入住所
注册资本（万元）
请输入注册资本
成立日期
请选择成立日期
营业期限
开始日期
至
结束日期
永久
经营范围
请输入经营范围
银行开户信息
账户信息(选填)
+
支持扩展名：.jpg,.pdf；最大：20M。
开户银行（选填）
请输入开户银行
开户名称（选填）
请输入开户名称
开户账户（选填）
请输入开户账户

图12-19　企业信息填写（二）

（5）填写基本信息。

【基本信息填写】：用户需要填写发电企业基本信息，包括基本信息、权益信息、联系人信息及附件信息，点击"下一步"继续，如图 12-20 所示。

图 12-20　基本信息填写

（6）注册机组信息。

点击"新增机组"，可以逐条添加机组信息，如图 12-21 所示。

填写完成后，点击"提交"按钮进行信息提交，如图 12-22 所示。

图 12-21　机组信息填写

图12-22　信息提交

（7）完成注册。

信息提交后，即可完成本次注册，等待交易中心审核。如图12-23所示。

图12-23　完成提交

12.2.2　电力用户注册

1. 业务项描述

【电力用户注册】：电力交易机构依据政府发布的电力用户准入名单或准入范围要求，受理电力用户市场注册申请，完善、审核电力用户相关信息，待电力用户注册生效后完成资料归档的全过程管理。

2. 注册流程图

电力用户注册流程如图12-24所示。

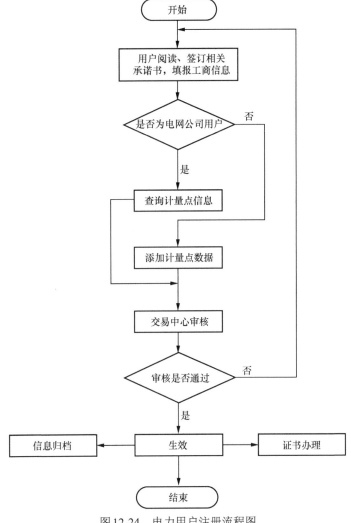

图12-24　电力用户注册流程图

注意：图12-24为省间平台统推版注册流程，具体以注册地所在交易中心实际要求为准。

12.2.3　售电公司注册

1. 业务项描述

【售电公司注册】：售电公司在进入市场前进行企业信息注册业务，售电公司可以登录电力交易平台按相关政策规定填报详细注册信息，电力交易机构依据政府相关管理部门发布售电公司准入退出管理工作要求，受理售电公司市场注册申请，对其注册资料进行完整性形式审查，无问题后，完成注册全过程归档管理。售电公司注册信息是售电公司后续参与市场交易、结算业务的数据基础。售电公司可根据有无配电网信息分为独立售电公司、配售电公司。

2. 注册流程图

（1）多业务范围售电公司注册：注册流程如图12-25所示。

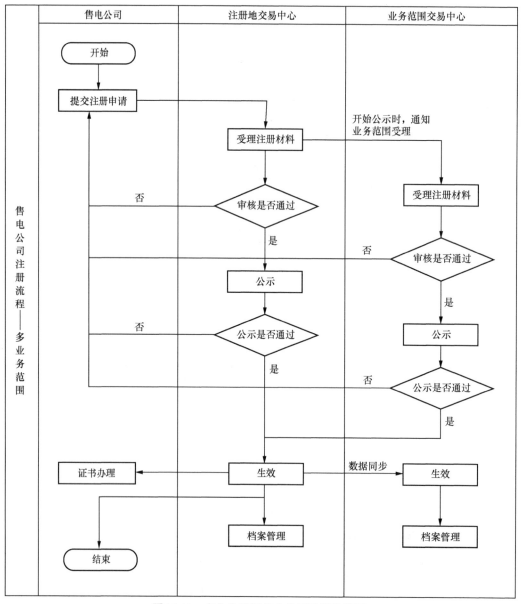

图12-25 多业务范围售电公司注册流程图

（2）单业务范围售电公司注册：注册流程如图12-26所示。

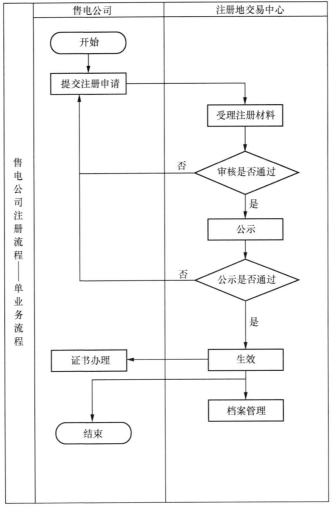

图12-26　单业务范围售电公司注册流程图

注意：图12-26为省间平台统推版注册流程，具体以注册地所在交易中心实际要求为准。

12.3　交易申报流程

12.3.1　双边交易平台申报

1. 交易申报

登录电力交易平台（https://pmos.sgcc.com.cn/），选择一种登录方式进行账号验证。

登录界面如图12-27所示。

图12-27　登录界面

进入首页后，在"我的交易"栏，可以看到所有参与的交易，也可通过常规菜单栏中长期交易——交易序列进入。本文以（外网申报展示交易）为例展示相关流程。点击对应交易，进入申报。交易首页如图12-28所示，交易公告页面如图12-29所示。

图12-28　交易首页

图 12-29　交易公告页面

点击交易后，可以查看该笔交易的交易公告信息。阅读完公告后，点击进入申报。阅读公告页面如图 12-30 所示。

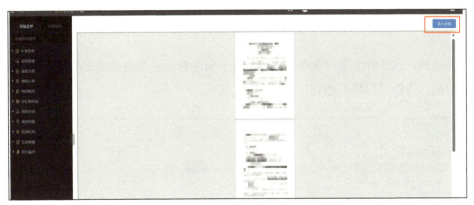

图 12-30　阅读公告页面

进入申报方申报环节，点击"新增"按钮，如图 12-31 所示。

图 12-31　申报页面（一）

选择对应交易单元名称、时间段、确认方企业名称、确认方交易单元。选择后点击保存按钮，点击右上的"×"按钮进行返回，如图12-32所示。

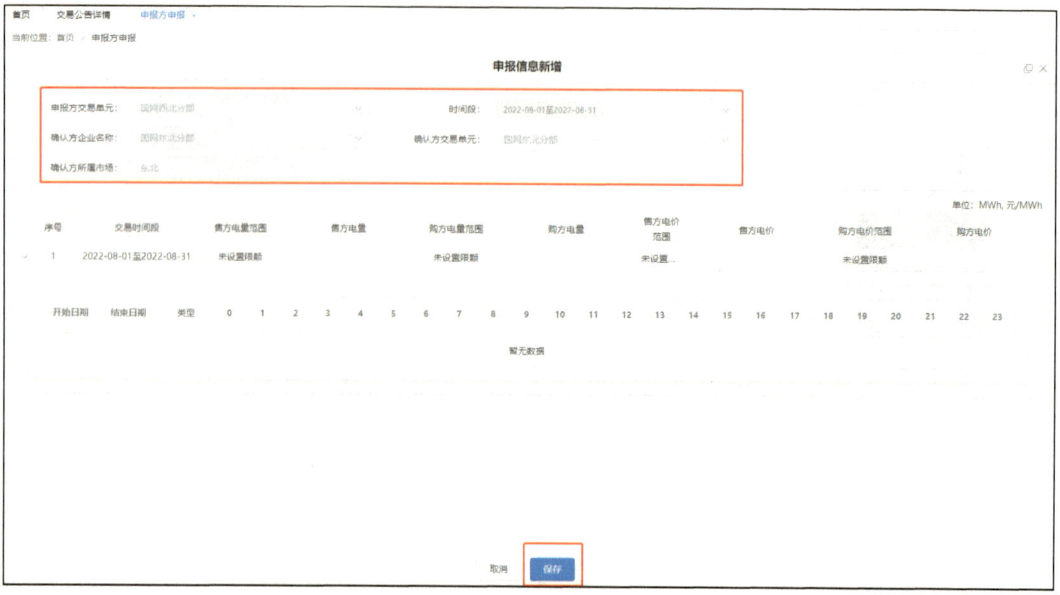

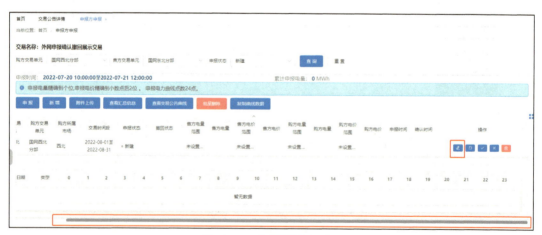

图12-32　申报页面（二）

可以看到，已经新增了一条申报信息，接下来编辑此条信息的曲线数据。拖动下方滚动条至右侧，点击"编辑"按钮，如图12-33所示。

图12-33　申报页面（三）

进入申报曲线编辑页面，填写相关信息。若交易时间段内有多条曲线形状，点击"新增"按钮，维护开始时间、结束时间，填报曲线信息即可。填写完毕后，选中并保存，然后返回，如图12-34所示。

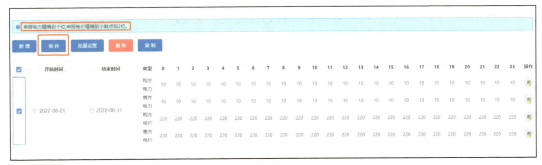

图 12-34　申报页面（四）

编辑结束后可以看到相关的申报信息，确认无误后点击"申报"按钮，如图 12-35 所示。

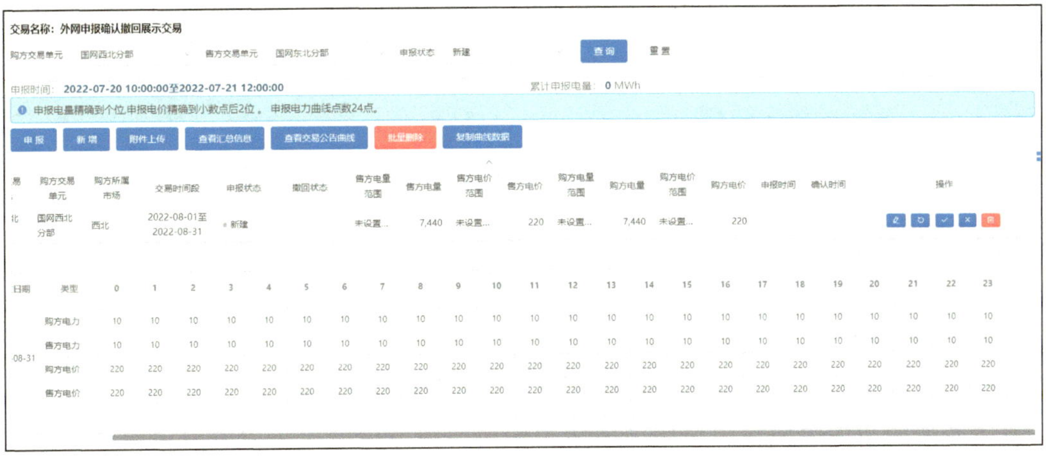

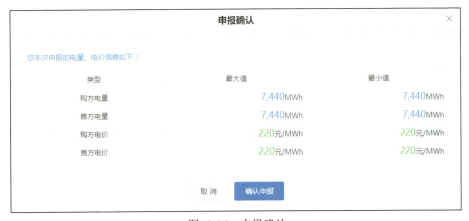

图 12-35　申报页面（五）

点击"申报"按钮后，可以看到申报数据汇总，再次确认无误后，点击"确认申报"按钮，如图 12-36 所示。

申报确认			✕
您本次申报的电量、电价信息如下：			
类型	最大值		最小值
购方电量	7,440MWh		7,440MWh
售方电量	7,440MWh		7,440MWh
购方电价	220元/MWh		220元/MWh
售方电价	220元/MWh		220元/MWh
	取消　确认申报		

图 12-36　申报确认

此时可看到此条数据已经从新建状态转为待确认，交易进入下一流程。

在申报时间内，未确认的数据，可以随时进行修改。

在申报时间内，已确认的数据如需修改，可进行撤回操作，如图12-37所示，具体参考后文交易撤回步骤。

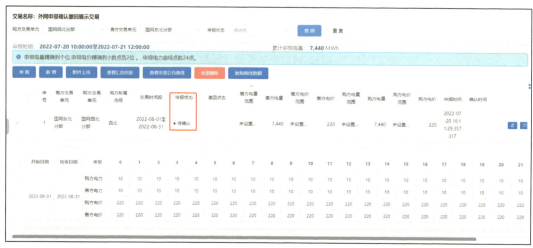

图12-37　申报页面（六）

2. 交易确认

确认方登录交易平台后，在首页——我的交易中可以看到待确认交易，点击交易名称。交易首页如图12-38所示。

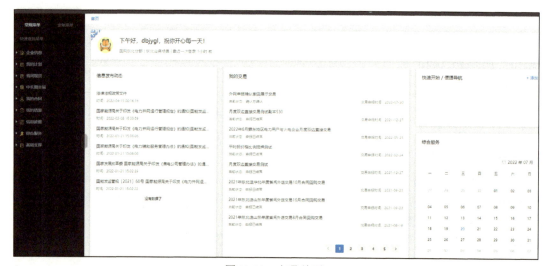

图12-38　交易首页

点击交易后，可以查看该笔交易的交易公告信息。阅读完公告后，点击进入申报。公告阅读页面如图 12-39 所示。

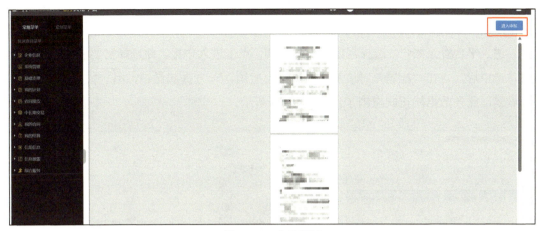

图 12-39　公告阅读

查看申报方申报数据，核对无误后，选中要确认的数据，点击"确认"按钮，如果申报有误，点击"不确认"按钮。交易确认方确认页面如图 12-40 所示。

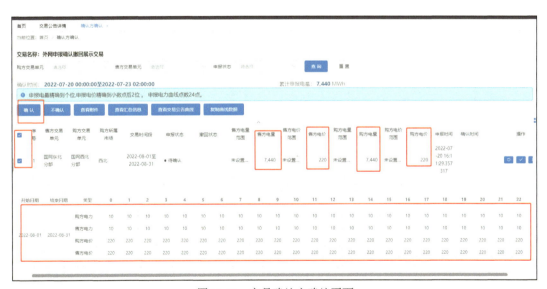

图 12-40　交易确认方确认页面

确认完毕后，此条数据变成已确认状态，等待申报时间结束后，转交易中心进行交易出清。

若数据有误且已进行确认，在交易申报的时间内，交易申报、确认双方均可对此笔数据提起撤销，一方撤销一方确认撤销即可。同时申报方可继续申报正确数据，确认方确认正确数据。具体参考后文交易撤回步骤。

3．交易撤回

双边交易申报、确认完成后，市场主体发现数据信息有误，在交易的申报时间内，可进行撤销，重新申报确认。

进入平台登录账户，选择需撤回交易序列，点击进入申报，并选择需要撤回的申报数据，选中后，点击"撤销"。购/售方均可提起撤销，一方提起撤销，另一方点击"√"确认撤销，此条数据就正式撤销了，如图12-41所示。

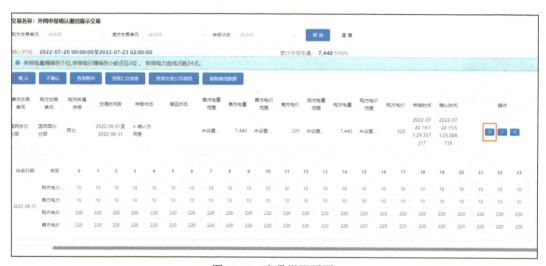

图12-41　交易撤回页面

12.3.2　挂牌交易平台申报

1．挂牌方挂牌

登录交易平台，点击要申报挂牌的交易，进行挂牌申报。交易首页如图12-42所示。

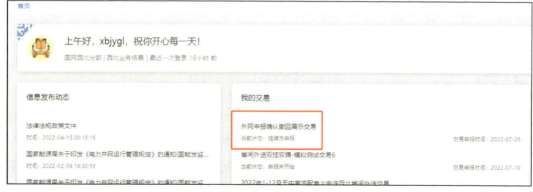

图12-42　交易首页

选择挂牌信息，点击"编辑"按钮，填写挂牌信息，如图 12-43 所示。

图 12-43　挂牌信息填报（一）

选择挂牌信息，点击"编辑"按钮，填写挂牌信息（电力/电价），填写完毕后，选中数据，点击"保存"按钮，如图 12-44 所示。若存在多个时间段挂牌曲线，可点击新增添加时间段信息。

图 12-44　挂牌信息填报（二）

此时可以看到挂牌信息，如图 12-45 所示，选择后，便可发起申报。

图 12-45　挂牌信息申报页面

2. 摘牌方摘牌

挂牌结束后，摘牌方在规定时间内可以登录交易平台，在首页可以看到待摘牌交易，点击对应交易，进行摘牌。交易首页如图12-46所示。

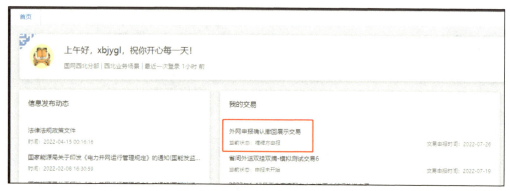

图12-46　交易首页

进入申报页面后，可以看到目前摘牌量为0，随后填写相应摘牌电量，点击查看挂牌信息，浏览挂牌电量（电力）/电价，摘牌电量不得超过剩余发电能力，如图12-47所示。

图12-47　摘牌信息填报（一）

确认摘牌电量后，填写到红色框内，选中该条数据后，点击申报，如图12-48所示。

图12-48　挂牌信息填报（二）

确认申报信息后，点击"确认"申报，如图12-49所示。

图 12-49　摘牌信息申报确认

点击"确认申报"后，摘牌流程结束。

若在摘牌时间内，发现申报电量有误，可点申报初始化进行申报电量撤回（如图 12-50 所示），重新进行电量填写、申报。

图 12-50　摘牌初始化

在摘牌申报时间结束后，由省公司统一对摘牌电量进行校核，然后转入交易中心处理。

12.4　结果查看

登录交易平台，点击中长期交易——结果查询，选择要查询交易的交易名称，查询对应的预成交结果和成交结果，如图 12-51 所示。

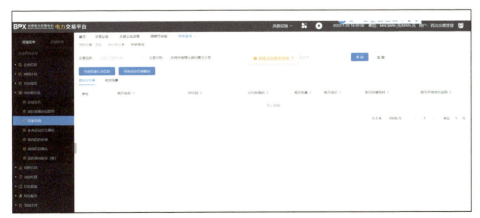

图 12-51　交易结果查询

12.5　合同查询

在菜单栏"我的合同"中选择当前合同页面，可查看用户合同信息，如图12-52所示。

图12-52　用户合同信息

12.6　结算单确认

在菜单栏"我的结算"中选择结算单确认页面，可查看用户合同结算信息。勾选需要确认的结算单，点击右方"确认"按钮，进行结算单确认，如图12-53所示。

图12-53　结算单确认

参 考 文 献

[1] 施泉生，李江. 电力市场化与金融市场［M］. 上海：上海财经大学出版社，2009.

[2] 王锡凡，王秀丽，陈皓勇. 电力市场基础［M］. 西安：西安交通大学出版社，2003.

[3] 甘德强，冯冬涵. 电力经济与电力市场［M］. 北京：机械工业出版社，2010.

[4] 张利. 电力市场概论［M］. 北京：机械工业出版社，2014.

[5] 辛保安. 新型电力系统构建方法论研究［N］. 北京：中国电力报，2023.

[6] 新型电力系统发展蓝皮书编写组. 新型电力系统发展蓝皮书［M］. 北京：中国电力出版社，2023.

[7] 王锡凡. 分段竞价的电力市场［J］. 北京：中国电机工程学报，2001.

[8] 耿建，王锡凡，丁晓莺，等. 电力市场分段竞价模型与分时竞价的比较［J］. 北京：中国电机工程学报，2003.

[9] 张馨瑜，陈启鑫，葛睿，等. 考虑灵活块交易的电力现货市场出清模型［J］. 江苏：电力系统自动化，2017.

[10] 陈皓勇，李立涅. 电能商品品质衡量及定价机制［J］. 北京：全球能源互联网，2018.

[11] 陈皓勇，韩励佳. 基于连续时间商品模型的电力市场定价理论［J］. 北京：中国科学：信息科学，2018.

[12] 刘敦楠，李竹，徐尔丰，等. 面向新型电力系统的灵活能量块交易出清模型［J］. 北京：电网技术，2022.

[13] 陈皓勇. "双碳"目标下的电能价值分析与市场机制设计［J］. 浙江：发电技术，2021.

[14] 刘敦楠，李竹，董治新，等. 基于标准能量块合约的电力中长期市场连续运营方案设计［J］. 北京：电网技术，2023.

[15] 张粒子，张洪，等. 能源市场知识［M］. 北京：中国电力出版社，2021.

[16] 黄素逸，龙妍. 能源经济学［M］. 北京：中国电力出版社，2010.

[17] 谢开. 美国电力市场运行与监管实例分析［M］. 北京：中国电力出版社，2017.

[18] 江苏电力交易中心有限公司，江苏电力市场管理委员会组编. 江苏电力市场交易培训教材［M］. 北京：中国电力出版社，2020.

[19] 国家电力调度控制中心. 电力现货市场实务［M］. 北京：中国电力出版社，2023.

[20] 李政丹，王淑英主编. 期货交易理论与实务［M］. 北京：中国电力出版社，2012.

[21] 北京电力交易中心. 电力直接交易服务手册［M］. 北京：中国电力出版社，2018.

[22] 国家发展改革委体改司. 电力体制改革解读［M］. 北京：人民出版社，2015.

[23] 天津电力交易中心有限公司. 天津电力市场直接交易规范指引［M］. 北京：中国电力出版社，2022.

[24] 江苏电力交易中心有限公司，江苏电力市场管理委员会. 江苏电力市场交易培训教材［M］. 北京：中国电力出版社，2022.

[25] 国家发展改革委 能源局. 售电公司管理办法：发改体改规〔2021〕1595号.

[26] 国家发展改革委 能源局. 电力中长期交易基本规则：发改能源规〔2020〕889号.

[27] 北京电力交易中心. 售电公司市场注册及运营服务规范指引：京电交市〔2022〕25号.

[28] 国家能源局西北监管局. 关于印发《西北区域发电厂并网运行管理实施细则》及《西北区域并网发电厂辅助服务管理实施细则》的通知：西北监能市场〔2018〕66号.

[29] 国家能源局西北监管局. 关于印发《西北区域省间调峰辅助服务运营规则》补充修订条款的通知：西北监能市场〔2023〕2号.

[30] 马晓伟，薛晨，任景，等. 西北省间调峰辅助服务市场机制设计与实践［J］. 中国电力，2021，54（6）：2-11.

[31] 国家能源局西北监管局. 关于印发《西北区域省间调峰辅助服务市场运营规则》的通知：西北监能市场〔2020〕8号.

[32] 国家能源局西北监管局. 关于印发《西北区域备用辅助服务市场运营规则》的通知：西北监能市场〔2023〕60号.

[33] 国家能源局西北监管局. 西北区域灵活调节资源容量市场运营规则（试行）（征求意见稿）：2023.

[34] 国家电力调度控制中心. 电力现货市场101问. 北京：中国电力出版社，2021

[35] 国网甘肃省电力公司. 戈壁大风歌——甘肃酒泉千万千瓦级新能源基地建设与发展. 北京：中国电力出版社，2023.

[36] 於世为，胡星，刘杰. 中国可再生能源研究报告（2022）开发绩效与影响评估. 北京：科学出版社，2022.

[37] 甘肃省工信厅 甘肃能源监管办 甘肃省发展改革委 甘肃省能源局. 关于印发《甘肃电力现货市场规则》的通知：甘工信发〔2024〕193号.